英語教育徹底
リフレッシュ

グローバル化と21世紀型の教育

英語教育徹底リフレッシュ

グローバル化と21世紀型の教育

今尾康裕・岡田悠佑・小口一郎・早瀬尚子 編

開拓社

目　次

序　I　緒言 ……………………………………………… 日野信行　ix
　　II　本書の概要 …………………………………………… 編　者　xii

第 1 部　英語教育の最前線
──グローバル化を見据えて──

多文化共生のための「国際英語」教育
　………………………………………………………… 日野信行　2

コーパスと英語教育
　──語彙・語法文法・産出指導へのコーパスの寄与── ……… 石川慎一郎　14

グローバル化時代における日本人英語学習者の動機づけと情意
　──理論と実践を融合して── ………………………… 西田理恵子　26

教師の相互行為能力を可視化する
　──会話分析による授業実践へのアプローチ── …………… 岡田悠佑　39

夢をかなえる英語教育 ESP/EAP
　……………………………………………………………… 川越栄子　53

生徒の英語力を適切に評価するには
　……………………………………………………………… 今尾康裕　66

第2部　教育法の今日的アプローチから

外国語学習とアクティブラーニング
　　……………………………………………………岩居弘樹　80

英語によるコミュニケーションを楽しめる中学生の育成
　　……………………………………………………今井祥詠　93

これからの小学校英語と文字指導
　　……………………………………………………田縁眞弓　103

英語のイントネーション
　──メカニズムとその指導法──…………………有本　純　110

英語力を向上させるための効果的な音読指導を行うために
　　……………………………………………………鈴木寿一　124

第3部　学校制度と英語教育

言語政策
　──国際比較の観点から──………………………河原俊昭　140

日本人の英語教育実践史からの提言
　　……………………………………………………江利川春雄　153

日本の英語教育が変わる！
　──言語差を越える小学校英語教育の新展開──…………成田　一　165

第4部　言語学・英語学の知識を生かす
──適切な理解と伝達のために──

学習英文法の内容の改善をめざして
　………………………………………………………………… 岡田伸夫　178

英語語法の調べ方・考え方
　………………………………………………………………… 八木克正　190

生成文法から英語教育へ
　………………………………………………………………… 宮本陽一　203

形が違えば意味も違う
　──認知言語学的アプローチから見る総称文──………… 小薬哲哉　211

事態把握から見たことば
　──認知言語学から英語教育への貢献──………………… 早瀬尚子　218

ことば学とコミュニケーション
　………………………………………………………………… 沖田知子　225

第5部　「英語」を外から眺める
──これくらいは知っておきたい──

教室で役立つ英語史の知識
　………………………………………………………………… 尾崎久男　234

ヨーロッパ言語の中の英語
　──ドイツ語の視点から──………………………………… 渡辺伸治　242

ヨーロッパ言語の中の英語
　——フランス語の視点から——……………………………………井元秀剛　249

第6部　文化の知識を英語教育に生かす

"There are seven words in this sentence." を日本語に訳すとどう
　なるか？　——翻訳をめぐる誤解とそこにある可能性——………木原善彦　258

伝統文化とアイデンティティ，そしてダイバーシティ
　……………………………………………………ジェリー・ヨコタ　266

エコロジーのテクストを読む
　………………………………………………………………小口一郎　278

「英語」を脱構築する
　——オセアニア文学・文化の観点から——……………………小杉　世　287

グローバル時代の文学的想像力
　——21世紀(諸)英語文学のダイナミズム——……………………霜鳥慶邦　296

あとがき……………………………………………………………木村茂雄　305

索　　引……………………………………………………………………309

序

I　緒言

日野　信行

大阪大学大学院言語文化研究科

1　「教員のための英語リフレッシュ講座」

　大阪大学大学院言語文化研究科の主催による毎夏の「教員のための英語リフレッシュ講座」は 2002 年度の発足であるから，本年（2016 年）ですでに第 15 回を迎えた．関西以外から参加される受講者も毎年かなりおられ，また大阪大学の教員だけでなく他大学からも多くの著名な先生方に出講していただき，日本の英語教育における夏のイベントのひとつとして定着したようである．

　本講座に基づく書籍としては，2008 年に，講座創設者の成田一教授を編者として，当時の講師陣の執筆による単行本『英語リフレッシュ講座』（大阪大学出版会）が世に問われた．この本は，日常の授業の様子を収録した付属 DVD なども含め，幸い好評をもって迎えられた．その後，講座はさらに大きく発展し，このたび，当研究科の中堅・若手教員の編集により，わが国の英語教育を長年支えてきた開拓社から，現在の本講座の最新の内容を中心とする新たな単行本『英語教育徹底リフレッシュ―グローバル化と 21 世紀型の教育』が出版される運びとなった．

　公開講座としての「教員のための英語リフレッシュ講座」の主要な特徴は 4 点ほどあり，いずれも本書に生かされている．第 1 点は，小学校・中学校・高等学校・特別支援学校・大学・民間教育機関等の校種にかかわらず，広く英語教育の実践のために役立つ知識の提供を意図していることである．第 2 点として本講座は，学内・学外を含め，英語教育を専門とする多数の一線の研究者が講師をつとめることで知られる．さらに第 3 点として，本

講座では英語教育に対して学際的なアプローチを採っており，英語教育の専門家に加え，英語学・英語史・英文学・音声学・応用言語学・社会言語学・認知言語学・コーパス言語学などさまざまな分野の研究者がそれぞれの学問的知見に基づいて英語教育への応用を論じている．最後に第4点であるが，本講座の母体である大阪大学言語文化研究科は多文化共生を旨とする部局であり，この基本理念は，多言語の尊重に立つ英語教育として本講座にも反映されている．

　上記について，若干の解説を加えたい．まず，第1点については，個々の教育現場における多様性にまつわるジレンマが存在する．教育に関する議論では従来，たとえば「中学校の英語教育では〜すべきである」というような論調が目立つが，実際には同一の校種においてさえもそれぞれの現場は固有の事情を抱えているわけであるから，一般化においては慎重な姿勢が必要である．本講座が，対象とする教育現場を限定しないのは，できるだけ普遍的な側面を扱うことによって広範な教員層の役に立ちたいという思いとともに，同時にその限界に鑑みて，講座で提供される内容の中から各自の現場にとって参考になる部分を抽出してもらいたいという願いがある．本書を読まれるにあたっても，この点を念頭に置いていただければ幸いである．

　次に第2点については，かつて英語教育の研究は，英文学・英語学という伝統的な学問に中途半端に付随するだけの周辺的な分野とみなされていた．ひと昔前ならば，大学院で英語教育を専攻しようとすると，教員養成系学部の大学院にほぼ限られ，しかもその大半は修士課程のみで博士課程がなかった．今日のように，全国の大学院の博士課程において当たり前のように英語教育を研究することができるのは，まさに隔世の感がある．英語教育研究の隆盛は，グローバル化への対応という社会的なニーズを如実に示している．大阪大学言語文化研究科はその先駆的存在のひとつである．

　第3点であるが，「たこつぼ」という比喩があるように，かつての学問の世界では，各分野がそれぞれの専門に閉じこもることをアカデミックとみなすような姿勢が支配的であった．学際性が重視されるようになったのは，比較的最近のことである．言語文化研究科はこの面でも先進的であり，1989年の発足当初から，学部時代の専攻に関して，人文科学だけでなく社会科学や自然科学の出身者も受け入れる方針を採っている．このような組織をバックボーンとし，また学外からの識者をも幅広く招く形で毎年英語リフレッ

シュ講座は開催されており，本書もその精神に立脚している．

　第4点については，国際コミュニケーションのための英語の重要性の認識が，誤って他の言語の軽視に結びつかないようにすることを，英語教育に従事するわれわれはあらためて肝に銘じておく必要がある．

2　日本の伝統とグローバル化

　「グローバル化に対応した英語教育改革実施計画」の策定や「スーパーグローバル大学」の選定など，最近の政府の施策にもあらわれているように，社会の「グローバル化」への対応は今日の英語教育の基本課題である．本書も，グローバル化時代におけるわが国の英語教育のあるべき姿を描く取り組みであると言える．

　社会の変化に連動して教育のあり方も一定の変化を迫られることは必然であり，グローバル化のもと，教育の制度や方法論においても変革の必要性は明らかである．しかしながら，英語教育の改革への努力において見逃されやすい留意点は，当該の社会の文化や価値観との整合性 (Henrichsen, 1989; Kern, 2000) という要因である．すなわち，日本の言語文化の伝統とまったく相容れないような態様での英語教育改革は成功の見込みがなく，そこには何らかの調和が必要である．

　この一例を，本書の企画・編集の中心となった大阪大学そして本書の出版社である開拓社，の両者の歴史の接点に見出すことができる．大阪大学の前身は，幕末に緒方洪庵によって開かれた蘭学塾である適塾にまでさかのぼるが，洋学史における適塾は，奈良・平安時代からのわが国の伝統的な外国語学習法である漢文訓読法をオランダ語教育に応用した教育機関の代表的な存在として位置づけられている（茂住，1989）．この漢文訓読法は蘭学を経てさらに英学に継承され，いわゆる「訳読」として，日本の英語教育の主流を形成するに至ったわけである（川澄，1978）．

　そして開拓社は，大正から昭和にかけて日本で活動したハロルド・E・パーマー (Harold E. Palmer) の英語教育論を世に知らしめた出版社である．パーマーは，わが国のみならずその出身国である英国も含め，世界の英語教育研究者から今も高い評価を受ける学者であり実践者であるが，オーラル・メソッド (The Oral Method) と呼ばれるその教授法は，原型においては日

本の訳読法の伝統と相容れるものではなく，その普及は大きな困難を伴った．パーマーが漢文訓読法から訳読法に至るわが国の言語教育の歴史にどの程度通じていたかは定かでない．しかし同氏の偉大な点は，「文字言語」と「訳」をきわめて重視する日本人の傾向を次第に認識し，オーラル・メソッドもその風土に合うような形に調整しようと試みたことである（大沢 et al., 1978; 小篠, 1995; 伊村, 1997）．その努力が結実する前に日本を去ることになったのは惜しまれるが，しかし同氏は英語教育改革のあり方に関する貴重なヒントを残してくれたと言える．

現代の教育においてグローバル化への対応は国際社会からの要請であり，文化を超えた普遍性に着目することも確かに必要であろう．しかし上記のようにわが国の伝統的な価値観と折り合いをつけることも英語教育における重要な課題であり，これは本書のいくつかの章が明示的に取り上げている問題であるとともに，多くの章に通底する隠れたアジェンダをなしている．特に，今日の教育改革で唱えられる新しい手法の大半は欧米からの紹介であるという現実に鑑みると，この点は非常に重要である．

以上，「序」の前半として，本書『英語教育徹底リフレッシュ ― グローバル化と21世紀型の教育』のマクロ的な背景に関する筆者の所感を述べた．各章の概要については，以下，編者による解説に委ねることとする．

II　本書の概要

編　者

1　本書のアウトライン

グローバル化が進む現在，社会からの英語教育への期待と関心はこれまでにもまして大きくなっている．そのような環境の中，学校での英語教育自体も変化が求められ続けている．今や英語を教えるということは，多くの学問領域にわたる知識を駆使することが求められる，高度に複合的，超域的な取組である．本書の狙いは，英語教育における最新の知見や議論を考察しなが

ら，同時にそうした英語教育が接する様々な学問分野からの論考を通じて，より良い英語教育への緒となる新たな視点を提供することである．グローバルな視点を持った英語教育の方法論にとどまらず，英語という言語やそれに関わる文化までを含めた，日々の英語教育活動の土台となる知識を幅広く扱い，効果的であるだけでなく魅力的な教育を行うための情報提供を目的としている．

なお，本書は学術分野横断的な性格を有している．第1-3部は英語教育分野，第4-5部は言語学分野，そして第6部は文学分野の論考を集めた．学問分野の性格や性質，および慣習がそれぞれ異なるため，本書では参考文献に関して，第1-5部を基本的にAPAスタイルで，第6部をMLAスタイルで，それぞれ統一を試みたことをお断りしておく．

2 各部・各章の構成

第1部では，英語教育全般にわたって適用される視点や構えについての論考が集められている．まず日野論文では，英語教育で教授対象となる英語を，英米文化や母語話者の規範の枠を越えた「国際英語」だとする認識をもつことの重要性を説き，自らの授業実践報告を行っている．またその英語のup-to-dateな実態は実際に英語がどのように使われているかの現状を見ることで初めてつかめるものである．石川論文では現代の英語における語彙・語法文法・産出といった側面に対してコーパスを積極的に活用することを提案している．

授業を実践するに当たっては，学習者の心理的な側面に気を配ったり，具体的な授業運びやその到達度を評定したりする必然性が出てくる．西田論文では，生徒・学生の積極性や動機づけといった情意面に注目した実証研究を概観し，効果的な教育方法として注意すべき点を示している．また岡田（悠佑）論文では英語教員による授業内での指示行為が次の生徒の反応を招きその後の授業展開を決めていく，ということを意識化しておく必要性を，相互行為を可視化する会話分析の視点から説きおこす．また今尾論文では，英語を含む言語能力を効果的に測るテストを，教育の現場で作成・使用する際に留意すべきことがらをわかりやすく具体的に概説してくれている．

また英語教育は小中高だけでなく大学や専門部局といった分野でも実施さ

れている．そこで求められる英語は特定の職種の目的に合う専門的な英語となるため，それまで学習していた英語と自然な連携を行うことが強く求められる．この点について川越論文では，職種など特定の分野に限定した英語（ESP: English for specific purposes）の育成について，自らの医学部学生への授業実践を通して紹介している．

英語教育の実践に関しては，その教授法や教育技術なども大きな関心事である．第2部では，実際の授業に当たって具体的に参考にできる事例やヒント，知見を提供する論考を中心に集めた．

近年では，講義による教育項目の一方向的発信から，学習者が自ら行動を積極的に起こす中で学ぶというアクティブラーニングへの関心が高まっている．岩居論文ではその一例として，自らの初級ドイツ語クラスでのミニドラマ作成やビデオ撮影を通しての発音学習などの具体例を示してくれている．これは英語教育においても，様々なレベルで応用可能なヒントとなるだろう．

音声教育の基礎は英語教員全員が会得しておくべき知識であるが，教員教育ではきちんと扱われていないことが多い．本書ではその現状を踏まえて，音声教育についての論考を2つ掲載し，手厚く扱っている．有本論文では英語のイントネーションを構成する各要素について，プロソディを中心に調音音声学および音響音声学の立場から解説し，さらにその中でも指導を意識した5つの基本パターンについて，それぞれの音調の持つ心的態度などを指導する例を提示している．また教育現場では英語を実際に声に出すプロセスが欠かせないが，その効果的な指導方法についての指針も現場で求められるところであろう．鈴木論文では具体的な音読指導の事例を挙げ，その問題点や改善点を提示してくれており，教育現場の方たちが実際に試せる手順提示も合わせての提案を行っている．

本書の大きな特徴として，初等・中等教育の現場で実際に教育に携わる教員の実践の声も取り上げている．今井論文では中学校段階で英語によるコミュニケーションを楽しめる生徒を育成することが，将来のグローバル人材育成に必要だとする立場から，（1）教師と生徒の双方向のやりとりのある教室，（2）生徒を動機づけられる授業，（3）生徒の日々の変化の把握，をふまえた英語指導の実践例を報告している．また2020年には英語が小学校から正規「教科」となる大きな変革が予定されているが，これに向けて不安を抱く学校や教員も多いだろう．田縁論文では自らの私立小学校での実践を報告

するとともに，文部科学省により研究開発校に配布され実験的に試行されている教材（*Hi, friends! Plus*）から，特に文字指導の重要性を主張している．

　第3部では，現在の英語教育という政策や制度そのものについて考え直し意見を形成するという，大局的視点に立脚した論考を集めている．まず河原論文では，改革の方向性として，日本を取り巻くアジアやヨーロッパ諸国で今日進められている言語政策の例を紹介し，今後日本がとるべき方向性を考える素地を与えてくれる．さらに江利川論文では，「歴史から学ばない改革は失敗する」との認識にもとづき，明治以降の英語教育実践史をふり返ることで，「小学校英語教育」と「英語による英語授業」に関する批判的知見を提示している．最後に成田論文では，英語が日本語とかけ離れた言語であるため，英語学習にはハンディがあるともとらえられることがあるが，適切な時期，環境，教材，教授法を考えることで，これを克服できることを，実践と制度の両面から示唆している．

　英語教育に当たっては，言うまでもなく，教える対象である英語そのものについての知識を十分に備えていることが求められる．第4部では，英語という言語のあり方や関わり方に特化した知見を集めるべく，言語学・英語学系の分野からの寄稿をお願いした．
　まず現行の学習英文法に対する問題点とその対処の仕方について提言を行う論考が並ぶ．岡田（伸夫）論文では，派生接辞 -ee，「動詞＋副詞」の句動詞に付けられる派生接辞 -er，直接話法の伝達部の形式（go, be like, be all），同一指示表現の考察を元に，現状の学習英文法への改善を提案している．また八木論文では，コーパスを駆使して現実の用例に当たる方法について概説し，学習英文法を厳正な規範ルールとみなすことをやめ，「こう表現できる」というガイドラインだと考え直すべきことを提案している．
　また理論言語学的立場からの英語教育への貢献可能性を考えるという趣旨のもと，具体的な英語表現をどのように考え扱うかを考察した論考も集まった．宮本論文では，生成文法が明らかにしている統語原理を英語教育で理解しておくことの重要性について，himself, each other のような照応形の振る舞いや，要素移動が関わる文および心理動詞文を例に解説している．小薬論文および早瀬論文では，認知言語学の主張する原理が実際の英文の理解や

英作文に有益であることを，総称文やイメージ・スキーマ，書き換え問題や日英比較といったテーマから説明している．第4部最後を飾る沖田論文は，「ことば学」という考え方を提唱し，語用論という立場から，英語を「読む」際の謎解きの視点を提供することで，英語そのものを楽しみながら理解することを示してくれている．

さらに続く第5部では，英語教育で直接扱う現代英語だけではなく，それを取り巻く歴史的視点や対照言語学的視点を兼ね備えることで，英語を俯瞰する見方を提供している．たとえば，現代英語の語法についての素朴な疑問は，歴史的背景と密接に絡んでいることが多いが，尾崎論文ではこういった疑問に教室で答えられるための英語史の知識を提供している．また英語と深い関連を持つフランス語およびドイツ語の専門家からも寄稿をお願いした．渡辺論文では，英語の come/go に相当するドイツ語の kommen/gehen との比較を通じて両者の類似点と相違点についての知見を与えてくれる．また井元論文では，フランス語の時制や中間構文といった特徴付けが実は日本語とよく似ていること，その意味で英語と対照的な位置づけになることを説明している．他の言語との比較を通じて，英語を，ひいては多くの生徒・学生にとって母語であろう日本語をも，冷静に分析する姿勢へのヒントが提供できているのではないだろうか．

言語活動の背景には，文化というダイナミックなシステムが存在する．コミュニケーションには，文化事象，テクスト，象徴などを理解するリテラシーが必要であることは明らかだが，グローバル化した21世紀には，異文化間の意思疎通と相互理解も新たな課題となってくる．第6部では英語教育との関連を念頭に，このような言語文化的リテラシーの問題を追及している．

異文化の受容に関して最も身近な手段は翻訳であろう．第6部冒頭を飾る木原論文は，翻訳が異文化理解やコミュニケーションのみならず，いかに創造的な文化変容にも貢献するかを，複数の言語にわたって論じている．この翻訳の本質と可能性の議論に引き続き，文化テクストと教育を考察した3つの章が来る．まず，日本の伝統文化である能の理解を通じて，ダイバーシティに開かれた心を育むことを提言するヨコタ論文，そしてこれからの世代が共通して担う課題――エコロジー――について，英語の環境テクストを読

む教育的意義を解説した小口論文が展開される．英語の言語文化が英米の枠組みを超えるグローバルな様相を呈して久しいが，小杉論文はそうした現代英語文化の教育的な意義を考察する具体的な例として，オセアニア英語文学を取り上げている．最後に，霜鳥論文が拡大・多様化しつつある「世界諸英語文学」を俯瞰し，翻訳の役割，文化的アイデンティティとグローバル化などの現代的問題を考察しながら，全体の見取り図を提示することで締めくくっている．

3　英語教育の絶えざる向上をめざして

このように本書は，教育の技法や方法論から教育思想，文化にいたるまで，英語教育を「リフレッシュ」するための多くのトピックを取り上げている．その中で読者は文字通り「最先端」の知見にも遭遇することだろう．しかしそうした新しい考え方は決して白紙の背景から出現したものではない．近年の情報コミュニケーション・テクノロジーは数多くの革新を教育界にもたらしているが，その中にはこれまで日本や世界の言語教育の現場で実践されてきた活動が土台となっているものも少なくない．アクティブラーニングや協同学習はその顕著な例であろうし，コーパス分析もその裏には長年にわたる言語学やフィロロジーの積み重ねがあった．

そもそも教育という営為は一朝一夕に刷新されるものではないし，されるべきものでもないのだろう．教育とは一人ひとりの人間の可能性を最大限に引き出すことであり，そこには大きな責任が伴う．生徒や学生の人格を尊重しながら，日々の実践や研究を粘り強く続けていくことこそが教育の本質なのだ．本書の第1部が提起する新しい枠組み，そして第2部以降で展開される教育方法，指導実践，関連知識を念頭に，各人が置かれた状況の中で可能な改善や新しい教育法の導入を図っていくことが肝要であろう．

例えば，学習目標を明確化し，達成イメージを具体的に提示すれば，学習は促進され，情意面の動機づけも高まる．この点で「国際英語」の使用者という自己イメージは，現実的で魅力的なゴール設定となりうるかもしれない．そしてこうした点を踏まえれば，教師から学習者への知識伝達だけでなく，学習者が自ら考え，言語活動に参加することに重要な意味があることも明らかである．また，現在の英語教育の置かれた状況を批判的に考察し，よ

り良い制度を構想することも教育者の念頭にあるべき事柄だろう．

　隣接分野から与えられる新たな視点も，改善や発見につながる．生成文法が提供する文法性についての判断の枠組み，認知言語学や語用論から得られる意味のコンテクスト性，英語史から理解できる英語語彙や構文の成り立ち，ドイツ語やフランス語から見た英語の特異性や一般性などの論点は，そのまま英語教育に生かせるものもあれば，これまでの教育を見直すヒントをあたえてくれるものもある．言語とは密接な関係にある「文化」についても，本書は，グローバル化の中の文化的アイデンティティという近年の新しい展開の道案内となり，次世代の地球市民にふさわしいものの見方を，外国語学習と関連させて理解することを可能にしている．

　英語教育を取り巻く状況は時代とともにダイナミックに変化し続け，教師，学習者を問わず，関係する者にとって次々と新しいチャレンジ——挑戦すべき課題——を突きつけてくる．教育方法や教育理論はもちろん，目標や数値的達成度も絶えず変わり続けている．この中で英語教育に携わる者は，自らの実践を常に改善し，より良い教育を目指していくことが求められるだろう．本書が提供する知見やものの見方が，少しでもそうした実践の参考となれば幸いである．教育を継続的に改善し教育者として向上することには困難も伴うが，それは同じ教育コミュニティーの仲間たちとともにする価値ある共通の追求なのだ．

参考文献

Henrichsen, L. (1989). *Diffusion of innovations in English language teaching.* Westport, CT: Greenwood Press.
伊村元道 (1997).『パーマーと日本の英語教育』大修館書店，東京．
川澄哲夫（編）(1978).『資料日本英学史2：英語教育論争史』大修館書店，東京．
Kern, R. (2000). *Literacy and language teaching.* Oxford: Oxford University Press.
茂住實男 (1989).『洋語教授法史研究』学文社，東京．
大沢茂・安藤昭一・黒田健二郎・成田義光 (1978).『現代の英語科教育法』南雲堂，東京．
小篠敏明 (1995).『Harold E. Palmer の英語教授法に関する研究：日本における展開を中心として』第一学習社，東京．

第1部
英語教育の最前線
―グローバル化を見据えて―

多文化共生のための「国際英語」教育*

日野　信行

大阪大学大学院言語文化研究科

1　はじめに

多様性への不寛容が現代の社会を脅かしている．世界各地でのテロの頻発に加え，日本国内でも，異質とみなした他者を排除する動きが目立つ昨今である．このような状況のもと，さまざまな価値観を有する人々が平和に共存できるような社会を築くために，われわれ英語教員ができることは何か．その重要な手がかりとして「国際英語」の理念を挙げたい．この概念の解釈は論者によってかなり異なるが，筆者の立場では，多様な言語的・文化的背景に基づくさまざまな Englishes を積極的に認め，各自のアイデンティティを尊重しながら，同時に円滑なコミュニケーションをはかろうとする考え方である．本稿では，国際英語の理論的基盤を論じるとともに，筆者の授業実践等も挙げながらその教育方法について考察する．

2　国際英語の概念

2.1　国際英語の定義

まず最初に筆者の「国際英語」の定義であるが，「国際コミュニケーションの手段として用いられる場合の英語」を指す．

---

* 本稿の一部は，全国英語教育学会における特別講演「非母語話者モデルの『国際英語』教育の理念と授業実践」(『第 41 回全国英語教育学会熊本研究大会発表予稿集』pp. 88-91, 2015 年) に基づいている．本稿は JSPS 科研費 JP15K02678 による研究成果を反映している．

国際英語の最も顕著な特徴は，母語話者（native speaker）の規範が相対化されることである．従来の日本の英語教育では，母語話者を絶対的な権威とみなし，「ネイティブは …」「ネイティブの …」が決まり文句であるが，「国際英語」教育の立場からは発想の転換を迫られる．たとえば，米国人同士の会話をモデルとしてアメリカ英語の規範を教える伝統的な英会話テキストは，国際コミュニケーションの状況を反映していないため，国際英語の教材としては適さないことになる．また，これからの国際コミュニケーションで日本人が英語を用いる相手は母語話者よりも非母語話者のほうがはるかに多いという事実も，英語教育におけるニーズを考慮するうえで重要な要因となる．

なお，言語と文化の関係の分析において「国」という単位を基本とするのは大きな問題があり，国際英語の定義についても「国」という枠を外す努力が以前から行われてきた．しかし筆者自身の試みも含めて今のところ成功を収めるには至っておらず，本稿の議論でも従来のように国民国家を暫定的な単位とせざるをえないことをお断りしておく．この点は依然として国際英語研究の主要な課題のひとつである．

2.2 英語の土着化

国際英語の基本理念は，「ことばは使用者の文化・価値観に応じて変容する」という言語観にあり，専門用語では「土着化」(indigenization) と呼ばれる．元来は英米文化の表現手段であった英語を用いて，さまざまな文化背景を有する人々が自己の価値観を表現できるのは，土着化の結果である．

ただし，国際英語の学派の中でも，土着化に対する見方は微妙に異なる．筆者の EIL (English as an International Language) 論の立場では，日本文化や日本的な思考様式に適合する形での英語の変容を積極的に推進する．一方，WE (World Englishes) 論では，土着化の現象を国内での英語使用の歴史を持つインドやフィリピンなど英米の旧植民地に限定してとらえる傾向がある．また，ELF (English as a Lingua Franca) 論であるが，少なくともこの学派の主唱者である Jenkins の ELF 論では，自己の個性の表現よりも相手にとってわかりやすい伝え方を優先するため，土着化という側面はそもそも重視されていない．

斎藤秀三郎が，今から 90 年近くも前に，『斎藤和英大辞典』(1928) のま

えがきで "(T)he English of the Japanese must, in a certain sense, be Japanized."(「日本人の英語は，ある意味で，日本化されなければならない」筆者訳) と述べて以来，國弘 (1970) による「脱英米的な英語」や鈴木 (1975) の "Englic" などの主張にも見られるように，日本的な価値観を国際的に発信できるような英語のあり方は，日本人の英語学習の長年の課題である．この面で，上記の EIL 論の視点は非常に重要となる．

2.3 国際英語の形態

国際英語はどのような形をしているのか．これについても以前からいろいろな解釈があるが，最新の知見を統合するならば，次の4通りの立場が成り立つと言える．国際英語の形式は，まず「多様な英語」と「単一の英語」の2種類に大別できる．そして，前者はさらに「さまざまな英語変種」と「流動的な英語」，後者は「中立的な英語」と「人為的な英語」に分けることができる．

「さまざまな英語変種」は，たとえばシンガポール英語やナイジェリア英語や日本英語などから成る．EIL 論はこの観点に基づいており，また WE 論も，英米旧植民地とそれ以外の英語の間に格差を設けながらも基本的にはこの立場である．一方，「流動的な英語」とは，国際英語が相互行為の中で状況に応じてダイナミックに変化するという性質に着目するものであり，特に ELF 論において重視されるが，EIL 論でもこの要素は考慮されている．

次に，「中立的な英語」とは国際英語がひとつの英語に収斂していくという見方であり，たとえばイギリス英語とアメリカ英語の中間的な英語などを指す．最後に，「人為的な英語」は人工的に設定された英語を指し，基本語彙を 850 語に制限した "Basic English" が有名である．

多文化共生教育を志す筆者の EIL 論は，上記のうち「多様な英語」の視点に立つ．そして，その下位区分に属する2通りの解釈を共に受けいれて，国際英語ではさまざまな英語変種が流動的な形態をとるものと考えている．

2.4 国際英語のパラダイム：WE・ELF・EIL

本項では，上でも触れた国際英語の3つの学派，すなわち WE 論・ELF 論・EIL 論について説明を加える．

Braj B. Kachru を創始者とする WE 論は，母語話者の英語の相対化に大

きく寄与した．ただし WE 論では，その源流である Halliday, McIntosh, and Strevens（1964）から Kachru（1976, 1985）に至る系譜において，インド英語など英米旧植民地の国内で用いられる新しい英語変種，いわゆる Outer Circle（OC）の英語の価値を旧宗主国の英語と同等に認めることに主眼が置かれた．つまり WE 研究の視点は，もともとは「国際英語」ではなく，英米旧植民地における公用語としての「国内英語」の考察であった．この結果，WE 論では日本を含む東アジアや欧州の英語などいわゆる Expanding Circle（EC）における国際コミュニケーションのための英語の分析には対応できず，EC の英語を単に OC の英語に比べて低い位置に置くだけで済ませる風潮が生じるなど，WE 論の限界も明らかになった．しかし今日では，EC に属する中国の英語使用者の存在感が大きく増したことや，日本の国際英語研究者の盛んな活動もあって，WE 研究者も EC の英語の意義をもはや軽視できない状況となっている．

　次に ELF 論である．本格的なスタートは Jenkins（2000）であるからまだ歴史が浅い学派であるにもかかわらず，研究の動向が次々と変化している．当初の ELF 研究では，Jenkins の Lingua Franca Core（LFC）の考え方に代表されるように，多様な英語が用いられる国際コミュニケーションにおいて相互理解を担保するための共通要素を明らかにすることが大きなテーマであった．これはたとえば，日本人のための英語モデルの構築などにおいても非常に示唆的な研究であった．しかしその後の ELF 研究においては，LFC の探求やモデルの模索に対する関心は薄れ，近年の社会構成主義の思潮を反映して，ELF の流動性やダイナミズムに焦点が当てられるようになった．そして最新の ELF 研究では，多言語状況における ELF に着目し，英語以外の言語が状況に応じて併用される態様の分析が盛んになっている（Jenkins, 2015）．このようにめまぐるしく焦点が変わる ELF 論であるが，英語教育の観点からは，初期の ELF 論の路線に沿った研究もさらに継続すべきと思われる．

　日本の英語教育のための国際英語を考える筆者の立場からは，Smith（1976）に始まる EIL（English as an International Language）論を基礎としてさまざまな要素を加え，新たな EIL 論の構築と取り組んできた（e.g.

Hino, 2001, 2009, 2012a, 2012c).[1] 筆者の EIL 論における主要な理念は, OC の英語と EC の英語との間に優劣を設けないこと, 英語学習における多様な英語の聴解や読解を重視すること, 母語話者も非母語話者と同様に学習の必要があるとみなすことなど, Smith の EIL 論に見られた要素に着目して発展させたものである. また筆者の EIL 論ではさらに, 日本英語 (Japanese English) など EC の英語のモデルを英語教育を通じて創造することを提唱するとともに, 適応 (accommodation) や意味交渉 (negotiation of meaning) などの技能の訓練を重視する, 等の側面がある.

3 国際英語の学習

現在の学校英語教育で, 国際英語の理念が最も明確に反映されているのは文部科学省検定教科書の文化的側面である. たとえば, かつての中学校英語教科書は米国人中学生を主人公として米国の生活を描写する内容であったが, 現在は日本人中学生を主人公として, 日本文化が英語で表現されるとともに, インドなど英米以外の文化も少なからず取り上げられている. しかし一方, 検定教科書の言語的側面においては, 依然として英米の母語話者の規範以外は認められていないのが現実である.

では, 国際英語のコミュニケーション能力を養成するためには, どのような学習が必要となるか. 以下では, 受容的活動 (リスニングとリーディング), 産出的活動 (スピーキングとライティング), 及び両者を統合した相互行為的活動に分けて述べる.

3.1 受容的活動:多様な英語に親しむ

国際英語のリスニングとリーディングの学習において重要なのは, 国際英語の多様性に親しむことである. これは音韻面でのバラエティだけでなく, 語彙・語法・文法・談話規則・社会言語的規則・非言語行動等, あらゆる側面に及ぶ.

母語話者の英語だけが本物の英語だと思い込んでいると, 非母語話者の多様な英語を理解しようという態度は身につかない. そのような狭量な考え方

---

[1] ただし Smith 自身は, EIL 論は WE 論に統合されたと考えていた (Smith, 2004).

は国際理解の妨げになり，また非母語話者が多数を占める現実の英語コミュニケーションに対応できないのである．

　筆者は，かつて講師をつとめたラジオ英語教育番組『百万人の英語』で，1989年から1990年にかけてのシリーズにおいて，毎週さまざまな非母語英語話者を招いて英語で対談する「国際英語トークショー」を実施したが，その中で，初のアジア出身の非母語話者のALT（当時はAET）であったフィリピン人のゲストが "I think Japan should also open their minds, you know, not to close their minds, you know, thinking that the right English is only American or British English. It's really quite unfair." と話してくれたのが非常に印象的であった．幸い，現在では，非母語話者のALTも増え，この面では英語教育関係者の意識も国際英語の方向に変わってきているようである．

3.2　産出的活動：日本英語のモデルの設定

　国際英語のスピーキングやライティングの学習では，モデルの設定が鍵となる．非母語話者も含めた国際コミュニケーションにおいて理解されやすいこと，英米的思考の模倣ではなく自己の思考を表現できること，そして国際社会において尊敬されるような英語であること，の3点が国際英語としてのモデルの要件である．

　なお，筆者の唱える国際コミュニケーションの手段としての日本英語のモデルは，日本人がいま現実に使っている英語の現状を指すものではなく，創造的に構築するものである．このような取り組みは，シンガポール英語やフィリピン英語の実態を記述してそれをシンガポール英語やフィリピン英語の教育モデルの基礎とするというWE論のアプローチとは根本的に異なる．

　母語話者の英語が最も理解されやすい英語であるという従来の常識は，非母語話者が多数を占める現実の国際コミュニケーションでは通用しない．この事実を示したことは，Smith and Rafiqzad（1979）以来の国際英語の理解度研究の顕著な成果のひとつである．実際，たとえば音韻に関しても，脱落や連結が頻繁に起こるアメリカ英語の発音よりも，むしろそのような音変化の少ない発音のほうが，非母語話者にとってはしばしば聴き取りやすい．米国人同士で話すときの発音を日本の英語教育のモデルとするのは，国際英語においては的外れである．筆者の英語クラスでは，脱落や連結を控えめにす

るとともに日本的な特徴を反映した筆者の発音を，国際コミュニケーションのための日本英語のひとつのサンプルとして示している．

　次に談話規則の例として，論説の構成についてはどうか．大学生に論述の課題を与えると，多くの学生は当たり前のように「まず結論から始め，次にその根拠を3点ほど挙げ，最後に結論の再確認で締めくくる」という形式で書こうとする．日本人の英語学習で定着している米国式のモデル（渡辺，2007）によるものである．このような構成には明確な結論を提示できる利点がある反面，議論が一方的になってしまうという欠点のあることが認識されていない．英語では我田引水の主張を展開するのが当然であるかのような観念が，無自覚に植え付けられてしまっているのである．

　これに対して筆者は，状況に応じて，日本の伝統的な「起承転結」を導入することを提案している．何が言いたいのかわからない，などと批判される起承転結であるが，うまく利用すれば，一直線に結論に進むのではなく，「転」のところで別の視点や他の側面も吟味することにより，バランスの取れた議論が可能になる．

　効率主義を信奉する人々からは冷笑されるが，もともと漢詩の構成であった起承転結を日本語の論説に取り入れた先人たちの功績を評価したい．これにより，東アジアの「中庸」の精神に基づく「和」の境地を表現することができるのである．自己の価値観を大切にしながら他者の立場も尊重すべき国際英語での日本英語のモデルとして，起承転結のスタイルを応用することは有意義である．

　なお文法の面では，たとえば「三単現のs」などは意味が通じるかどうかとは無関係なのでどうでもよいというような意見も以前からあるが，それは上述の国際英語のモデルの第3の要件から外れる．よほどインフォーマルな状況でない限り，そのような英語では国際英語においても場違いである．また，三単現のsを無視することが日本文化のアイデンティティを表現するのに役立つとも考えにくい．しかし文法でも独自性を発揮する余地はあり，たとえば冠詞の用法に日本的な発想を反映させる（cf. 小宮，2007）ことは可能であろう．

3.3　相互行為的活動：当意即妙の対応力

　英語使用者の文化的背景としては従来ならば英米文化を想定しておけばよ

かったが，今日の国際英語の使用者のバックグラウンドは非常に多様である．たとえば英語の宗教的基盤といえばこれまではユダヤ・キリスト教の伝統とされていたが，国際英語ではたとえばイスラム教の発想に基づく英語が使われる場合も多い．さまざまな文化を背景に持つ英語使用者間のコミュニケーションにおける国際英語はきわめて流動的な性質を有し，状況に応じた当意即妙の対応が求められる．

国際英語で必要となるそのような相互行為能力は，現実の国際英語の状況において，「適応」（歩み寄り）や「意味交渉」（折り合い）を経験する中で培うのが効果的である．この実践例は 4.2 で挙げる．

4 国際英語の授業実践

上記の EIL 論の視点に立つ授業は具体的にはどのようなものか．筆者が自分の授業で開発して実践している授業方法から 2 つの例を挙げる．

4.1 IPTEIL (Integrated Practice in Teaching EIL)

CALL 教室を用いて，インターネットを通じ，各国のさまざまな英語メディアをリアルタイムで視聴・読解し，内容について英語で問う．たとえば *Channel NewsAsia*（シンガポール），*NDTV*（インド），*KTN*（ケニア）など，言語的・文化的に多様な英語ニュースメディアにおける授業当日の最新の情報を分析することにより，現実の国際英語ユーザーの世界に参加するという趣旨の授業である．いわゆる正統的周辺参加（Lave and Wenger, 1991）やグローバル教育に加え，立場の異なるメディアの比較対照によるメディアリテラシー教育等，EIL の理念をさまざまな教育的概念と統合して実践する教授法であるため，integrated practice と呼んでいる (Hino, 2012b).

実際の授業から一例を挙げる．2015 年 10 月 16 日の主な国際ニュースは，パレスチナ問題の最新情勢であった．当日の授業ではまず，アラブの代表的なメディアとして，カタールの *Al Jazeera* を学生たちに読んでもらった：

> Israel has announced that it will begin banning alleged Palestinian attackers and their relatives from occupied East Jerusalem as increasingly harsh restrictions are being imposed on local Palestinians amid

weeks of protests and clashes. The ongoing violence was triggered last month by incursions into the al-Aqsa Mosque compound—the third holiest site for Muslims—by right-wing Israeli groups.

(*Al Jazeera*, October 16, 2015)

この記事は，パレスチナ人に対するイスラエル政府の厳しい姿勢を報じるとともに，実際にはイスラエル右派がイスラムの聖地に侵入したことが発端であったと述べている．パレスチナ（アラブ）の視点からの報道である．続いて，イスラエル保守派のメディアである *The Jerusalem Post* の同日の記事を学生たちに読んでもらった．

About two hundred people gathered in a show of support and solidarity with Israel after a spate of recent, deadly attacks on Jews. The rally was held across the street from the Consulate General of Israel in New York .... The large crowd chanted, "We stand with Israel", waved Israeli flags and held signs reading "Israel we are with you."

(*The Jerusalem Post*, October 16, 2015)

イスラエルの側から書かれたこの記事では，パレスチナ問題に関してイスラエルを強く支持する人々の姿が印象付けられるような筆致となっている．授業では，このように対照的な立場の記事を比較対照する．国際英語における価値観の多様性を現実の素材で体験する学習である．このような例を通して，学生たちには，どのようなメディアであれ，決してうのみにはせず，必ず自分の頭で解釈し，主体的に読み解くようにと指導している．

4.2 CELFIL (Content and ELF Integrated Learning)

ELF 論で強調される相互行為におけるダイナミズムを重視する教授法のため，名称に ELF を用いた．狭義の英語授業ではなく，専門科目を英語で教える授業 (English-Medium Instruction, EMI) (Doiz, Lasagabaster, and Sierra, 2013) において，いわゆる CLIL (Content and Language Integrated Learning) (Coyle, Hood, and Marsh, 2010) の理念を生かしながら，内容と同時に国際英語を学ぶというものである (Hino, 2015). EMI 授業には，日本人学生だけでなくさまざまな非母語英語話者の留学生が受講するケース

が多いという事実に着目した.

CELFILにおいては，たとえばスモールグループ・ディスカッション（small-group discussion）を積極的に実施し，国際英語での相互行為における適応や意味交渉等のあり方をオーセンティックな状況で体験的に学んでもらうようにしている．その学習の効果を上げるために，OSGD[2]（Observed Small Group Discussion）という活動を考案し，日本人学生と留学生が共に学ぶ筆者の大学院授業[3]で実践している．

このOSGDでは，日本人学生と留学生の両方から成るグループ（4名が目安）をひとつ作って議論のテーマを与え，他の受講生はその周囲を取り囲んで，ディスカッションの様子を観察する．観察の対象としては，議論の内容だけでなく，意思疎通のために用いられる方略にも重点を置く．12分間ほどのディスカッション（及びその観察）の終了後，今度は全員で，観察した事柄の報告やディスカッション参加者の感想などを中心に意見交換を行い，教員は分析やアドバイスを提供する．

スモールグループ・ディスカッションといえば，通常は，複数のグループによるディスカッションを同時に進行させるわけであるが，適切な頻度でこのOSGDを取り入れれば，各学生はピア（peer）による参考例を基に自分のコミュニケーションのあり方について省察することができ，また教員からのフィードバックも的確なものとなる．

5　むすび

多様なバックグラウンドを有する人々が平和に共存する社会を目指すという点で「国際英語」教育は多文化共生教育の一環であり，たとえば障がいを持つ生徒と持たない生徒がお互いに学び合う「統合教育」などとも理念を共有するアプローチである．民族・宗教・国家等の相違による摩擦が深刻化する今日，「国際英語」教育が果たすべき社会的役割は大きい．

---

[2] "Osgood"と発音することを意図している．
[3] 受講者数は平均すると15名ほどである．

参考文献

Coyle, D., Hood, P. & Marsh, D. (2010). *CLIL: Content and language integrated learning.* Cambridge: Cambridge University Press.

Doiz, A., Lasagabaster, D. & Sierra, J. M. (Eds.) (2013). *English-medium instruction at universities: Global challenges.* Bristol: Multilingual Matters.

Halliday, M. A. K., McIntosh, A. & Strevens, P. (1964). *The linguistic sciences and language teaching.* Bloomington: Indiana University Press.

Hino, N. (2001). Organizing EIL studies: Toward a paradigm. *Asian Englishes*, 4 (1), 34-65.

Hino, N. (2009). The teaching of English as an international language in Japan: An answer to the dilemma of indigenous values and global needs in the Expanding Circle. *AILA Review*, 22, 103-119.

Hino, N. (2012a). Endonormative models of EIL for the Expanding Circle. In A. Matsuda (Ed.) *Principles and practices of teaching English as an international language* (pp. 28-43). Bristol: Multilingual Matters.

Hino, N. (2012b). Participating in the community of EIL users through real-time news: Integrated Practice in Teaching English as an International Language (IPTEIL). In A. Matsuda (Ed.) *Principles and practices of teaching English as an international language* (pp. 183-200). Bristol: Multilingual Matters.

Hino, N. (2012c). Negotiating indigenous values with Anglo-American cultures in ELT in Japan: A case of EIL philosophy in the Expanding Circle. In A. Kirkpatrick & R. Sussex (Eds.) *English as an international language in Asia: Implications for language education* (pp. 157-173). Dordrecht: Springer.

Hino, N. (2015). Toward the development of CELFIL (Content and ELF Integrated Learning) for EMI classes in higher education in Japan. In K. Murata (Ed.) *Waseda Working Papers in ELF*, 4, 187-198.

Jenkins, J. (2000). *The phonology of English as an international language.* Oxford: Oxford University Press.

Jenkins, J. (2015). Repositioning English and multilingualism in English as a lingua franca. *Englishes in Practice*, 2(3), 49-85.

Kachru, B. B. (1976). Models of English for the Third World: White man's linguistic burden or language pragmatics. *TESOL Quarterly*, 10(2), 221-239.

Kachru, B. B. (1985). Standards, codification and sociolinguistic realism: The English language in the Outer Circle. In R. Quirk & H. G. Widdowson (Eds.) *English in the world: Teaching and learning the language and literatures* (pp. 11-30). Cambridge: Cambridge University Press.

小宮富子 (2007).「日本人英語における定冠詞の特徴と安定化について」『アジア英語

研究』9, 7-24.

國弘正雄 (1970).『英語の話しかた』サイマル出版会.

Lave, J. & Wenger, E. (1991). *Situated learning: Legitimate peripheral participation*. Oxford: Oxford University Press.

斎藤秀三郎 (2002, 原著 1928).『New 斎藤和英大辞典』(復刻普及版) 日外アソシエーツ.

Smith, L. E. (1976). English as an international auxiliary language. *RELC Journal*, 7(2), 38-53. Also in L. E. Smith (Ed.) (1983). *Readings in English as an international language* (pp. 1-5). Oxford: Pergamon Press.

Smith, L. E. (2004). From English as an International Auxiliary Language to World Englishes. In Y. Otsubo & G. Parker (Eds.) *Development of a teacher training program* (pp. 72-80). Tokyo: Soueisha/Sanseido.

Smith, L. E. & Rafiqzad, K. (1979). English for cross-cultural communication: The question of intelligibility. *TESOL Quarterly*, 13(3), 371-380. Also in L. E. Smith (Ed.) (1983). *Readings in English as an international language* (pp. 49-58). Oxford: Pergamon Press.

鈴木孝夫 (1975).『閉された言語 日本語の世界』新潮社.

渡辺雅子 (2007).「日・米・仏の国語教育を読み解く:『読み書き』の歴史社会学的考察」『日本研究』35, 573-619.

【より深い理解のために】

◎國弘正雄『英語の話しかた』サイマル出版会, 1970 年.

　参考文献でも挙げたが, あらためてここに掲げる. 50 年近くも前に書かれたということが驚異的としか言いようのないほどの先駆的な内容を有する名著であり, 国際英語をはじめとして今日の英語教育が直面するさまざまな重要課題がすでに本書で論じられている.

コーパスと英語教育
―語彙・語法文法・産出指導へのコーパスの寄与―

石川　慎一郎

神戸大学　大学教育推進機構／国際文化学研究科

1　はじめに

　電子化された言語資料の大規模な集成体をコーパス（corpus）と呼ぶ．英語教育の分野においても，指導すべき語彙の選定，教材の語彙的・文法的・社会言語学的妥当性の検証，語法文法の検証，さらには学習者による L2 産出の評価など，コーパスが多面的に活用されるようになってきている（石川, 2012; 投野（編），2015）．

　コーパスと英語教育の関係を考える場合，コーパスの萌芽期においては，もっぱら「英語教育にコーパスを使っているか否か」が問われたわけであるが，コーパスの急速な普及を経て，現在では「コーパスをどのように使い，英語教育の質をどのように実際的に改善しているか」が問われる段階に入っていると言えよう．本稿は，英語教育のリソースとしてコーパスをとらえ，その具体的活用について概観していく．以下，2 章においてコーパスの概要を整理し，3 章において，語彙・語法文法・産出の 3 点を取り上げ，英語教育にコーパスをどのように活用しうるか考察する．

2　コーパスの概要

2.1　コーパスの定義

　コーパスの定義についてはさまざまな立場が存在するが，大型コーパスについて言えば，一般に，(1) 母集団を代表しうる一定の規模を持ち，(2) 母集団の多様性を反映する均衡的な設計がなされており，(3) 標本データが無作為的に収集されており，(4) データが電子的に処理可能であり，(5) 必要

に応じて言語学的情報が付与されているもの，といった定義がなされる．

もっとも，英語教育の分野では，こうした大型コーパスだけでなく，各種の小型コーパスも使用される．たとえば，教科書の本文を収録した教科書コーパスや，各種の試験問題のデータを収めた試験コーパスなどである．また，学習者の作文や発話を集めた学習者コーパスも存在する．こうしたコーパスでは，均衡的・無作為的な標本抽出法が選択されない場合も多い．

2.2 英語コーパス開発小史

以下では，石川（2012）や，McEnery & Hardie（2012）などをふまえつつ，英語コーパスおよび英語学習者コーパスの開発史について管見する．

言語学者や辞書編者が，興味を引く例文やパッセージを個人的に収集することは古くから行われてきたわけであるが，20世紀に入ると，コンピュータ技術の確立により，言語資料の電子的・体系的収集が可能となった．1964年には，アメリカのBrown大学のW. N. Francis, H. Kučera両氏によって，アメリカ英語の書き言葉100万語を集めたBrown Corpusが公開された．これは，1961年にアメリカで公刊された書き言葉全体を母集団として，新聞・宗教書・学術書・各種小説といった15ジャンルからデータを収集したものである．特定分野だけを集めるのではなく，現代のアメリカ英語の書き言葉の多様性を代表する各ジャンルから体系的にデータを集めたBrown Corpusの開発理念は以後のコーパス開発に継承されてゆくこととなった．

それから30年後の1994年には，Oxford大学出版局などが参加する共同プロジェクトの成果として，イギリス英語の書き言葉・話し言葉，合計，1億語を集めたBritish National Corpus（BNC）が世界公開された．BNCの公開により，書き言葉・話し言葉の両面にわたって，英語の諸相を調査することが可能になった．

2000年代に入ると，ウェブに公開されている膨大な言語資料を有効に活用して，大規模コーパスを効率的に作成する方法が検討されるようになった．アメリカのBrigham Young大学のMark Davies氏が構築しているCorpus of Contemporary American English（COCA）は，新聞・雑誌・学術文・小説・話し言葉（の書き起こし）の5ジャンルにおいて，合計2,000万語のデータを毎年収集しており，2015年末には5.2億語に達している．

上記で触れた3つの大型コーパスは，いずれも，オンライン検索が可能である．Davies 氏が開発した検索インタフェースでは，個々の語が使用されるジャンルやコロケーションなどの調査も簡単に行えるようになっている．

2.3　英語学習者コーパス開発小史

　上記で触れたコーパスは，いずれも（原則として）英語母語話者が書いたり話したりしたテキストを収集したものであった．しかし，2000年代以降，英語学習者の L2 産出を収集したコーパスも作成されるようになる．

　学習者コーパスの嚆矢とされるのは，ベルギーの Louvain Catholic 大学の Sylvian Granger 氏らによって開発された International Corus of Learner English (ICLE) である．これは，ヨーロッパを中心とする大学上級生の多様な英作文を集めたもので，2003年に初版が，2009年に2版が公開されている．2版には，日本語・中国語を含む16言語を母語とする大学生による合計6000本，370万語の作文が収集されている．

　Granger 氏らは，上記に加え，学習者の話し言葉を集めたコーパスも開発しており，2010年には，同じくヨーロッパを中心とする11言語を母語とする大学生による80万語の発話（質問者によるインタビューへの応答など）を書き起こし，Louvain International Database of Spoken English Interlanguage (LINDSEI) として公開している．

　ICLE と LINDSEI は，学習者の書き言葉・話し言葉産出を体系的に研究する基盤を提供したが，アジア圏の学習者データは十分に収集されていなかった．そこで，日本国内でもさまざまな学習者コーパスが開発されてきた．東京外国語大学の投野由紀夫氏による Japanese EFL Learner Corpus (JEFLL) は日本人中高生の作文を集めたユニークなデータベースである．名古屋大学の杉浦正利氏による Nagoya Interlanguage Corpus of English (NICE) は日本人大学（院）生や母語話者の作文を収集したデータベースである．同志社大学の和泉絵美氏による NICT JLE Corpus は英語インタビュー試験 (OPI) における日本人学習者の発話を書き起こしし，データ化している．

　このほか，日本で開発された大型学習者コーパスとして，筆者の研究室が開発にあたっている International Corpus Network of Asian Leaners of

English（ICNALE）がある．ICNALE は，アジア圏の10か国・地域において，延べ3,900人（大学（院）生3,550人，英語母語話者350人）の発話と作文を収集したもので，全体で1万本，総語数は180万語に及ぶ．ICNALE は，同一トピック（大学生のアルバイトの是非／レストラン全面禁煙の是非）でデータが収集されているため，既存の学習者コーパスに比べ，対照分析の精度が向上している．

上記で触れた学習者コーパスのうち，ICLE と LINDSEI は書籍添付の CD-ROM にデータが収録されている．その他の4つはオンライン検索ないしウェブからのダウンロードが可能である．

3　コーパスを用いた英語教育の展開

コーパスは，母語話者コーパスであれ，あるいは学習者コーパスであれ，外国語教育ときわめて親和性が高いもので，英語教育にも様々な形で応用されている．以下では，語彙・語法文法・学習者産出の3点について，筆者の手元のデータを使いつつ，具体的なコーパス活用事例を示したい．

3.1　コーパスに基づく語彙選定

英語力の基盤の1つが語彙力であることは言を俟たない．ここで重要になるのは，英語教育において，どの程度の量を教え，また，具体的にどのような語を教えるかということである．日本の英語教育では，中高で指導する語彙の量がしばしば問題となってきた．かつては6年間で6,000語程度を指導していたこともあったが，昭和45年改訂で3,350〜4,700語，昭和52年改訂で2,300〜2,950語，平成元年改訂で2400語，平成10年改訂で2,200語というように一貫して縮減されてきた（参考：平成22年12月16日，文部科学省「外国語能力の向上に関する検討会」第2回会議配付資料）．一方，平成20年改訂では3,000語（中学1,200語＋高校1,800語）に増加し，次期指導要領では5,000語程度への増加も検討されているという．

しかし，この間の目標語彙量をめぐる議論は，量を減らして定着度を高めるべきだという信念と，量を増やして語彙サイズを拡大すべきだという信念の狭間で振幅しており，科学的な証拠に基づいて日本人中高生に最適な語彙量が冷静に論じられてきたとは言えない．この点に関して，コーパスは1

つの判断材料を提供してくれる．

　では，高校卒業段階で求められる語彙量は果たしてどの程度なのであろうか．もっとも，必要となる語彙量は，到達目標によって，また，書き言葉か話し言葉かによって異なる．そこで，ここでは仮に，英語の新聞や映画がある程度理解できるレベルを1つの目標と定め，自作の新聞英語コーパスと映画台本コーパスを使って，それぞれの構成語彙の量を検討してみることとしたい．

　使用した新聞英語コーパスは，*Japan News*（旧 *Daily Yomiuri*）より，2010年，2012年，2014年の3か年にわたって，毎月のある同じ日付の記事を一定量収集したもので（合計36か月分），映画台本コーパスは1980〜1990年代にアカデミー賞を受賞した10本の映画作品の台本を収集したものである．なお，語彙量を論じる場合には，表記形（テクストでの実際の出現形）のトークン数（延べ語数），表記形のタイプ数（異なり語数），レマ（表記形を基本形に集約した単位）のタイプ数などがあるが，一般に，目標語彙量の議論はレマのタイプ数に基づく．

　2種のコーパスを解析したところ，語彙量は以下の通りであった．

表1　新聞・映画コーパスの語彙量

	表記形トークン数	表記形タイプ数	レマタイプ数
新聞	355,149語	19,014語	14,240語
映画	94,567語	7,010語	5,526語

　レマのタイプ数は，新聞で14,240語，映画で5,526語であり，一見，現状の中高3,000語程度では歯が立たないように思える．しかし，この中には，1度しか使用されていない語や，テキストの内容によってたまたま出現した固有名詞や特殊語彙も含まれている．

　一般に，テキストの構成語彙全体の95%程度が分かれば内容理解は成立すると言われる．そこで，2種のコーパスについて，レマの累計構成比率表（上位何語で全トークンの何%がカバーされるかを示す表）を作成したところ，以下のようになった（表中，#は頻度順位，Freqは粗頻度，CFreqは累計頻度，%は累計構成比率を示す）．

表2 新聞・映画コーパスの累計構成比率（レマ単位）

	新聞					映画			
#	語	Freq	CFreq	%	#	語	Freq	CFreq	%
1	the	25352	25352	7.1	1	you	3855	3855	4.1
2	to	10827	36179	10.2	2	be	3850	7705	8.1
3	be	10634	46813	13.2	3	I	3173	10878	11.5
4	of	9486	56299	15.9	4	the	2691	13569	14.3
5	a	9257	65556	18.5	5	to	2246	15815	16.7
6	in	8286	73842	20.8	6	a	2004	17819	18.8
7	and	7000	80842	22.8	7	not	1922	19741	20.9
8	have	4097	84939	23.9	8	do	1898	21639	22.9
9	's	3779	88718	25.0	9	's	1817	23456	24.8
10	for	3551	92269	26.0	10	it	1706	25162	26.6
..	...	...	...	...	...	...	...	...	...
4585	curry	5	337212	94.9	2031	lemoges	3	89790	94.9
4586	cutlet	5	337217	95.0	2032	library	3	89793	95.0
..	...	...	...	...	...	...	...	...	...

　上表に明らかなように，95％水準を満たすのに必要な語数は，新聞では4,583語，映画では2,029語である．このことは，英語の新聞を読むには4,500語程度が必要であり，（単語の聞き取りが正しくなされるという前提で）映画を見てその内容を理解するには2,000語程度が必要だということを示している．現状の中高3,000語という語彙量は，新聞の読解には不足するが，話し言葉の理解には十分だということになる．

　今回のコーパス分析で明らかになったのは，目標語彙量を考える上で，書き言葉と話し言葉を区別することの重要性である．実際，上位10語に注目すると，新聞には定冠詞や文要素をつなぐ前置詞や接続詞（of, in, and, for）が多く，映画では話し手や聞き手を指し示す人称代名詞（you, I）や否定辞（not）などが多いことがわかる．書き言葉と話し言葉では，必要となる語彙量はもちろん，その中身も異なる可能性がある．

　今後，学習者の実態，社会的ニーズ，教育制度上の問題などとあわせ，コーパスから得られる頻度データも交えた形で，目標語彙量や語彙選定をめぐる議論が深化していくことが期待される．

3.2 コーパスに基づく語法文法記述

　コーパスは，語彙だけでなく，語法や文法の実相の解明にも有用性が高い．語法や文法は，ともすれば，静的で不変的なものととらえられがちだが，実際には，具体的な言語使用の場面ごとにその振る舞いが変化する．

　ここでは，高校で指導されるのことの多い consequently と therefore という2つの副詞の振る舞いについて考えてみよう．下記は代表的な英和辞書における記述である（品詞や文中位置に関する記載内容は省略している）．

表3　consequently と therefore の語義記述

辞書	consequently	therefore
A	その結果（として），従って	それゆえに，従って，それ［これ］によって（consequently）《so より形式ばった語》
B	その結果，したがって，必然的に（therefore）	《正式》それゆえに，したがって，その結果

　上記を見ると，therefore の側が形式的・正式的とされているものの，同じ訳語（「その結果」「したがって」など）が2語に共通して使用されており，また，同意語として相手の語が示されるなど，2語はほぼ同等の扱いである．このため，学習者の多くが，英作文などで2語を同じように使用している．

　しかし，consequently と therefore は本当に同等と考えてよいのだろうか．そこで，ここでは，前述の BNC と COCA を使用して，(1) 全体頻度，(2) ジャンル（話し言葉・小説・雑誌・新聞・学術）比率，(3) 高頻度共起語（直前・直後位置限定）の3点を調査する．

　調査の結果，まず，全体頻度について，consequently と therefore の頻度が BNC で約2,500回と23,000回，COCA で約8,000回と46,000回であることがわかった．therefore は consequently の6〜9倍も多用されている．

　次に，ジャンル比率（5ジャンルにおける出現総数を100とみなした場合に各ジャンルが占める比率）について，以下の結果が得られた．

表4 consequently と therefore の出現総頻度のジャンル比率（％）

ジャンル	consequently			therefore		
	BNC	COCA	Av	BNC	COCA	Av
話し言葉	8.4	2.8	5.6	17.3	12.1	14.7
小説	5.5	3.6	4.6	4.0	5.8	4.9
雑誌	15.1	14.4	14.8	12.5	12.6	12.6
新聞	6.0	5.6	5.8	5.8	5.5	5.7
学術	64.9	73.6	69.3	60.5	63.9	62.2

　辞書は therefore のみに正式語という注記を付していたわけだが，コーパスデータに基づくと，2語ともに学術文での出現が6割を超えており，いずれもが正式語性を持っている．また，consequently はほぼ学術文と雑誌でのみ使用されているが，therefore は話し言葉でも一定の割合で使用されており，使用範囲が広い．おそらくは，このことが，therefore の高頻度性の一因になっていると考えられる．

　最後に，2語の高頻度共起語を調査すると，consequently は影響（affect/influence）や増減（increase/decrease/diminish），therefore は義務・必然（must/require/essential/necessary）や決定・結論（conclude/decide）をあらわす語と共起しやすいことがわかった．consequently は意思が介在しない客観的結果を，therefore は強い意思を前提とした結果や結論を意味する場合が多いと考えられる．

　以上，コーパス分析により，(1) 2語ともに正式性の高い語であること，(2) 2語の中では therefore が圧倒的に多く使われること，(3) 話し言葉では consequently をほとんど使わないこと，(4) 客観的な結果を表す場合は consequently が，主観的な結果や結論を表す場合は therefore が好まれること，などが明らかになった．教師がコーパスから得られるこうした用法パターンを指導の場で分かりやすく示していけば，学習者が類義語の使い分けに悩むことはかなり減るものと思われる．

3.3　コーパスに基づく学習者産出特性の解明

　英語教育においては，上記で触れた母語話者のコーパスだけでなく，学習者の言語産出を集めたコーパスもまた有効に活用しうる．たとえば，学習者

コーパスと母語話者コーパスを比較すれば，母語話者を基準として，学習者の側が使いすぎていたり，あるいは逆に，使えていなかったりする語や表現を抽出することができる．教師は，これらを明らかにすることで，ライティング指導やスピーキング指導の内容の充実を図ることができる．

学習者による過剰使用語と過小使用語のうち，とくに重要なのは過小使用語のデータであろう．過小使用語は，ある内容について書いたり話したりする場合に，当然，使われるべきでありながら，学習者がうまく使えていない語，つまりは，学習者のL2知識の「穴」を可視化してくれるからである．

では，日本人学習者はどのような語彙を過小使用しているのであろうか．ここでは，従来の学習者産出研究で手薄であった発話に注目し，ICNALEに含まれる日本人学習者と母語話者の発話データを比較してみたい．ICNALEでは，各種のテストスコアに基づき，学習者の習熟度レベルが4グループに区分されている．そこで，A2(TOEIC 550点未満)，B11(550点以上)，B12(670点以上)，B2+(785点以上)のレベルごとに，母語話者と比較した場合の過小使用語を確認してゆく．コーパス間での頻度差を量化する統計値を手掛かりとして学習者の顕著な過小使用語上位10語を選んだところ，以下のようになった（なお，uhなどのフィラーは除去している）．

表5 習熟度レベル別に見る日本人学習者発話内過小使用語彙（上位10語）

A2		B11		B12		B2+	
that	101.6	a	153.8	a	96.7	a	89.8
's	58.6	that	153.3	that	85.7	that	84.5
be	56.7	it	122.8	you	72.0	you	44.0
a	48.3	be	105.0	's	51.2	be	35.0
it	33.0	you	94.1	be	47.5	would	23.6
you	27.3	's	80.4	would	47.0	're	18.6
as	27.1	as	46.6	it	41.1	while	18.1
your	22.2	of	39.8	are	35.6	then	18.0
the	21.9	know	33.6	just	33.7	able	17.8
them	20.5	your	33.1	really	33.6	they	17.6

上記より，(1) 習熟度の上昇につれて過小使用語は変化していくが，多くの習熟度グループにおいて共通して過小使用になっている語彙が存在するこ

と，(2) 4グループに共通する過小使用語は that, a, be, you の4語であること，(3) 最上位のB2+を除く3グループに共通する過小使用語は it と 's の2語であることがわかる．

もっとも，過小使用語はいずれもなじみ深い基本語であり，日本人学習者による当該語の使用頻度がなぜ低いのかは，上表だけではわからない．そこで，日本人学習者の抱える問題を具体的に示すために，母語話者による当該語の典型的使用パタンを観察してみることにしよう．コーパス分析では，ある語を含む複数語の連結単位をクラスターと呼ぶ．母語話者および日本人学習者による上述の6語を含む高頻度クラスターを観察したところ，母語話者と比して日本人学習者が十分に使えていないパタンが見いだされた．

表6　日本人学習者の発話に見られる過小使用語とその理由

語	日本人学習者による当該語の過小使用理由
that	I think (believe/agree) that S+V ... と言うべきところで，名詞節標識となる that を落とす
a	単数名詞の前で必要な不定冠詞 a を落とす
be	X should (would/will/can) be ... などの助動詞+コピュラ文が使えない
you	you know, you see などの聞き手を意識したフィラーが使えない
it	*it* is ... や *it*+助動詞+be ... などの非人称 it 構文が使えない
's	it (that/there/what)'s などの非人称コピュラ文，また，people (person/today)'s といった名詞所有格表現が使えない

学習者の抱える問題には，全般的な習熟度上昇によって自然に解消していくものと，上級者でもなかなか改善しないものがあるが，上述の諸点はどちらかと言えば後者のタイプに属するもので，その背景には，学習者が自身の問題に気付いていないという状況が存在する．こうした場合，学習者に問題を意識化させることが効果的である．たとえば，教師が，コーパスを使って学習者の過小使用語を特定した後，それらを含む母語話者の発話実例を同じくコーパスから抜き出して学習者に提示すれば，学習者は，それまで気付いていなかった自身のL2使用の問題点と，その解決のための具体的な指針を得ることができるであろう．こうしたプロセスを教授の過程に取り込むことで，学習者の発話はより自然なものに近付いていくと考えられる．

4 おわりに

　以上，本論では，コーパスの概要やその開発小史を管見した後，語彙・語法文法・学習者産出の3点に即して，コーパスが英語教育の質をいかに改善しうるかを論じてきた．

　冒頭でも述べたように，「コーパスをどのように使い，英語教育の質をどのように実際的に改善しているか」が具体的に問われるようになった現在，求められるのは，教師一人一人が指導の現場においてコーパスをうまく活用していくことである．コーパスはもはや言語研究者や辞書編者のためだけの特権的な専有物ではない．教師の指導の質を向上させ，学習者の学びを支援する有益なリソースとして，コーパスの重要性は今後さらに高まっていくと言えるであろう．

参考文献

Granger, S. (1998). *Learner English on computer*. Harlow, UK: Longman.［船城道雄・望月通子（訳）(2008).『英語学習者コーパス入門』研究社出版.］

堀正広・赤野一郎（監修）・投野由紀夫（編）(2015).『コーパスと英語教育』（英語コーパス研究シリーズ第2巻）．ひつじ書房．

石川慎一郎 (2008).『英語コーパスと言語教育：データとしてのテクスト』大修館書店．

石川慎一郎 (2012).『ベーシックコーパス言語学』ひつじ書房．

石川慎一郎 (2014).「コーパス研究の動向と活用」全国英語教育学会第40回研究大会記念特別誌編集委員会（編）『英語教育学の今：理論と実践の融合』(pp. 164-167)．全国英語教育学会．

石川慎一郎 (2015).「The ICNALE：国際中間言語対照分析研究のための新たな学習者コーパスの開発」『電子情報通信学会技術研究報告：信学技報』115(361), 13-18.

和泉絵美・井佐原均・内元清貴 (2005).『日本人1200人の英語スピーキングコーパス』アルク．

McEnery, T., & Hardie, A. (2012). *Corpus linguistics: Method, theory and practice*. Cambridge, UK: Cambridge University Press.［石川慎一郎（訳）(2014).『概説コーパス言語学：手法・理論・実践』ひつじ書房．］

投野由紀夫 (2007).『日本人中高生一万人の英語コーパス』小学館．

投野由紀夫・金子朝子・杉浦正利・和泉絵美（編）(2013).『英語学習者コーパス活用

ハンドブック』大修館書店.

【より深い理解のために】

◎石川慎一郎『ベーシックコーパス言語学』ひつじ書房，2012 年.
　この本は，コーパス言語学の成立，主要なコーパスの背景，コーパスを用いた語彙研究・語法研究・文法研究・学習者研究の諸相について全体像を俯瞰したものである．前提知識なしにコーパスを一から学ぼうとする読者にとって有益な入門書の1つと言えるだろう．

◎投野由紀夫編『コーパスと英語教育』ひつじ書房，2015 年.
　この本は，英語コーパスと英語教育の関わりをわかりやすく説き起こした入門書である．教授法（データ準拠学習法），学習語彙，特殊英語（ESP, EAP），言語テストとコーパスの関係について，また，学習者コーパス研究の概要について詳しく紹介されている．

グローバル化時代における
日本人英語学習者の動機づけと情意
―理論と実践を融合して―

西田　理恵子

大阪大学大学院言語文化研究科

1　序論

　近年の急速なグローバル化に伴って，日々の私達の活動や行動は国境を越えて拡大し，国内外において第二言語である英語を使用してコミュニケーションを図る場面を避けられない状態になりつつある．このようなグローバル化時代の中で，私達の生きる時代は，地球温暖化現象，環境破壊，金融危機，テロリズム，難民問題，貧困・飢餓，感染症等，地球上で起こりうる様々な問題を地球規模で考えて行動していく力が必要であり，国内においても様々な文化的背景や価値観を持つ人々と共生していく力が求められている．

　加速化するグローバル化・多文化共生時代の流れを受けて，文部科学省は2014年度に「グローバル化に対応した英語教育改革実施計画」を提示し，2020年度の東京オリンピック・パラリンピックを見据えて，本計画を展開していく計画を提案した．この計画には，小学校中学年段階では「活動型・週1〜2コマ」が，小学校高学年段階では「教科化・週3コマ」が予定されている．中学校段階では「身近な話題についての理解や簡単は情報交換，表現ができる能力を養う」「授業を英語で行うことを基本とする」とし，高等学校においては「言語活動の高度化（発表，討論，交渉等）」を検討し，日本人英語教育において「英語によるコミュニケーション能力を確実に養い」「日本人としてのアイデンティティに関する教育の充実」に関する抜本的改革が計画されている．高校卒業段階では，生徒の英語力を向上すべく英検2級〜準1級程度の以上の言語運用能力が求められる（文部科学省，2014）．国内における抜本的な教育改革を見据えて，日本人を対象とする英語教育分

野においても今後更に英語教育の充実が期待される．

このような英語教育改革実施計画が提案される中で，現段階での文部科学省の示す学習指導要領の目的は（文部科学省，2008），言語運用能力の向上のみならず，コミュニケーションへの積極性（Willingness to communicate，以下 WTC）や異文化への理解を伴う情意面の向上も求められている．WTC や異文化への理解は，第二言語習得時における学習者動機や情意面と関わりがあるため，本稿では理論的背景として第二言語習得時における動機づけと情意要因に関する実証研究を概観し，理論と実践を融合した英語教育実践について考察していく．

2　理論的背景：第二言語習得時における動機づけと情意

1960 年代以降，第二言語習得の分野においては，第二言語学習時における個人差の研究が行われるようになった．個人差の要因として，Skehan (1989) は，言語適性，動機づけ，学習ストラテジー，認知・情意的要因（例：内向性・外向性），リスク負担（risk taking），知能（intelligence），場独立（field independence），不安を要因とし，Larsen-Freeman and Long (1991) は，年齢，言語適性，社会心理学的要因，動機づけ，態度，性格，認知スタイル，学習ストラテジー等を個人差の要因とし，Dörnyei (2005) は，性格，言語適性，動機づけ，学習スタイル・学習ストラテジーに加えて個人差の要因（不安，自尊心，創造性，コミュニケーションへの積極性，信念）をその要因として挙げている．Skehan (1989), Larsen-Freeman and Long (1991), Dörnyei (2005) が共通して示している個人差の要因は，動機づけ，言語適性，性格，学習ストラテジーである．この学習者要因の中でも最も重要な役割を果たすと考えられるのが「動機づけ」であり，「動機づけ」は「言語適性」と同様に重要な役割を形成している（Dörnyei, 2005）として考えられている．動機づけや Can-Do は WTC とも関わりがあり（MacIntyre, Clément, Dörnyei, & Noels, 1998），異文化への理解についても動機づけの研究の系譜を受けている．

動機づけの研究は，1960 年代からカナダの社会心理学者 R. Gardner と共同研究者等によって行われ「統合的動機」（他民族への態度）と「道具的動機」（功利的な目的）（八島，2004）の 2 つの概念を基盤として実証研究が

行われた．Gardner（2001）の示す社会教育モデルでは，「統合的志向」や「学習状況への態度」が「学習意欲」へと繋がり，ひいては「言語習熟度」に影響し，「言語適性」もまた「英語習熟度」に繋がる可能性があると示している．1990年代になると「どのようにすれば学習者を動機づけるのか」という外国語教育実践者のニーズに応えようとする研究が求められるようになり，教育心理学的理論である帰属理論（Weiner, 1992），自己決定理論（Deci & Ryan, 1985）が当該研究分野において多く取り入れられるようになった．特に自己決定理論を応用した実証研究が国内外において近年においても数多く行われている（e.g., Nishida, in press，西田，2013）．自己決定理論とは「内発的動機づけ」と「外発的動機づけ」の2つの概念を基盤としている理論であり，「内発的動機づけ」は「それをすること事態が目的で何かをすること，それをすること自体から喜びや満足感が得られるような行動に関連した動機づけ」（八島，2004, p. 53）と定義づけられ，「外発的動機づけ」は「金銭的な報酬や他者に認められることなど，何らかの具体的な達成する手段として行う行動に関連した動機」（八島，2004, p. 53）であると定義づけられている．内発的動機づけを高めるための3つの心理的欲求（自律性・有能性・関係性）があり，この心理的欲求が充足されると人は内発的に動機づけられる可能性があると言われている．「外発的動機づけ」も動機づけが連続体で示されており自己調整段階に伴って，自己決定の度合いから高い調整，低い調整まで分類がなされている．自己決定性が最も高い外発的動機づけは「統合的調整」（目標の階層的調和や統合），次いで「同一化調整」（目標の自己是認）であり「取入的調整」（他者からの承認に注目する），最も低い自己調整は「外的調整」（金銭等，報酬を目的とする）である（八島，2004, p. 54）．この他に「無動機」があり，「無動機」は人が動機づけられていない状態を示している．2000年以降になると過程志向アプローチとして縦断調査を用いた学習者の変化の傾向を捉える研究や，「可能自己」（未来の自己像）に関する研究が行われている（e.g., Nishida, 2013，西田，2015b）．「可能自己」とは「理想自己」（成りたい将来の自己像），「義務自己」（成るべき自己像）であり，理想自己と義務自己に向かっていく「努力」がある．Nishida（2013）では，日本人大学英語学習者において，理想自己が，内発的動機づけと国際的志向性と相関関係にあることを示している．

　その他の情意要因として「WTC（コミュニケーションへの積極性）」が，

文部科学省の学習指導要領の目的でもあるために注目を集めている．WTCとは，MacIntyre, Clément, Dörnyei, & Noels (1998) によってモデル化され，6層あるモデルでは，社会的・個人的コンテキスト，情動的・認知的コンテキスト，動機傾向，状況的要因，行動の意思，コミュニケーション行動がモデル内に示されている．八島 (2004) によれば WTC とは「他者と対話をする意思」であり，コミュニケーションを行うという行為が如何に複雑であるかを示している．コミュニケーションへの積極性を促す最も重要な要因として Can-Do であることが明らかになりつつある (Yashima, 2002, 2004)．この他の個人差の要因として，「国際的志向性」(Yashima, 2002, 2004) があり「国際的な仕事への興味，日本以外の世界とのかかわりをもとうとする態度，異文化や外国人への態度などを包括的の捉えようとした概念」である．「国際的志向性」は「異文化友好オリエンテーション」「異文化間接近—回避傾向」「国際的職業・活動への関心」「海外での出来事や国際問題への関心」の構成要素から成り立っている（八島，2004, p. 84）．

　次に，上記に示す理論的背景を基盤とした日本人英語学習者における小学校・中学校・高等学校・大学を対象とした動機づけ・情意に関する実証研究を，全体傾向・性差・個人差の傾向の視点から示していく．

3　動機づけと情意に関する学習者傾向を捉えた研究

3.1　小学校英語活動における動機づけと情意

　小学生を対象とした年齢差の研究（詳細は，西田・安達・カレイラ，2013を参照）においても動機づけや異文化への関心，Can-Do, WTC についての傾向が明らかになりつつあり，これらの研究を概観すると，年齢が上がるにつれて興味・関心・動機づけが低下する傾向にある．公立小学校3年生〜6年生を比較した Nishida (2013) においては，外国への興味関心が3年生から6年生にかけて低下している傾向を捉えている．性差に関する研究では（詳細は，西田・安達・カレイラ，2013を参照），低学年・中学年・高学年の全学年を通して，女子生徒の方が男子生徒と比較して，動機づけ，WTC，関心，Can-Do が高い傾向にある．Nishida (2013) の研究でも同様に，女子生徒の方が男子生徒と比較して，動機づけや外国への関心が高い傾向を示していることを明らかにした．Nishida (2011) の研究においても，

動機づけ，外国へ興味関心，不安，Can-Do，WTC，教室内の雰囲気について，女子生徒の方が男子生徒と比較して高いことを明らかにした．男子生徒の興味関心を維持・換気していく教育的介入を行っていくことが課題となろう．

3.2 中学校・高等学校における英語学習時における動機づけと情意

　小学校英語学習者での研究と同様に，中学校・高等学校においても英語学習時の動機づけや情意要因に関わる傾向が捉えられつつある．中学校英語学習者においては，公立中学校 1 年生〜3 年生にかけての内発的動機づけ・自律性・有能性・関係性・言語文化への関心・Can-Do 読む・Can-Do 書く・WTC・理想自己に関する調査を実施し，学年と性差に関する傾向を捉えている（西田，2015a）．中学校 1 年生から 3 年生にかけて，関係性が高い傾向が見られた．中学校 1 年生では「英語で読むことができる（Can-Do 読む）」が高く，中学校 2 年生・3 年生段階では「英語で書くことができる（Can-Do 書く）」が高い傾向が見られた．しかしながら英語に関わる「つまずきの意識」について自由記述のコード化の結果，読み・書きに関する苦手意識があることが明らかになっている（詳しくは，西田，2015a 参照）．性差比較に関しても，中学校 2 年生・3 年生段階では，内発的動機づけ・自律性・有能性・関係性・言語文化への関心・Can-Do 読む・Can-Do 書く・WTC・理想自己に関わるほぼ全ての要因に関して女子生徒が男子生徒と比較して高い傾向にあることを示している．中学校 1 年生段階においては，自律性・Can-Do 読む・Can-Do 書くについては女子生徒が男子生徒と比較して高い傾向にあり，内発的動機づけ・WTC については，男子生徒の方が高い傾向を示した．Nishida（2015）の研究でも同様に，公立中学校 1 年生を対象として調査を実施したところ，女子生徒の方が男子生徒よりも，リスニング能力については高い傾向を示し，2 月時点は，理想自己は男子生徒が高いものの，内発的動機づけ・自律性・有能性・関係性・Can-Do・言語への興味関心・コミュニケーションへの積極性については女子生徒の方が男子生徒と比較して高い傾向を示していた．

　高校英語学習者においては，高等学校 1 年生を対象として言語運用能力，Can-Do，L1WTC（日本語），L2WTC（英語）との関係について分析を行った報告がある（Kodaira，2015）．Can-Do は，日本英語検定協会の英検

Can-do リストを参考に，Can-Do Reading, Writing, Listening, Speaking について四技能を測定している．高校英語学習者においては，本調査においては，L2WTC と L1WTC では，L1WTC の方が L2WTC と比較すると高い数値を示し，Can-Do Reading, Can-Do Listening の方が，Can-Do Writing, Can-Do Speaking と比較して高い傾向にあることが明らかになった．これは，英語学習時におけるインプット活動が，アウトプット活動と比較して「できる」という認知が高いことを明らかにした．更に，個人差の特徴に関してクラスター分析を使用して特定した結果，上位群・中位群・下位群に学習者が分類された．言語能力が高い群は，Can-Do や WTC も高く，その一方で，言語能力が低い群は，Can-Do や WTC も低いことを明らかにした（詳細は Kodaira, 2015 を参照）．

3.3 大学英語学習時における動機づけと情意

大学英語学習者を対象とした国内の英語学習時に関わる動機づけや情意面に関する実証研究については，2012 年から 2014 年にかけて約 5500 名の大学生を対象とした大規模調査がある（詳細は，西田，2015b 参照）．この調査は，自己決定理論に依拠した内発的動機づけ・外発的動機づけ（同一化調整・取入的調整・外的調整）・無動機・自律性・有能性・関係性・理想自己・義務自己・努力・国際的志向性・L2WTC・Can-Do Speaking/Listening・Can-Do Reading/Writing に関する質問紙調査を実施した．本研究では，大学 1 年生における全体傾向としては，内発的動機づけ・外発的動機づけでは，特に同一化調整が高い学習者傾向にあり，無動機が低い傾向がある．その一方で，Can-Do Reading/Writing や L2WTC が高い傾向にあり，義務自己や Can-Do Speaking/Listening に関しては低い傾向を示す．性差比較については，内発的動機づけ・外発的動機づけは，自律性・有能性・関係性・同一化調整・取入的調整・外的調整の全ての要因に関して女子学生の方が男子学生と比較して高い傾向にあり，特に，同一化調整が高い傾向を示している．可能自己・情意要因に関しても同様に，理想自己・義務自己・努力・国際的志向性・Can-Do Speaking/Listening・Can-Do Reading/Writing・L2WTC については，女子学生の方が男子学生よりも全ての要因に関して高い傾向を示している．この結果は，女子学生の方が男子学生と比較して，英語学習時においては動機づけも英語学習時における情意要因も高い傾

向があることを示している．

　上記に小学校・中学校・高等学校・大学英語学習者における全体傾向・性差・個人差の傾向を示した．ではどうすれば「動機づけ」を維持・喚起し「動機づける」ことができるのかをプロジェクト型カリキュラムを通して，実践と研究の視点から論じていく．

4　プロジェクトを用いた教育的介入による動機づけの変化

　プロジェクト型学習は，活動のゴールに向けて目的意識が明確で，活動が主体的で創造的であるため，学習者の関心を持続することが可能となる教育方法である（東野・高橋，2007）．以下に小学校と大学英語学習者における実践事例を紹介する．

4.1　小学校外国語活動：ミニプロジェクト型学習

　小学校5年生～6年生の2年間にかけて「Hi, friends!」に加えて，学期末にミニプロジェクト（絵本・グループプレゼンテーション・劇）を組み込んだカリキュラム構成をした実践事例がある．文部科学省からの「Hi, friends!」の単元を行い，その上で，学期末にミニプロジェクトとして，グループ学習として絵本・プレゼンテーション・劇（グループ）が組込まれていた．例えば，絵本の例では「Very Hungry Caterpillar (by Eric Carle)」を題材として作るというプロジェクトであり，児童達は「何が（人・物・動物）」「何を食べて」「どのように変化するのか」を考え，絵を描いて絵本を作成し，英語での発表をクラスの前で実施する．児童が実際に作成した絵本の中には月曜日から日曜日にかけて沢山の食べ物を食べて「あまり元気のなかったお婆ちゃん」が「元気でピカピカのお婆ちゃん」になったという作品がありその想像力は豊かなものであった．このミニプロジェクト型カリキュラムを基盤として，5年生～6年生にかけて，児童のリスニング能力・内発的動機づけ・自律性・有能性・関係性・外国への関心・Can-Do・L2WTCがどのように変化するのかを，リスニングテスト（英検ブロンズテストの一部を使用）と質問紙調査を用いて実施した．5年生時の7月・2月，6年生時の7月・2月の2年間に渡って実施している．結果として，リスニング能力については，5年生段階では顕著に上昇し，6年生段階では維持する傾向

が明らかになった．更に，担任教師と教室内英語支援員への半構造化面接から，児童達が「自然」と英語を聞き取るようになって行く様子や担任の日本語での説明が減少していく様子，英語の授業外（例：給食時）に ALT に積極的に話しかける様子が報告されている（詳細は，西田，2014 参照）．このように小学校外国語活動におけるミニプロジェクト型授業を通した教育介入は，児童達の言語運用能力や情意面に効果的な働きかけをする可能性を示した．では次に，小学校外国語活動における内容言語統合型プロジェクト：「地球博」の視点からプロジェクトの可能性について言及する．

4.2　小学校外国語活動：内容言語統合型プロジェクト「地球博」

　公立小学校 6 年生を対象とした「地球博」では地球時代の子供達が地球的視野に立って考えること，環境問題や世界の平和について考えることを狙いとし，内容重視のアプローチに基づいてテーマプランニングを行った．Met (1997) によれば，内容重視のアプローチとは様々なアプローチがあるが「地球博」では，テーマベースのアプローチを基盤として，英語の授業の中で一定のテーマを継続して扱うこととした．「地球」をテーマとして「地球」に関して一定のテーマを年間通して継続的に学習していけるようカリキュラム構想を行った．カリキュラムには「世界の国々」「世界の食べ物」「絶滅しようとする世界の動物達」「世界と環境」等が含まれる．その他に，異文化体験としてのフラダンス，「もし世界が 100 人の村だったら」の暗唱，「We Are the World (by Michael Jackson)」「Imagine (by John Lennon)」を学習した．更に社会科（小学社会科 6 年生下）とリンクさせながら「日本とつながりの深い国」「世界の平和を保つ国連の働き」「地球の環境問題と国連の働き」「地球からの SOS」「海外旅行の計画を作ってみよう」をカリキュラムに組み込んだ．教室内では児童の知的好奇心を高め，異文化理解を深めることができるよう，絵や写真を多く取り入れた視覚教材をパワーポイントで作成し，電子黒板で学習をし，教室内にも掲示した．

　「地球博」の当日には，三市一町から多くの教育関係者等が集まった．冒頭に「もし世界が 100 人の村だったら」を暗唱し「Imagine」を歌い「フラダンス」を踊り，その後，イタリア・韓国・中国・ケニア・オーストラリア・ハワイ・エコチームに分かれて「Show and Tell」を行った．「フラダンス」を踊り，「We Are the World」を歌って「地球博」が終了した．「地球博」の

終了後，教育関係者から寄せられた感想では「児童が自分達の生活や暮らし方を見直したり，視野を広げるきっかけともなった．教室の電気をこまめに切る，給食を残さないで食べるといった行動をし，"We are eco-friendly kids" といっている児童もいた」「自分達が恵まれた環境で暮らしていることや，世界にはいろいろな地域があり様々な人たちが暮らしていることを知った児童も多い」（詳細は，西田，2009, p. 4 参照）というコメントが寄せられ「地球博」を通して，児童たちが地球への関心を高めたことや，異文化への関心を深めたこと，更に平和への気付きが見られたことを明らかにした．教育関係者の意見から「地球」というテーマを学ぶことで自国や他国に関心を持つことができることや「地球上」には，様々な国があり様々な文化的背景を持つ人々が暮らしていることを知った児童も多く，グローバル化に伴う地球温暖化現象や環境破壊についての学びから，環境問題について考え行動することができたといえよう（西田，2009）．このように，小学校外国語学習時におけるミニプロジェクト型授業や「地球博」の内容言語統合型プロジェクトは，小学児童を動機づけたことのみならず，言語運用能力や知的好奇心を高めた可能性がある．

4.3　大学英語学習者：内容言語統合型プレゼンテーションプロジェクト

　大学英語学習者に対しては，大学英語学習時に内容言語統合型のグループプレゼンテーションプロジェクトを実施した．プレゼンテーションの題材としては主に Technology Entertainment Design（以下，TED）を用いてトピックを選んでいる．国内外で，近年，広く知られるようになりつつある TED は，インターネット上で無料動画配信のプレゼンテーションプロジェクトであり，様々な分野のスペシャリストが，毎年，講演会を行っている．TED プレゼンター達のアイデアや情熱は，私達の世界観に対する見方に変化を与え，教育・技術・医療・工学・科学・芸術・エンターテインメント・デザイン・ビジネス，そして，世界中の様々な問題に至るまで，視聴者にインパクトを与えるきっかけを作ってきた．

　TED プレゼンターの選定については，学部生の専門分野における興味関心とニーズを探り，分野でのトップリーダー達を将来の「理想自己」として可視化することを目的とした．学期初期段階に，学生達に自由記述を実施して「学生達の声」を聞き，その「声」をコード化した．人文系である文学部

や人間科学部は「教育」「心理学」「文化」「国際理解」「時事」等の記述を多く示し，理工系の学生は「ロボット工学」「宇宙工学」「生物工学」「情報工学」の記述を多く示した．学生達の専門分野と興味関心を軸として TED プレゼンターを選定した．

中間プレゼンテーションと期末プレゼンテーションを実施する中で，学習者の変化の傾向を捉える為に，質問紙調査と半構造化面接を実施し（詳しくは Nishida in press 参照），学期の第 1 週目・第 8 週目（中間発表後）・第 15 週目（期末発表後）に調査を行った．質問紙では，自己決定理論に依拠した内発的動機づけ・自律性・有能性・関係性・外発的動機づけ（同一視的調整・取入的調整・外的調整）・無動機・可能自己（理想自己・義務自己・努力）・Can-Do Speaking/Listening, Can-Do Reading/Writing, 国際的志向性，WTC を測定した．結果として，プレゼンテーションの介入後に，内発的動機づけを高める 3 つの心理的欲求である自律性・有能性・関係性が顕著に高まり，更に Can-Do Speaking/Listening，国際的志向性に顕著な肯定的な変化を示した．その一方で，成績や報酬のために行う行動に関連する動機づけである「外発的動機づけ」（同一視的調整・取入的調整・外的調整）が，プレゼンテーションの介入後に低下する傾向を示した（詳細は Nishida, in press を参照）．これはプロジェクト型学習を通して，学習者が成績や報酬のために学習をするのではなく，楽しいのでその活動をするという内発的動機づけに変化していく可能性を示唆した．TED を用いたプレゼンテーションプロジェクトは，大学英語学習者の動機づけや情意面において肯定的な変化を示す可能性を示した．

本節で示したように，プロジェクトを組み込んだ教育的介入によって学習者を動機づけ，情意面を高めていくことができる可能性を示した．プロジェクト型授業の有効性については期待することができるものの，更なる教育実践の実施と教育的効果の検証が求められよう．

5 結語

本稿では，小学校・中学校・高等学校・大学英語学習者に関する日本人英語学習時の動機づけと情意面に関する実証研究を，全体傾向・性差・個人差の傾向から考察した．また，どのような教育的介入を行うと，言語運用能力

を高め，学習者を動機づけることができるのかをプロジェクト型授業を通した教育介入型研究を実施して，学習者の変化の傾向を捉えようと試みた．今後は更に，内容と言語を統合してカリキュラム構想を CLIL（内容言語統合型カリキュラム）や EMI (English as a Medium of Instruction) を用いて言語と内容を有機的につなげ，効率良く学習していくことを検討していくことも課題となろう．グローバル化時代を生き抜くために，今後更に英語教育分野において理論と実践と融合した教育的介入が行われ，数多くのよりよい実践報告と実証研究が行われることで，日本人英語学習者にとっての英語教育における抜本的改革の基盤となることが期待できよう．

参考文献

Deci, E. L., & Ryan, R. M. (1985). *Intrinsic motivation and self-determination theory in human behavior.* NY: Plenum.

Dörnyei, Z. (2005). *The psychology of the language learner: Individual differences in second language acquisition.* London: Lowrence Erlbaum Associates.

Gardner, R. C. (2001). Integrative motivation and second language acquisition. In Z. Dörney, R. Schmidt (Eds.), *Motivation and second language acquisition*, (pp. 1-10). Honolulu: University of Hawaii Press.

東野裕子・高橋英幸（2007）．『小学校におけるプロジェクト型英語活動の実践と評価』高陵社書店．

Kodaira, T. (2015). *A research on EFL learners' Can-Do perception under the context of Japanese high school education.* Unpublished MA thesis. Graduate School of Language and Culture, Osaka University.

Larsen-Freeman, D., & Cameron, L. (2008). *Complex systems and applied linguistics.* Oxford: Oxford University Press.

MacIytyre, P. D., Clément, R., Dornyei, Z., & Noels, K. (1998). Conceptualizing willingness to communicate in a L2: A situational model of L2 confidence and affiliation. *The Modern Language Journal*, 82, 545–562.

Met, M. (1997, November). *Planning for language growth in content-based language lessons.* Paper presented at Second International Symposium on Immersion & Bilingual Education, Kato Gakuen, Shizuoka.

文部科学省（2008）．『小学校指導要領：第4章外国語活動』Retrieved from http://www.mext.go.jp/ a_menu/shotou/new-cs/youryou/syo/gai.htm

文部科学省（2014）．『グローバル化に対応した英語教育改革実施計画』Retrieved from http://www.mext.go.jp/b_menu/houdou/25/12/1342458.htm

西田理恵子 (2009).「小学校外国語活動における内容重視のアプローチ:「地球博」の試み」*JES Journal, 10*, 1-6.

西田理恵子 (2013).「大阪大学学部生を対象とした第二言語習得時における動機づけと心理的要因に関する研究報告」『平成 24 年度 TOEFL-ITP 実施報告』49-63. 大阪大学全学教育推進機構言語教育部門. 大阪大学言語文化研究科英語部会.

西田理恵子 (2014).『小学校外国語活動における児童の動機づけと情意要因に関する縦断調査』平成 24 年度文部科学省 科学研究費補助金 若手研究（B）科研番号 24720256 研究成果報告書.

西田理恵子 (2015a).『平成 27 年度公立中学校 1 年生～3 年生での英語に関する基本調査：言語・動機づけ・情意要因に関する実態調査』1-36. Unpublished manuscript.

西田理恵子 (2015b).「大阪大学学部生を対象とした英語学習時における学習者動機と情意要因に関する実証研究：縦断調査に基づいて」『平成 25 年度 TOEFL-ITP 実施に関する報告書——結果と分析・考察——』82-97. 大阪大学全学教育推進機構言語教育部門. 大阪大学言語文化研究科英語部会.

西田理恵子・安達理恵・カレイラ松崎順子 (2014).「小学校外国語活動における動機づけと情意要因に関する研究と実践：実証研究の蓄積と今後の展望」『LET 関西支部 2013 年度メソドロジー研究会論文集』, 63-74.

Nishida, R. (2011). Elementary school pupils' motivation and affective variables in foreign language activities as related to annual hours of English instruction, *LET Kansai Chapter 11*, 1-15.

Nishida, R. (2013). The L2 ideal self, intrinsic/extrinsic motivation, international posture, willingness to communicate and Can-Do among Japanese university learners of English. *Language Education and Technology, 50.* 47-63.

Nishida, R. (2015, May). A longitudinal analysis of listening abilities, motivation, and affect among secondary school students in the Japanese EFL context. Paper presented at 2015 Joint International Methodology Research Colloquim, Honkoku University of Foreign Studies, Seoul, Korea.

Nishida, R. (in press). Motivational changes with the integration of project-based design courses with the use of Technology Entertainment Design.

Skehan, P. (1989). *Individual differences in second language learning*. London: Edward Arnold.

八島智子 (2004).『外国語コミュニケーションの情意と動機：研究と教育の視点』関西大学出版部.

Yashima, T. (2002). Willingness to communicate in a second language: The Japanese EFL context. *The Modern Language Journal, 86*, 55-66.

Yashima, T., Zenuk-Nishide, L., & Shimizu, K. (2004). Influence of attitude and affect on willingness to communicate and L2 communication. *Language Learn-*

ing, 54, 119-152.
Weiner, B. (1992). *Human motivation: Metaphors, theories, and research*. CA: Sage.

【より深い理解のために】

◎八島智子『外国語コミュニケーションの情意と動機：研究と教育の視点』関西大学出版部，2004 年.

　本書は「外国語コミュニケーション」を研究する上での情意と動機に関する理論的基盤を提示している．主に外国語コミュニケーション時の不安，動機，異文化接触への動機，異文化への移動とコミュニケーション，コミュニケーション能力に関して総括され，教育的示唆へと繋いでいる．

教師の相互行為能力を可視化する
―会話分析による授業実践へのアプローチ―

岡田　悠佑

大阪大学大学院言語文化研究科

1　はじめに

　質問をする，誤りを正す，重要項目を説明する，発言を促す，態度を注意する．日々の授業の中で，英語教師はいくつもの行為を様々なやり方で実践している．質問1つ取ってみても，自然な発話速度の英語，ゆっくりとした発話速度の英語，英語と日本語の混合，日本語のみなど，多様なデザインによって行うことができる．教師は誰しも1つひとつの行為について多くの選択肢の中から意識的，無意識的に関わらず特定の成し方を選択して授業を行っており，教師としての行為をいかに効果的に成して授業を展開するかは教師の力量を示す1つの指標と言えるだろう．では，英語授業においてある教師の行為の成し方がどの程度効果的なのか，ということは，何によって判断されるべきなのだろうか．文部科学省の指針（2013）は授業の媒介語として英語を用いることを推奨しているが，全ての行為を常に英語で成すことが実際に効果的なのだろうか．また英語にしてもどのような英語を用いればよいのだろうか．授業において日本語の果たす役割は全くないのだろうか．本章では，英語授業における教師の行為の有効性を見極める1つの方法として，参与者の視点から行為の意味を解き明かす会話分析の視座を提供する．そして，英語授業という相互行為の中で様々な行為をとおして授業をいかに巧く行うかを，「教師の相互行為能力」，つまり「学習を媒介・促進するための手段として相互行為を用いる能力」（Walsh, 2011, p. 158, 筆者訳）として提示することで，英語教師教育に1つの道筋を示すことを目指す．以下，第2節で会話分析について概説し，第3節では英語が媒介語である日本の英語授業を事例に，質問や誤用訂正などの教師的行為を効果的に成す

行う方法を明らかにする．そして第4節で教師教育への提言を行い，本章のまとめとする．

2　会話分析の理論と手法

　会話分析は相互行為という社会場面を1つの組織だったものとして構築するために人々が用いる能力の解明を目指した社会学である．その能力とは，他者の言葉や非言語行動を理解し，自らも他者に理解できるように言葉や非言語行動をデザインして産出することを可能とする「方法」として人々が有しているものである．会話分析はこの相互行為能力を，相互行為内で参与者が他の参与者と共に相互行為を構築していく中で実演している能力として自然主義的に，つまり実演イコール能力そのものとして記述する．それは人々が持つ能力を目に見えないものと想定し，採集したデータからその能力を推測しようとする実証主義などの事実論的パースペクティブに基づく研究とは立場を異にする．より具体的に言えば，会話分析は，時間に沿って行為が連鎖していく相互行為というシステム内部の関係性という内的視点から，相互行為能力を分析し解明するものである．次の事例を見られたい．

抜粋1[1]（Okada, 2010, p. 1663 より摘要）
```
27  I:  yes, what can I do for you today.
28  C:  .hhh uhm:: .hh I'd like to:(0.5) enter the
29      c↑lass,
30  I:  mm hm:
31      (0.3)
32  I:  uh: which class.
33      (0.5)
34  C:  uhm (0.9) English class.
```

これはある英会話能力テストにおけるロールプレイ課題での，試験員（I）と受験者（C）のやり取りの抜粋である．受験者はこの抜粋直前に，試験員から口頭と英語で書かれた課題カードによって，アメリカの大学の事務室での事務員を演じている試験員相手に授業登録をする学生の役割を演じるこ

---

[1] 抜粋における文字化記号については本章末の文字化記号一覧を参照されたい．

と，という指示を受けている．27 での試験員演じる事務員の質問の後，受験者は 28-29 で回答を行っている．その点で，「相互行為の中で参与者の 1 人が質問などの第 1 ペア成分となる発話や非言語の振舞いを行ったなら，その受け手である別の参与者は，行われた第 1 ペア成分に対応した応答などの第 2 ペア成分となる発話や非言語の振舞いを直後に行うはずだ」という規範に沿って「隣接ペア」を築いており，行為をつなぐという相互行為能力には問題がないようにみえる．しかし 30 で試験員は "↑mm hm:" と，相手に話の継続を促す発話を行い，さらに自身はそれ以上に発話を続けずターンを放棄することで，受験者に "enter the class" 以上に話を続けさせる工夫をしている．しかし受験者はターンを取らず，31 では 0.3 秒の間が生じている．32 で試験員はターンを再度取り，"uh:" と間を埋めた後で明示的に "which class." と更にトピックを掘り下げる質問を行う．33 での 0.5 秒の間の後で受験者はようやくターンを取り，"English class." と回答を行う．以上から分かることは，試験員が 28 から 29 での受験者の回答を不十分なものとして解釈しているということである．評価のための発話サンプルを産出することが求められる会話能力テストというこの相互行為の文脈，そして授業の登録に来た学生という役割において，単に質問に回答するだけでは十分ではなく，トピックを掘り下げるべく，どの授業を登録したい，ということまで答えるべきであったことが，30 から 31 での試験員の発話及び非言語行動から明らかである．つまり受験者には，回答内容を大学の事務員を演じている試験員に合わせるという，「発話・非言語行動の受け手へのデザイン」を行う相互行為能力が欠けていると言える．

　この事例が示すことは，時間の流れに沿って発話と非言語行動が連鎖していく相互行為というシステムの中での 1 つの発話・非言語行動の意味は，その前に行われた発話や非言語行動との関係によって誰にでも，参与者自身は元より分析を行う研究者にとっても見える形で決定されるということである．それは，相互行為内の前方の発話や非言語行動に対して参与者が示す後方ターンでの発話や非言語行動によって，どのようにその参与者がその発話・非言語行動の意味を解釈したのかということが，見える形で示されるということである．これが分析の妥当性を示す「次のターンでの証明手続き」である．会話分析では，各発話や非言語行動の意味についてそれを行った参与者に聞き取り調査をして説明を求める，という手段で分析の妥当性を高め

ることはしない．それは発話や非言語行動の意味をその行為者がどのように考えていたかが問題ではなく，どのように発話や非言語行動が行われ，相互行為というシステムの中でそれらの意味がどのように構造的に決定されるか，が分析の焦点であるからである．これまで見てきたように，相互行為の中で行為の手続き及びその意味を，何かしらの理論を当てはめるのではなくデータ自身から読み解いていく会話分析では，「なぜ，それが，いま」という疑問を参与者の発話及び非言語行動に問いかけ，それに答えることで分析を進めていく．次節では，質問，誤用訂正，そして授業進行管理を行う際に，英語教師がどのような方法を用いることができるのか，そしてそれが何を効果的に成しているのか，を実例を分析しながら考えていく．分析の焦点は，それぞれの教師的行為が，特定の授業場面で，なぜ，どのように「デザイン」されているか，である．

3 教師的行為の会話分析

　本節ではまず質問行為を見ていく．英語が媒介語として定められた英語授業において，学習者への教師の質問は 2 つの教育的価値を持っている．(1) 質問の命題解釈に英語知識を使用させること，そして，(2) 第 2 ペア成分である応答の後で教師がさらにターンを取って新たな行為を成すことができること，である．前者の教育的価値を成すにはもちろん英語で質問が行われる必要があるが，質問が理解されず応答がなされなかった場合，後者の教育的価値は達成されない．しかし，最も理解が簡単な日本語で質問を行った場合には，前者の価値は達成されず，また定められた規律（媒介語としての英語使用）から逸脱することにもなる．したがって，教室会話の局所ごとで達成すべき教育的価値を最大限にすべく質問をデザインするには，優先化という手続きが教師に求められる．次の抜粋を見られたい．

抜粋 2（教師 D，学習者 K：Okada, 2013, p. 62 より摘要）
```
1  D: nice English. force in what he says. ((writing
2     "force in what he says" on the blackboard))
3     yes you can.
4     (0.9)
```

```
 5      right?
 6      (0.9)
 7  D:  ((to the whole class))↑WHO WATCHED (0.3)
 8      Obama's speech,
 9      (0.9)
10  D:  <who watched,>(.) his speech.
11      (0.5)
12  D:  ano  enzetsu o  mita,
13      (1.0)
14  K:  ((raises his hand))
15  D:  yeah? (.) it was so: good.
16      (0.5)
17  D:  if you wanna study good English, (1.4)
18      go internet. get a copy. good English
19      not so difficult.
```

英語母語話者である教師Dは2で，この直前にあった学習者の発言に肯定的評価を行い，それを黒板に書いた後，当時（2008年）日本のメディアでも盛んに報道されていたオバマの有名なキャッチフレーズ，"yes you can"を想起させる．そして7-8，10，12で，Dは同じ内容を3つの異なるデザインで尋ねる．最初のデザインは自然な発話速度の英語で，それに対して何の反応も無いのを見た後の2つ目のデザインは，最初の質問の1部分をゆっくりと発話したものである．この修正された質問も沈黙とつながったことで，Dは最終的に日本語で質問をデザインし直す．そして13でより長く応答を待った後，14で学習者の1人が手を上げる．Dはその応答の後でターンを取り，オバマのスピーチへの評価と彼のスピーチを学習教材として推薦することで，相互行為をさらに拡大させている．ここでは，教師Dは，質問をとおした2つの教育的価値を最大限にすべく同じ命題の質問行為を成す複数のデザインの序列に志向し，相互行為の局所（特定のターン）ごとに用いることのできる選択肢の中で，より教育的価値が高いデザインを選択し，質問行為の優先化を実践していることがわかる．

しかしながら，英語が媒介語の授業において，抜粋2で見られた質問デザインの序列が常に有効ということではない．抜粋3では最初から日本語で質問がデザインされている．

抜粋 3（教師 E，学習者 S，学習者 K）
```
 1  E:  uh: my younger brother is so fun.
 2      (.2)
 3  E:  nan to iu imi desu ka,
 4      (.3)
 5  E:  fun no imi wa [ano
 6  S:                [omoshiroi desu
 7  E:  omoshiroi.
 8      (.3)
 9  E:  okay.
10      (.)
11  E:  fun is omoshiroi maybe fun is (.) the same.
12      (.2)
13  E:  and interesting is also (probable) omoshiroi
14      is a very difficult word to translate in English
15      (.4)
16  E:  uh sometimes we say, (.4) uh my younger brother
17      is A LOT OF fun.
18      (.4)
19  S:  a lot of fun?
20  E:  yeah a [lot of fun and uh my younger sister is=
21  K:         [°a lot of fun.°
22  E:  =NOT so much fun.
23  K:  °not so much [fun.°
24  S:               [h:m
```

この抜粋は，2名の学習者に対して，彼らがこの場面直前まで受験していた会話テスト内で犯した誤りについて，英語母語話者である教師 E がフィードバックを行っている場面である．E は 1 で学習者がテスト内で犯した誤用の 1 つ，"my younger brother is so fun" を挙げる．その後，3 から 5 で質問を行うが，ここでの質問は，英語ではなく日本語で行われている．そして 5 の発話の終了部分に重なりながら，6 で学習者 S が日本語で "omoshiroi desu" と応答する．E は直後の 7 で "omoshiroi" を繰り返し，9 で理解を示す．そして隣接ペア後のターンを取得し，"so fun" という誤用（副詞 +

名詞）について，正解（"a lot of fun" 及び "so much fun"）を提示する．

　この抜粋で E が展開させた相互行為（行為連鎖）は，誤用を正すための指導である．有効な指導のためにはまず，学習者が犯した誤りの原因（"fun" の意味）を明らかにする必要があるが，3 から 5 での日本語で行われた質問は，E が想定した学習者の誤用原因を効果的に明らかにすべくデザインされていたと言える．つまり，誤用の元が "fun" に相当する日本語であると推測した上で，それを答えさせるべく，日本語での質問が優先されていると捉えられる．例えば，同義の英語表現 "what do you mean by fun?" では，直前の相手のターンと同じ言語を使用するという相互行為における言語切替の規範（Auer, 1998）から逸脱するため，"fun" の日本語同義語がスムーズに回答される可能性は低くなる．E はあえて日本語で尋ねることで学習者からの日本語での応答を関連付け，誤りの元である日本語で彼が意図していたことを，実際に学習者から滞り無く答えさせることに成功している．求めていたものが別のものだとすれば応答を受け取らず質問を別のデザインでやり直すだろうが，そうなっていないことは "omoshiroi desu" で問題がないことを示している．そうして日本語の形容詞「おもしろい」を問題源として理解し，その上で，「おもしろい」を英語で言うことの難しさを教え（13-14），"we" で〈英語母語話者である自分たち〉は，とアイデンティティ[2]を関連付けることで発言に正当性を付与し，正しい形（"a lot of fun"）を教授している（16-17）．

　抜粋 2 及び 3 の分析から，複数あるデザインの中から達成したい教育的価値を最も効果的に成す事のできるものは何かを理解し，そしてそのデザインの序列を実演できることが，教師の相互行為能力として重要であると言えるだろう．もちろん行為のデザインは，日本語か英語か，という単純な二分法の問題ではない．次の抜粋では，質問としての回答型の提供という質問行為のデザインが，自然な英語での質問では成せなかった，応答を得るための手段として用いられている．

---

[2] 会話分析ではアイデンティティを，相互行為の局所において参与者が規範としての文化（言語知識を含む）を用いて前景化するものとして捉えている（Okada, 2015 参照）．

抜粋 4（教師 D，学習者 A：Okada, 2013, p. 65 より摘要）
```
 1  D:  what about now,
 2      (0.3)
 3  A:  teacher
 4      (0.3)
 5  D:  teacher ((writing "teacher" on the blackboard))
 6      teacher is good very good job.
 7      (0.3)
 8  D:  ↑what teacher,
 9      (0.5)
10  D:  high school junior high school elementary?
11      (1.0)
12  A:  high school.
13  D:  high school. ((writing "high school" on
14      the blackboard)) high school, (.) kids are
15      very (0.3) very nice.
```

この抜粋部分直前までに，学習者 A は子供の頃に成りたかった職業について教師 D に答えている．その回答を受けて行われた D の 1 での質問に，学習者 A は 3 で短く答える．その A の回答に，D は 5 で肯定的な評価を行い，さらに 8 で関連した新しい質問を行う．しかし 9 での A の無反応を受け，D は 3 つの回答例リストを，韻律の上昇を加え質問として提示する．1 秒の沈黙の後，12 で A はリストの中から "high school" を選択し回答している．

8 の "↑what teacher" のようなトピックを広げる質問に対しては，多様な応答が考えられる．例えば D の質問を "a teacher of what subject" と解釈すれば，"history teacher" といった回答も可能である．幅広い回答を要求する質問が回答者に求めることは，何を尋ねられているのかを解釈した上でどのような回答型が適切かを決め，それを実演することである．したがって，学習者は英語知識を用いて質問の理解と応答の産出を行う必要がある．そして今回のように回答が得られなかった場合，教師は可能な回答例を提供することで，回顧的に元の質問の意図を狭めその理解を促進すると同時に，適切な回答型を理解させ，回答の産出を促すこともできる．D は 11 にて，発話終了部の韻律を上昇させることで選択の余地を残し，学習者の主体性を

全て排除することなく元の質問を修復している．あくまでも自然な英語で回答を限定しない質問を第一優先のデザインとして実演することで，学習者が英語知識を使用する機会を限定せず，相互行為の中で英語を教授するということを実践している．

上記3件での教師Dと教師Eは質問行為を成す時に，その質問でどのような教育的価値を達成したいか，そしてその質問を行う相互行為の局所でどのデザインが使用可能かを勘案し，質問行為デザインの優先化を実践していた．そしてそのデザインには，授業の媒介語ではない日本語も利用可能な資源として含まれていた．そこには，目標言語が媒介語として定められた授業であっても学習を促す資源として有効なものは全て使う，という姿勢が見られる．この姿勢は質問行為以外の教師的行為でも同様に見られる．次の抜粋5は，教師Eが会話テストを受けた学習者（抜粋3とは別の学習者）に対して，誤用の訂正と正しい形の説明を行っている場面である．

抜粋5（教師E）
```
28      (0.4)
29 E:   uh=I want to buy my pet
30      (2.0)
31 E:   I want to bu:y, (0.4) ay pet.
32      (1.0)
33 E:   jibun no: pet (wa)/(o) kaou to omoimasu.
34      in Japanese okay, but in English it's strange.
35      (.5)
36 T:   what do you think, spam
```

教師Eは29で，会話テストを受けた学習者Mがテスト内で犯した誤用を挙げる．30でMがターンを取らないのを見て，31で正しい形を，0.4秒の間と"ay"という発音で不定冠詞を強調して伝える．次に33で，誤用の元となった（とEが解釈した）日本語での表現を提示し，34で日本語と英語での正しさが違うことを伝える．36で別の誤用の提示することで，教師Eは29からの一連の誤用の指導が34で終了していることを示している．ここでは誤用訂正の説明に日本語が用いられているが，なぜそうなっているのだろうか．次の抜粋6と比べて考えたい．

抜粋 6 (Okada, 2013, p. 67 より摘要：教師 E, 学習者 R)
```
50  E:   so what is (0.4) famous for Osaka? change,
51       (1.4)
52  R:   ↑ah: sou    ka.
53  E:   <what is>(0.4)<Osaka famous for.>
54       (1.3)
55  E:   what is famous for Osaka? no. (.) what famous
56       your hometown? no. (0.2) what is your hometown
57       famous for,>so it's kind of a< word order
58       problem.
```

　この抜粋も同じ会話テストを受けた別の学習者に対して誤用の訂正と説明を行っている場面である．E は 53 で正しい形を提示した後，55 から 58 で説明を行っているが，そこでは学習者の誤りを英語で "a word order problem" とし，日本語を一切用いていない．しかし抜粋 5 の問題は，"in Japanese okay, but in English it's strange" と言っていることから，E は学習者 M の誤りを母語からの負の転移として捉えていることがわかる．媒介語としての英語使用という規則を厳密に順守するのであれば，抜粋 5 で E は日本語を用いず，"you cannot say I want to buy my pet in English, you should say a pet." という説明のデザインも選択できたはずである．しかし，第二言語習得論では，負の転移の場合には元の母語を提示して説明を行う方が効果的であるとされている (Long, 1996)．したがって，誤用原因によりどのような説明のデザインが目標言語指導の有効性という面で優先されるのかは異なる，と言える．その有効性への志向が教師 E の説明のデザインとなったと言えるだろう．教師に求められていることは規則の厳守ではなく，それを破ることがあっても，目標言語指導の有効性という視点からどのようなデザインが同じ行為を成すものの中で優先されるのかを実践すること，と言えるだろう．

　次の抜粋では，日本語表現が学習者からの発言を促し議論というタスクを進めるために他の選択可能だっただろうデザインよりも優先化されている．

抜粋 7 (Okada, 2015, p. 78 より摘要：教師 A, 学習者 M, 学生補佐員 F)
```
498 A:   >so everyone< can (.3) u:se this method?
499      (.5)
```

```
500  A:  easily?
501      (1.6)
502  M:  ((nods)) ma:ybe.
503  F:  ((nods))
504      (.5)
505  A:  ↑h:↓:m.
506      (2)
507  A:  maybe.
508      (.7)
509  F:  ↑hm↓::
510  M:  but I:(1.6) ca:n't. understand all of this (.3)
511      reaction.
512  A:  h[m
513  M:   [so, (.8)((nods))[I:
514  A:                    [maybe ((points to F while
515      looking at M)) senpai understands. ((looks at F))
516  F:  hm? ((waves her hand))
517  M:  hehe[hehe ((looks at F))
518  F:      [huhuh well ↑I-(.2)((looks at M)) I think
519      there're many (.7)↑hm:↓::: synthesiz-z-↑way?
520      .hhh shh so: but, (.8) hm (.) I don't ↓know
521      °cross coupli(h)ng° very ↑much, .h h
522      (.3)
523  M:  me too. he[hehehe hehe
524  A:            [mm hm.
```

抜粋7は日本の大学での専門（科学）英語授業からの抜粋で，3年生の学生3名と学生補佐員（SA）として4年生の学生Fが参加している．SAとしての役割は教室のPCの設定などで，授業には自身の学びのために自由意志で参加している．この抜粋の前半部分では，学生Mが調べてきた内容（クロスカップリング反応という化学のトピック）に関して，学生とSA，教師のAがタスクとして英語で議論をしていたがそれが停滞してしまっている．Aの質問に対して，502で曖昧な応答をしたMは，その曖昧さを，「全て知っているわけではない」とすることで正当化を試みている（510-511）．Aはそれを受け取った後（512），514から515の行為に移る．ここでMを見な

がらFを指し，彼女を「先輩」とすることで，Aは「先輩は後輩よりも知識がある」，「先輩は後輩を助ける」という日本の文化規範をFとMに関連付ける．「先輩」としてのアイデンティティを投射されたFは，そのアイデンティティを肯定するのであれば議論に貢献することが求められ，否定するのであればその理由を説明することが規範的に要求される．実際に，Fは516で実際に否定をするが，Aの無反応（517）を見た後，否定の理由を518-521で説明することによって議論に貢献している．MはFの立場に親和を示し（523），AはFの説明を受け止め（524），別の学習者を次の話者として指名する（526）．

ここでは，教師AはFを，"senpai"ではなく"she"や名前で指示することも可能だっただろう．しかしその場合，個人として特定のトピックについて知らないことは何の問題もないため，518から521のターンにはつながらない．教師Aが学習者間のアイデンティティ（とそれに付随した規範）を対称的に関連付け，さらに発話の全てではなく人称指示の名詞部分のみを日本語とし他は英語によってデザインすることで，教師のターン割振りを中心としつつも，学習者が英語で議論をすることが促されている．つまり，日本文化に基づいたアイデンティティを対称化するターン割振りのデザインによって，英語での議論やグループワークの管轄において教師に求められる「活動の促進」という行為が効果的に行われているのである．

4　おわりに

語学授業の最も重要な目標は，「教師が学習者に目標言語を教授すること」（Üstünel & Seedhouse, 2005, p. 310, 筆者訳）である．そのためには本章が取り上げた英語教師たちが見せたように，目標言語が媒介語として定められた授業であっても，その規則を尊重しつつも学習を促す資源として使えるものは使っていく，という柔軟な姿勢が必要だろう．日本語もいわゆる自然な発話速度ではない英語も，また学習者のアイデンティティも，英語授業において利用可能な資源である．前節が明らかにしたとおり，会話分析とは，こうした資源がどのように利用され，相互行為が展開されるのかを方法として可視化するものである．様々な資源を活用した行為デザインとその相互行為における帰結を実際のデータから詳細に読み解いていくことは，学習者の

英語学習を促すために相互行為を操作するという「教師としての相互行為能力」を養成する1つの手段となるだろう．その上で，各教師が日々の授業実践の中の自らの行為について，「なぜ，ここで，このデザインで，この行為を成したのか．その結果，教室会話はどう展開したのか」を振り返り，考え，そしてより教育的価値のある行為の成し方を探し実践していくことが重要である．それぞれの教師が相互行為として成される英語授業をより深く理解し，より良い授業実践を行っていくための道標として，本章のような相互行為の視座からの研究が果たす役割は大きい．

参考文献

Auer, P. (1998). *Code-switching in conversation: Language, interaction and identity.* London: Routledge.

文部科学省（2013）．『グローバル化に対応した英語教育改革実施計画』

Long, M. H. (1996). The role of the linguistic environment in second language acquisition. In W. C. Ritchie, & T. K. Bhatia (Eds.), *Handbook of second language acquisition* (pp. 413-468). San Diego, CA: Academic Press.

Okada, Y. (2010). Role-play in oral proficiency interviews: Interactive footing and interactional competencies. *Journal of Pragmatics, 42*, 1647-1668.

Okada, Y. (2013). Prioritization: A formulation practice and its relevance for interaction in teaching and testing contexts. In T. Greer, D. Tatsuki and C. Roever (Eds.), *Pragmatics and Language Learning Vol. 13* (pp. 55-77). Honolulu, HI: National Foreign Language Resource Center.

Okada, Y. (2015). Contrasting identities: a language teacher's practice in an English for specific purposes classroom. *Classroom Discourse, 6*, 73-87.

Üstünel E., & Seedhouse, P. (2005). Why that, in that language, right now?: Code-switching and pedagogical focus. *International Journal of Applied Linguistics, 15*, 302-325.

Walsh, S. (2011). *Exploring classroom discourse: Language in action.* London: Routledge.

附録（文字化記号一覧）

(n.n) 秒数分だけの音声のない状態	↑ 直後の発話部分の音調の上昇
(.) 0.19秒以下の音声のない状態	↓ 直後の発話部分の音調の下降

=	途切れなく密着した発話	h	呼気音
[	発話の重なりの開始	.h	吸気音
(word)	不明瞭な発話	wo(h)rd	発話部分の呼気を伴う産出
(( ))	非言語行為などの記述	<u>under</u>	強調された発話
-	言葉が不完全で途切れた状態	><	周辺よりも速い発話
:	直前の音の引き伸ばし	<>	周辺よりも遅い発話
?	直前発話部分の音調の上昇	£word£	笑い声で産出されている発話
.	直前発話部分の音調の下降	°word°	周辺より声量が小さい発話
,	直前発話部分の音調の半上昇	WORD	周辺より声量が大きい発話

【より深い理解のために】

◎鈴木聡志『会話分析・ディスコース分析』新曜社，2007年．
　会話分析を平易な言葉と明快な事例で説明した入門書．書籍後半は会話分析の知見を心理学のトピックへ応用した談話心理学（書籍内ではディスコース分析とされている）の説明となっているが，会話分析の理論と方法を理解し応用するための手続きが簡潔にまとめられている．

夢をかなえる英語教育 ESP/EAP

川越　栄子

神戸女学院大学

1　はじめに

　文部科学省では，初等中等教育段階からのグローバル化に対応した教育環境作りを進めるため，小中高等学校を通じた英語教育改革を計画的に進めるための「英語教育改革実施計画」（平成 25 年 12 月 13 日）を公表した．それに先立ち平成 25 年 6 月 14 日の閣議決定において，中学校卒業段階で英検 3 級程度以上，高等学校卒業段階で英検準 2 級程度～2 級程度以上を達成した中高生の割合を 50% とすることとされている．

　このように高校卒業までに英語の基本力を習得させる計画を土台として大学英語教育を考える時，1 つの重要な方向性，ESP (English for Specific Purposes) / EAP (English for Academic Purposes) が考えられる．本稿ではまず ESP とは何かを説明し，世界・日本の ESP 教育について述べ，ESP の一例として著者が研究をしてきた医療系 ESP について実例を示し，ESP 教員として行ってきた様々な取り組みを報告する．EAP については個々の例で説明をする．最後に，ESP/EAP をどのように大学英語教育や他の英語教育に生かせば学習者の夢をかなえられるかについて提言する．

2　ESP とは

　まず，ESP とそれに対立する EGP (English for General Purposes) との違いを述べ，ESP を教育する際の特徴を考える．

2.1 ESP と EGP

ESP は「学問的背景や職業など固有のニーズを持つことにより区別され同質性が認められ，その専門領域において職業上の目的を達成するために形成される集団である『ディスコース・コミュニティ』の内外において，明確かつ具体的な目的をもって使用される英語」のことである．例としては，パイロットが管制塔と交信する英語や医師と患者とのコミュニケーションのための英語などである．一方 EGP は一般目的の英語のことである．EGP 教育は 4 技能（Reading, Writing, Listening, Speaking）の能力をバランスよく高める英語教育であり，「英語教育改革実施計画」により高校卒業までに一定の基準に達することを目指す．

この EGP と ESP をうまく連携させることが必要だと考える．小中高等学校の EGP 教育で英語の基礎力をバランスよく高め，大学ではそれぞれの専門，学生の進路に合致した ESP 教育を推し進めるのが小学校から始まる長年にわたる英語教育を効率的に行う方法である．

2.2 ESP 教育の特徴

ESP 教育を実践する際には次のような特徴がある．

1) モチベーション
   ESP 教育は学習のための動機づけの意識が高く，目的がはっきりしている．医師・パイロットになるための英語というのみならず，旅行英語・受験英語等も立派な ESP である．ESP を学習することで専門分野や将来進む道への興味も高まり，英語・専門分野両方への学習意欲が高まり相乗効果がある．

2) ニーズ分析
   EGP の授業であれば，教材を決定し，シラバスを作成し，授業を実施すればいいが，ESP の授業のためにはまずニーズを分析することが必要である．すなわち，学生の英語学習の目的を特定することを教材決定，シラバス作成の前に行わなければならない．

3) 学習期間
   日本人が英語の 4 技能を総合的に上げようとすると長期間継続して学習しなければならない．しかし，ESP は目的を絞れば短期間

で学習することが可能である．例えば海外旅行表現であれば，ショッピング・入国審査・ホテルのチェックインなどの決まった表現をいくつか覚えればマスターできる．そのためにかかる時間は4技能を総合的に充分に習得するための時間に比べてはるかに短くてよい．

4) 教材
   学生向けに書かれた教科書よりも実社会で使われているオーセンティックな素材を使用することが望ましい．「本物」に学生は興味を持ち，実感がわき，必要性を感じ，英語学習へのモチベーションがあがる．

5) 生涯学習・自立学習
   ESP教育は教室で完結するものではなく，学生が進む道を見据え，将来英語が必要になった時にどう対処するかの方法を体得させるものである．特定の分野で英語が必要になった時にどうすればいいかを知っていれば，自ら対応・解決できる．生涯の自立学習の種をまくのである．

3　世界・日本のESP

次に世界・日本のESPの歴史を概観する．

3.1　世界のESP

15世紀にオックスフォード大学でビジネスのための英語とフランス語を教えるための語学テキストがあった．しかし，ESPが著しく発展したのは20世紀である．国境を越えて人々が行き来し接触する機会が増えるとともに，政治・経済・医学・法律・科学・ビジネス等さまざまな職業の領域でコミュニケーションを図る必要性がでてきた．そのために日本以外の東アジアの国々では「特定目的の英語」教育がすすめられた．アメリカ・イギリス・オーストラリアでは大学院でのESP教員養成コースも開講されておりESP教育は世界的に広がってきている．

3.2 日本のESP

　日本においては，専門学校でビジネス英語を教える事例はあったが大学ではESPは教えてこなかった．日本では英語教育は教養主義を貫いていたからである．しかし昭和49年に「英語教育大論争」が起こった．まず，自民党政調審議委員の平泉渡氏が試案「外国語教育の現状と改革の方向」を発表し，今までの英語教育の効率の悪さを批判した．平泉氏に対して渡部昇一上智大学教授が教養主義としての英語教育を弁護し反論したことで，日本中を巻き込んだ大論争になった．この大論争から「教養」vs.「実用」という対立した英語教育の議論は続いてきた．この延長線上にEGP vs. ESPという2つの考え方がある．

3.3 文部科学省の動き

　英語教育大論争の次に英語教育の在り方に大きな影響を与えたのは平成3年の文部省による「大学設置基準大綱化」である．大綱化により各大学が自由に英語教育を行うようになり，ESPが社会からのニーズとして認識され，大学英語教育に導入されるようになった．

　さらに平成14年に文部科学省は，「『英語が使える日本人』の育成のための戦略構想」，平成15年に「『英語が使える日本人』の育成のための行動計画」を発表し「仕事で英語が使える人材」を育てる国策が打ち出された．また同省は平成16年度から「現代的教育ニーズ取り組み支援プログラム」(現代GP) を始め，各大学に様々な取り組みについて申請させてよい取り組み (Good Practice (GP)) を選び補助金を出した．「現代GP」の6つのテーマの1つが「仕事で英語が使える日本人の育成」でESP教育に向けてのテーマが1つの重要な柱として設定された．このテーマのもとで平成16年・17年度の2年間でのべ144大学がESP教育取り組みのための計画書を出し24校が採択された．このような流れの中でESP教育は進められてきている．

3.4 各大学の取り組み

　現代GPに採択された大学は，それぞれの大学のニーズに合った英語教育を展開させた．一例として東京海洋大学の取り組み（平成17〜19年度）「海事英語学習・評価プログラムの開発」を紹介する．なお文部科学省は，

平成26年度より徹底した国際化を進める，世界レベルの教育研究を行う大学に対し重点支援を行う「スーパーグローバル大学創成支援」を実施しているが，その支援を受けている芝浦工業大学の例も紹介する．さらに積極的にESP/EAPを取り入れている総合大学についても述べる．

3.4.1 東京海洋大学

1) 海事・海洋英語データベース
   海事・海洋英語（例：Antarctic circumpolar 南極環流の）のデータベース化を行った．さらにデッキ・エンジン・港湾管理・物流等の専門書のテキスト化も行い海事・海洋科学分野の世界の人々に情報を広く発信した．
2) 体験型海事英語学習プログラム
   練習船，操救命艇などを使って英語で実習を行う体制を構築し，5日間の海事英語集中セミナーを実施した．
3) 海事英語検定試験
   船の運航に必要な英語力を測定する「海事英語検定試験」を開発し世界に海事英語能力測定のツールを提供した．

3.4.2 芝浦工業大学

1) 工学英語科目
   工学一般および各学科専門に関連した単語・言い回しを学び，英文の技術文書の講読・作文・討論を行っている．
2) 専門科目の一部あるいは全部の英語化
   専門科目の英語教科書を使用し，専門科目でプレゼンや討論を行っている．（例：デジタル回路演習）
3) eラーニング活用の英語ホームワーク
   毎日30分の学習をeラーニング教材で学習する．教材は一般英語とESPの二種類で，前者はTOEIC400点から500点の学生，後者は500点以上の学生を対象とし，前者を終了後，後者に進む．
4) 外国語による論文作成能力養成の個別指導体制
   東南アジア工科系大学連合（SEATUC）シンポジウムおよび各種の国際会議に学生を年間50名程度派遣して英語で講演させる．

5) 海外工学英語研修
   春休みに2週間の海外工学英語研修を行っている．3大学（キングモンクット工科大学トンブリ校（タイ），マレーシア工科大学（マレーシア），アナ大学チェンナイ校（インド））でそれぞれ約30名の学生が研修を受けている．

3.4.3 京都大学

全10学部の1，2年生にEAP (English for Academic Purposes：学術研究に資する英語) 教育を提供している．全10学部の教職員・学生の協力を得て各種学術語彙データベースを開発し，アカデミックリーディング，アカデミックライティング，アカデミックリスニング，アカデミックオーラルプレゼンテーションの授業を展開している．

3.4.4 大阪大学

外国語学部を除く10学部の2年生に「専門英語基礎」を提供し専門分野で必要とされる英語運用能力を養成している．さらに工学部3，4年生対象に「工学専門英語総合A：バイオ」「工学専門英語総合B：バイオ」が開講され応用生物学工学専攻の3年生以降，学年が進むにつれ更に重要度を増す理工学に特化したトピックで英語を学び身に付ける機会を提供している．

4 学会の取り組み

学会でESPを研究しているのは，一般社団法人大学英語教育学会（JACET）のESP研究会である．北海道・関東・中部・関西・九州・沖縄の各支部に研究会があり，各研究会は様々な分野に焦点をあて，研究を行うとともに多くの教材開発に取り組んでいる．

5 医療系ESP

日本のESP教育で一番進んでいるのは医療分野である．医療のESPをESPの一例として紹介する．

5.1 学生のモチベーション

大学英語教育学会（JACET）が実施した「大学の英語の授業で学びたいこと」についての調査の結果を表1に示す．

表1　わが国の外国語・英語教育に関する実態の総合的研究
　　　（JACET 実態調査委員会．2007.3）（N = 4264）

学部・学科系統	英語の授業で学びたいこと	
	専門以外の一般的な英語	自分の専門に関する英語
人文科学系（n = 656）	73.0%	27.0%
社会科学系（n = 887）	73.7%	26.3%
理工学系（n = 819）	58.1%	41.9%
医・歯学系（n = 389）	40.6%	59.4%
国際・外国語系（n = 1060）	63.9%	36.1%
その他（n = 453）	69.3%	30.7%

医学・歯学以外は ESP よりも EGP を学びたいと考えているが，医学・歯学だけが，ESP の希望が EGP より高くなっている．このように ESP 学習のモチベーションが一番高いのは医療系であることがわかる．

5.2 学会の取り組み

医学分野での ESP を推進するため発足した「日本医学英語教育学会」が世界に通用する医師を育てることに大きな貢献をしている．同学会は「日本医学教育学会」の中に「医学外国語小委員会」が平成3年にできたことから始まる．平成10年には「日本医学教育学会」とは別に「日本医学英語教育研究会」が出来，平成13年には「日本医学英語教育学会」（Japan Society for Medical English Education）に昇格した．同学会は学術集会を年1回開催し Journal of Medical English Education を年2回発行している．また「日本医学英語検定試験」（1級～4級）を2008年より年1回実施している．日本の医学・医療の国際化を普遍的に推進することを目的として医学・医療に特化した英語検定試験である．学会構成員は医学科専門教員，医学科で教える英語教員，他の医療系学科の教員，通訳者など異なった専門を持つ者で，医学英語教育法，教材の開発などを積極的に行っている．筆者は，同学会の発足初期からの会員で，医学科等で長年 ESP 教育を実践している．

5.3 大学の取り組み

現代 GP に採択された医療系大学は，東京医科歯科大学・福井大学・東京女子医科大学・東京医科大学であったが，その後グローバル人材育成推進事業およびスーパーグローバル大学創成支援プログラムにも選定されたのは東京医科歯科大学であるので，本稿では同大学の取り組みを紹介する．

5.3.1 東京医科歯科大学

世界ランキングトップ 100 に入る世界に冠たる医療系総合大学をめざして次のような取り組みをしている．

1) ボトムアップ教育
   教養／専門課程の英語教育のシームレス化による英語教育を強化し，卒業生全員に専門用語の英語表記／理解ができることを求めている．さらに，全科目最終試験問題の一部英語化を実施している．
2) グローバルヘルスリーダー育成
   Global Health Science Program は TOEFL の一定基準を達成した希望学生（全学生の 10% 程度）を対象とし，英語運用能力強化，グローバルな視点の獲得を目的とした必修科目履修，単位互換による海外留学を課す．

6 ESP 教員のチャレンジ

筆者は医療系 ESP 教員として全国調査・授業・教材開発を行ってきた．

6.1 全国調査

科学研究費（「医学部・看護学部における ESP 教育の実態と将来像の系統的研究」（基盤研究 C）（平成 14 年度～16 年度）研究代表者　川越栄子）を受け，大規模な全国調査を行なった．全国医学部・医科大学 80 校に英語教育実態調査を，3,165 人の医師・医学者を対象に英語使用実態調査，英語教育要望調査を行った．その結果を表 2 に示す．

表2　医学部英語教育実態調査と医師・医学者英語使用度・要望調査結果

	医療英会話	一般英会話	英語論文作成	医療関係読解	スピーチ・プレゼンテーション
全国医学部で取り入れられている割合	49.1%	69.8%	30.2%	81.1%	52.8%
医師・医学者実態調査（1年1回以上）	48.8%	57.6%	30.2%	87.9%	21.3%
医師・医学者要望調査（絶対・まあまあ必要）	71.6%	68.8%	74.6%	80.5%	74.6%

「医療英会話」「英語論文作成」「スピーチ・プレゼンテーション」は使用実態が低いにもかかわらず，大学英語教育への要望は高い．全国医学部で取り入れられている割合も同3項目の取り入れ度が低い．すなわちこの3項目については，大学で充分な教育が出来ていないために研究・診療の現場で英語を使用することができなくて研究・診療の機会を逸しているといえる．特に力を入れて教育しなければならないことが判明した．

6.2　授業

筆者は大阪大学・神戸大学・大阪市立大学の医学科，大阪大学・大阪市立大学・神戸市看護大学の看護学科で英語の授業を10年以上行っているが，本稿では医学科の授業内容を下記に示す．

1) 医学英語語彙
   毎回医学英語の単語テストを実施している．2年生4月には医学英語の知識はないが翌年2月には優秀な年次は約1,200語を習得している．
2) 医療英会話
   eラーニング教材に録音された患者さんの声をヘッドホンで聴きそれに対して英語で説明・指示をし，基本診療を英語でできるための練習をする．さらに，「Travelers' First Aid Kit」（後述）で医療英会話表現のバリエーションを学習する．

3) 速読

論文を速く正確に読む能力を高めるため，毎回 wpm（words per minute，1分間に読める語彙数）を計る．速読には「実践的時事英語医療版―ザ・デイリー・ヨミウリを読む」（後述）「ニュースで読む医療英語」（後述）の英語医療ニュースを使用する．論文を読む基礎学習であるので，この教育は EAP（English for Academic Purposes，学問上の目的のための英語）と考える．次の 4)-7) も国際学会発表と論文執筆のための基礎教育であるので EAP とみなす．

4) 英語スピーチ

国際学会発表の第一歩としてスピーチを行う．スピーチの基本（論理的な組み立て，ボディーランゲージ等）を学び，原稿を見ずに 3 分スピーチをする．医療トピック（家庭医，高齢化，iPS 細胞，オーダーメイド医療，臓器移植，笑いの効用等）に基づきスピーチをし，クラスメートが評価する．

5) 英語ディスカッション

国際学会で質問に答える第一歩として，意見の違う人とディスカッションをし相手を納得させることができる英語力をつける．例えば「臓器移植」に賛成・反対の 2 グループに分かれてディスカッションをする．

6) 国際学会発表ビデオ視聴

国際学会発表ビデオを視聴し基本表現を学ぶ．American Heart Association Scientific Sessions（ロサンジェルス）Pancreas Cancer（京都）等の国際学会発表を使用．またパーティーでの人脈作りも大変重要なので，パーティーでの基本表現も学ぶ．

7) 論文講読・執筆

The New England Journal of Medicine に掲載された論文を取り上げ，論文の構成を把握し，適切な読み方を身につける．また日本人のよくする間違いを示し論文執筆の基礎・コツを学ぶ．

8) 医療文化

DVD「ER 緊急救命室」を視聴し，日米間での医療・医療文化の相違点を発見する．同 DVD は留学を希望する医学生には格好の医

学英語教材である．また日本在住の外国人（アメリカ・中国・韓国・ウクライナ・ブラジル・モンゴル・パナマ・マダガスカル・アルゼンチン・タイ・ベトナム・ルーマニア等）への日本の医療受診体験に関するインタビュー映像を示し，外国人患者からの日本の医療の受け取り方を紹介し，外国人患者に対応する場合は文化背景も考慮に入れる必要があることを学ぶ．

6.3 教材開発
医療系 ESP の授業を行うため筆者が開発した教材の主なものを示す．

- 「耳から学ぶ楽しいナース英語」野口ジュディー・川越栄子・中西睦子（監修）．講談社サイエンティフィク（2002）
- 「看護英語読解 15 のポイント」園城寺康子・渡邉容子・名木田恵理子・川越栄子．メジカルビュー社（2005）
- 「Travelers' First Aid Kit」Eiko Kawagoe．センゲージラーニング（2011）
- 「実践的時事英語　医療版—ザ・デイリー・ヨミウリを読む」川越栄子・Aidan O'Connor．大学教育出版（2011）
- 「ニュースで読む医療英語」川越栄子（編著）講談社（2014）
- 「これだけは知っておきたい 看護英語の基本用語と表現（改訂新版）」園城寺康子・川越 栄子．メジカルビュー社（2015）

6.4 科学研究費による研究
医療系の英語教育を研究するため，科学研究費を獲得し，下記のテーマの元に研究代表者として研究を行った．

1) 平成 14 年度〜16 年度科学研究費補助金（基盤研究 C）「医学部・看護学部における ESP 教育の実態と将来像の系統的研究」
2) 平成 20 年度〜22 年度科学研究費補助金（基盤研究 B）「医学部・薬学部・看護学部における ESP 教育のための E ラーニング教材の開発研究」
3) 平成 24 年度〜26 年度科学研究費補助金（基盤研究 C）「医学部・薬学部・看護学部における発信型英語教育のためのイーラーニン

グ教材開発研究」
4) 平成 28 年度〜30 年度科学研究費補助金（基盤研究 C）「グローバルな医学者・医師育成のための医学英語イーラーニング教材開発」

7　英語力を最大限に伸ばし，夢をかなえる ESP/EAP

　世界・日本の ESP 教育を概観し，一例として医療系 ESP/EAP 教育について実例を示し，筆者が医療系大学に対して行ってきた取り組みを紹介した．文部科学省の「英語教育改革実施計画」は高校卒業までに英語の基本力を習得させる計画であるので，大学教育では，基礎力のうえに主に ESP/EAP を教育することを提案する．各学生のニーズを把握し，将来に役立つ英語教育をすることは，学生の英語学習へのモチベーションを高め，学生のもっている英語力を卒業後最大限に生かすことができる．医療系では研究が進み多くの大学で ESP/EAP 教育が実践され，工学系もそれに続く．他の分野については，総合大学以外ではまだ全学的に取り入れているところはほとんどないが，神戸女学院大学は，2014 年度より全学的に ESP 教育を取り入れ，総合文化学科，音楽学科，心理・行動科学科，環境・バイオサイエンス学科の各学科にふさわしい ESP 教育を行っている．

　なお．本稿では大学教育における ESP を述べたが，大学教育以外でもあらゆる年代の全ての分野の英語教育で応用することが可能である．英語学習者の「ニーズ」を分析し，将来にどうすれば役立つかを考えるという原則に従えば，英語学習者全員が各自の英語力を最大限に伸ばすことができる．中学・高校生であれば「受験英語」が ESP になる可能性が高い．就職のためには，多くの企業が TOEIC スコアを重視する昨今，TOEIC のスコアアップが ESP 教育となる．留学希望者にとっては TOEFL/IELTS である．海外旅行を希望するあらゆる年齢層の人には「旅行英語」が ESP である．

　このように目的を明確にして学習をする ESP は，EGP よりもモチベーションを高め，英語力を最大に伸ばし，万人が夢を実現する英語教育といえる．

参考文献

平泉渉・渡部昇一（1975）.『英語教育大論争』文藝春秋.
福井希一・野口ジュディー・渡辺紀子（編著）（2009）.『ESP 的バイリンガルを目指して――大学英語教育の再定義』大阪大学出版会.
深山晶子・野口ジュディー・寺内一・笹島茂・神前陽子（2000）.『ESP の理論と実践――これで日本の英語教育が変わる』三修社.

参考サイト

グローバル人材育成推進事業――東京医科歯科大学
　　Retrieved Mar. 27. 2016, from http://www.jsps.go.jp/j-gjinzai/data/shinsa/h24/gjinzai_gaiyou_b03.pdf
芝浦工業大学ホームページ――工学教育の国際化 Retrieved Mar. 27. 2016, from http://global.shibaura-it.ac.jp/ghrd-j/project03/index.html
東京海洋大学ホームページ――海事英語学習・評価プログラムの開発 Retrieved Mar. 27. 2016, from http://www.kaiyodai.ac.jp/gp/gp-h17.html

【より深い理解のために】

◎大学英語教育学会監修，寺内一他編『21 世紀の ESP――新しい ESP 理論の構築と実践』大修館書店，2010 年.
　大学英語教育学会監修の英語教育学の研究成果を積み上げたシリーズ（全 13 巻）の第 4 巻．本書は特定集団で使われる英語をいかに捉えどのように教えるのか，ESP プロフェッショナル育成への道筋を提言している．

生徒の英語力を適切に評価するには

今尾　康裕
大阪大学言語文化研究科

1　はじめに

　教師にとって教えている生徒の「英語力を評価する」とは何を意味するのであろうか．英語教育の現場での評価で思いつくのは，中間や期末試験などのいわゆるペーパーテストであろう．しかし，それらのテストを使って行っていることは，授業や課題で扱った語彙・文法，教科書の内容を記憶しているかどうかを確認するだけになっていないだろうか．

　本稿では，評価の中でも特に「テスト」に焦点を当てて，英語教育の現場におけるテストの位置付け踏まえた上で，よりよい評価のためのテストの作成・使用にあたって考える必要がある基本的な概念を紹介していく．本稿を読むことで，今まで行ってきた「評価」活動，特にテストの作成を見つめ直して，よい部分はそのまま継続，あるいは更なる改善を目指し，修正が必要な部分は，何が問題で，どこをどのように変える必要があるのかを考えるきっかけになれば幸いである．

2　教育における「テスト・評価」の位置付け

　Brown & Abeywickrama (2010) は，教育におけるテスト・評価を図1に示すように位置付けているが，このように教育現場で使用される英語を含む言語のテストは，教育と密接に関連していることが重要である．

　学校での英語教育活動で中心となるのは「教育 (teaching)」である．ここでの「教育」は，教室での授業だけでなく，宿題などの教室外での活動も含めて，生徒の英語力を伸ばすために行われる一連の活動すべてを含む．その

教育活動の中で，意識・無意識を問わず，教師は常に生徒の英語力を「査定（assessment）」している。[1] しかし，成績を付けるためには教師の感覚的な情報に頼るわけにはいかない．そこで，「査定」したものを数量化する必要がある．これが「測定（measurement）」である．「測定」とは，意識的に「査定」した英語力に数値を割り当てて記録として残す作業である．この「測定」するための言語データ，つまり，教室での活動を観察して得られる生徒が産出した英語や，英語のインプットに対する反応などからは，必ずしも欲しい情報が得られるとは限らない．そこで，特定の要素を含む英語を産出させたり，特定の要素を含んだインプットを処理させるような問題や手順を決めて，「測定」したいデータを集める必要がある．そのための道具が「テスト（test）」である．

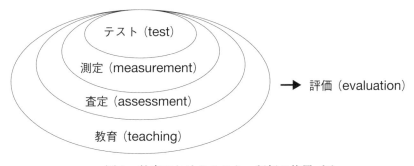

図1　教育におけるテスト・評価の位置づけ

「評価（evaluation）」とは，「教育」する過程で生徒の英語力を判断するための情報をさまざまな形で得て，それに基づいて成績を決めるなどの判断を下すことである．教育現場でテストを作成・使用するにあたっては，この「評価」をする「目的」が重要であり，その評価する「目的」を達成するために必要な情報をいかにして集めるかということを常に考える必要がある．

---

[1] assessment は「評価」と訳されることも多いが，evaluation を「評価」とするため，「査定」とする．

3　評価の目的

「評価」という意思決定に必要な判断材料をテストという道具を使って集めるためには，その目的を明確にすることが重要になる．具体的な目的の例としては，TOEFL の北米で大学生として生活できる基本的な英語力があるかどうかを判断する，などがあるが，もう少し一般的に，言語テストの文脈で取り上げられることが多い評価の目的に注目して，そのためのテストについて簡単に説明する (cf. Brown & Abeywickrama, 2010; Carr, 2011)．

　教育現場で最もなじみの深いテストを使う目的は，授業を通して学ぶべきことを学んだかを確認することであろう．この目的で生徒の英語能力を評価するために用いられるのが，「到達度判定 (achievement)」テストである．中間試験や期末試験などがこれにあたり，それまでの授業・課題を通して学習到達目標を達成しているかどうかを評価するための情報を集めるために実施され，実際に行った授業や学習到達目標などに基づいて作成するのが基本である．このタイプのテストは，「総括的 (summative)」テストと呼ばれ，それまでの学習成果の確認という位置付けになることがほとんどであるが，適切なフィードバックを返すことなどを心がけて，生徒の学習を手助けするための「形成的 (formative)」な側面を持たせることが望ましい．

　授業構成や進行の調整，準備のために生徒が特定の言語能力を身につけているかどうかを確認することを目的として使用されるテストが，「診断 (diagnostic)」テストである．このタイプのテストは，それぞれの問題に具体的な言語要素を持たせるなど，生徒の英語能力の特定の側面に対して具体的な情報が得られるように作成する．また，それに基づいて生徒にフィードバックを返したり，身についていない言語要素を授業などで補ったりすることで，「形成的」な要素が大きいテストである．

　教育現場でも，プログラム（学年・学校）レベルで必要な情報を集める目的のテストとして「クラス編成 (placement)」や「選抜 (screening)」テストがある．「クラス編成」テストは，生徒を能力別のクラスに分けて授業を行うプログラムなどで，レベルごとのクラス分けを行うことを目的として生徒の英語能力を評価するためのテストで，プログラムで行われる教育内容に基づいたテストであることが望ましい．「選抜」テストは，入学試験などのテスト受験者から一定の数もしくは一定の能力を持った者・持たない者を選抜

するためのテストで，何を基準にするかは，その選抜の目的によって大きく異なる．入学試験であれば，それ以前の学校で身についているべき英語能力を基にすることもあれば，入学後に必要な英語能力を基にすることも考えられる．

　TOEICや英検などの英語能力一般やある分野の英語能力といった，受験者が幅広い英語運用能力を持っているかを評価するための情報を集める目的のテストが「運用能力判定（proficiency）」テストである．これらのテストの多くは，言語能力の理論や実際に使用されている言語やタスクに基づいて作成され，受験者の中での相対的な位置を知るための「集団基準準拠（norm-referenced）」テストであることが多い．TOEICを受けたことがある方は受験者の中での相対位置であるパーセンタイルランク（Percentile Rank）を目にしたことがあるだろう．

4　確認すべきテストの特質

　評価の目的を明確にした上でテストを作成・使用していくことになるが，その際には，どのようなテストがよいテストであるかを判断できることが重要である．ここでは，Bachman & Palmer（1996）が提唱したテストの特質（test usefulness）の枠組みを基に，よいテストが持つべき重要な要素として，信頼性，妥当性，真正性，波及効果，実用性について簡単に説明する．

　言語テストにおけるテストの「信頼性（reliability）」は，日常生活における信頼性という言葉が持つ意味とは異なり，テストの問題がどれも同じ能力を測っているかや評定者の採点にブレがないかなど，テストの点数の「一貫性（consistency）」のことを指す．つまり，テストが測りたい能力を測っていなくても，点数に一貫性があれば信頼性を示す指標は高い値になる．信頼性を損なう要素としては，テスト自体（問題の質，指示の明確さなど），受験者（体調，精神状態など），受験環境（受験会場の静かさ・明るさ，実施時間帯など），採点者（経験，教育・文化背景など）などが考えられるが，テスト実施にあたって統制可能な要素をどれだけしっかりと統制できるかが重要になる．ただし，いくら統制を行っても，テストの点数は正確な能力の反映ではなく，あくまでも測定誤差が含まれていることを認識しておく必要がある．

「妥当性 (validity)」は，テストが測っている能力が測りたい能力と一致しているかどうかの問題で，さらには，テストの点数の解釈だけでなく，テストがある特定の目的で使用された場合の影響も含めて妥当であることをテストの受験者や利用者を納得させられるかが焦点となる．例えば，TOEFLは北米の大学への入学許可を判断するという目的のための利用は妥当であるが，日本の大学への入学許可を判断する目的に対して妥当かどうかは検証されていないため，そのまま使うことは妥当とはいえない．一般に「信頼性」と聞いて思い浮かぶのは前項の「信頼性（一貫性）」とこの「妥当性」の両方の要素を含むものではないだろうか．教育現場では厳密な妥当性の検証は難しいが，測りたい英語能力とは関係のない「ひっかけ」問題はないか，テストタスクが授業での活動を反映しているか，テストの内容が授業の内容をある程度満遍なく反映しているか，普段の授業や課題から受ける生徒の英語能力の印象とテストでのパフォーマンスにある程度一貫性があるかどうかなどを確認することが重要である．テストだけができる，あるいは，テストだけができない生徒がいた場合，そのテストが英語能力を適切に測れているかを確認する必要があるだろう．

　言語テストにおける「真正性 (authenticity)」とは，テストタスクとテスト以外での言語を使うタスクとの一致度である．つまり，日常生活で言語を使って行う活動がテスト問題やテスト課題をこなすために必要な言語の使用と似ているほどいいテストであるとされる．しかし，教育現場でのテストにおいては，教室外での目標言語を使用する言語活動（タスク）との一致度を考えるのではなく，授業内での言語学習のための活動とテストタスクを一致させることを重視すべきである．教室外の言語使用との一致度を重要視するのであれば，教室外の言語使用と授業での言語活動の一致度を高くした上で，授業での活動とテストタスクの一致度を高くすればよい．

　テストには，生徒の学習や自身の授業へのいい影響，つまり正の「波及効果 (washback)」があることが理想である．テストのための勉強をすることが英語能力の向上につながるようなテストを作成・使用することや，適切なフィードバックを与えることなどが，正の「波及効果」を生むことにつながる．

　「実用性 (practicality)」は，ここまでの4つの特性と異なり，必要な資源が使える資源を超えないことが重要になる．つまり，人的・物的資源や時間

には限りがあるため，使える人材，機材，費やすことのできる時間の制限の中で最大限に他の特性を高めることが，よいテストを作成・使用するためには必要である．例えば，作成・採点がともに短時間で行えるテストは資源の利用が少ないため実用性が高いが，必ずしもよいテストであるとはいえないことになる．

5 テストの構成概念

　言語テストで最も重要な要素は，何を測るか，つまり「測りたい言語能力」である．しかし，言語能力をテストで測ることの最大の問題は，測るべき言語能力が目に見えないことである．英語のライティングやスピーキングのテストでは実際に言語が産出されるために直接見たり聞いたりできると考えがちであるが，それらはあくまでも生徒が持っている英語能力が不完全に反映されたものに過ぎない．これは，Chomsky (1965, p. 6) の「言語能力 (competence)」と「言語運用 (performance)」の区別を思い浮かべてもらえば理解しやすいかもしれない．

　言語テストの文脈では，テストで測りたい言語能力のことを「構成概念 (construct)」という．この「構成概念」は直接測ることができないため，生徒の英語能力を測る際は，テストでの点数からその生徒の英語能力を「推測」することになり，最善の推測をするためによいテストを作ることが重要になる．そのためには，測りたい英語能力（構成概念）を明確に定義して，それを測定できるようなテスト問題・タスクを設定し，一貫した採点をする必要がある．しかしながら，1つのテストでは生徒の言語能力の限られた側面しか測ることができないため，複数のテストやテストに限らない多様な査定方法で情報を集めて推測することも重要となる．

　構成概念をどのように定義するかは，評価の目的によって大きく異なるが，ここでは，言語能力のモデルなどに基づいて定義するアプローチと，教育現場でのテストなどにふさわしい学習到達目標に基づいて定義するアプローチを紹介する．

5.1 言語能力のモデルに基づく構成概念の定義

　言語テストの分野で最もよく参照される言語能力のモデルは，Canale &

Swain (1980) のコミュニケーション能力モデルに基づく Bachman (1990) の言語コミュニケーション能力のモデルであろう．その後継ともいえる Bachman & Palmer (2010) の枠組みでは，言語使用者には，話題の知識 (topical knowledge)，言語知識 (language knowledge) に加えて，年齢，性別，母語などのさまざまな個人の特性 (personal attributes) が備わっており，方略的能力 (strategic competence) と呼ばれるメタ認知実行処理を使ってタスクに取り組むとしている．言語テストでの構成概念は，主に言語知識と方略的能力ということになり，評価の目的によってそれぞれをどこまでを含めるかを決めることになる．話題の知識は，ESP (English for Specific Purposes) などの評価の目的によっては測りたい能力に含めることもあるが，多くの場合は構成概念に関係のないものとして扱われる．

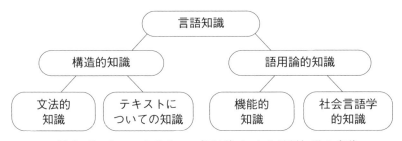

図 2　Bechman & Palmer (2010) による言語知識の定義

言語知識はさらに細かく定義されているが（図 2），この定義はあくまでも大枠であり言語知識のすべてを網羅するものではなく，実際に構成概念を定義する際は，評価の目的に合うようにさらに細かく定義する必要がある．

5.2　学習到達目標に基づく構成概念の定義

教育現場でのテスト，特に期末試験などで測りたい構成概念は学習到達（行動）目標 (learning objectives) がふさわしい．学習到達目標とは，学期末・学年末などに生徒に身につけてもらいたい具体的な英語能力を「〜できる」という形式で記述した Can-Do リストと呼ばれる形式が一般的である．文部科学省が学習指導要領に基づいて各学校で Can-Do リストを作成するように提言したことは記憶に新しいが，現実問題として各学校や教師個人が詳細な Can-Do リストを作成すること容易ではない．ただし，学習到達目

標が明確でなければ，何を基準に教育をして，その教育の成果を評価するべきかが曖昧になるため，ある程度具体的な学習到達目標を設定することが望ましい．

では，何を参考に学習到達目標を設定すればいいのであろうか．文部科学省が手引きを配布しているが，[2] インターネットで「Can-Do リスト」を検索すると，教育系の出版社や組織が手引きなどを配布しているのが見つかる．海外に目を向けると，ヨーロッパ言語共通参照枠（the Common European Framework of Reference: CEFR）が注目されており，それを日本の教育現場に導入しようとする CEFR-J プロジェクトがある．この CEFR-J では，日本では多くの学習者が元の CEFR の下のレベル（A1，A2）に相当することから，そのあたりを細かく区分している．[3] これらを参考に何を目標として教育するのかを考えてもらいたい．また，上で示した言語知識のモデルなどを参考にどこまでの知識を生徒が身に付けるべき言語能力に含めるかは常に考えていただきたい．

ただし，Can-Do という表現が示すように，学習到達目標は一般に「手続き的知識（procedural knowledge）」，つまり，運用能力を身につけることを想定されているが，教育現場では，学習して覚えた文法の規則や語彙などを含む，意識的に持っている「宣言的知識（declarative knowledge）」も重要な役割を果たすことが考えられる．これらを踏まえた上で，どのような知識・運用能力の習得を目標とするのかを考えて学習到達目標を設定し，その学習到達目標を達成するために必要な教育をした上で，目標を達成しているかをテストなどで確認することが重要である．

6　言語能力を測定するための「タスク」

2016 年現在でも，英語のテストの多くが，いわゆる 4 技能を区別したアプローチを取っており，これらの 4 技能を独立した能力として評価しようとしている．しかし，Bachman & Palmer (1996) が指摘するように，現実世界で英語を使用する活動では，これら 4 技能のうち 1 つだけを主に使う

---

[2] http://www.mext.go.jp/a_menu/kokusai/gaikokugo/1332306.htm
[3] http://www.cefr-j.org/

活動も当然あるが，会話などの生活における言語活動の多くは複数の技能が必要となり，4技能というアプローチではその構成概念を捉えることが難しい．そのため，4技能中心ではなく，タスクやタスクを達成するために必要な言語能力を中心としてテストを構成していくことが重要になる．

　タスク・ベースの言語教育という文脈で，松村（2012）は，教室内での「教育・学習タスク」は，活動成果の重視，意味へのフォーカス，自然な認知プロセス，学習者の主体的関与などの要素があるとしている．「テストタスク」でもこのような要素は重要であるが，教育現場でのテストでは，タスクを達成するために必要な統合的な能力だけでなく，語彙・文法などの言語知識も確認する必要があるため，教室内で行う基本的な練習などの活動も「テストタスク」に含めて考える必要がある．

　ここでの「テストタスク」には，紙ベースのテストで測定できる能力だけでなく，パフォーマンスベースのタスクも含まれる．授業の活動として，読んだり聞いたりした文章の要約や，会話などのやりとり，ロールプレイ，スピーチ，プレゼンテーション，作文（和文英訳ではない）などを取り入れている場合は，テストでそのパフォーマンスを評価することが重要となる．

7　テストの実施にあたって

　テストを行う目的は評価のための情報を集めることであり，集めた情報から生徒の英語能力を推測することになるが，推測が最善であるためには生徒のベストパフォーマンスを引き出すことが重要になる．テスト作成・使用時には，常に Swain (1985) の "bias for best" という言葉を思い起こしていただきたい．そのためには，学習行動目標や授業での活動に基づくテスト作りをすることは当然のことながら，テストを実際する際に気をつけるべき点がある．

　まず，テストを作成したら，実施する前に生徒に問題形式や，大まかな内容，配点などの情報を伝えることである．また，採点表・ルーブリックを使って採点するパフォーマンスタスクを利用する場合は，評価する項目および採点基準を明らかにしておくことが望ましい．これらを伝えることでテスト対策をされてしまい，有益な情報が集まらないと考えるのであれば，問題があるのは情報を伝えることではなく，テスト自体である．理想的なテスト

は，テスト対策をして準備することで英語の学習につながる，つまり正の波及効果があるテストであり，テストを行うにあたりそこまでを考慮に入れる必要がある．

8 テスト終了後

　テスト終了後には，採点およびそれを基にした評価のプロセスが続く．多肢選択問題などの回答選択式問題は，回答の項目分析なども比較的容易なため，各項目の正答率，各選択肢の選択された割合，成績上位者と下位者のグループの正答率の比較などを分析した上で，評価や将来の問題作成に生かしてもらいたい．穴埋め問題や短回答問題を含む回答構築式のテスト項目の場合は，正解の基準を明確にした上で採点を行う必要がある．できれば，事前に問題を試した上で予想される回答を考慮して正答を決めることが望ましい．

　採点表を用いたパフォーマンスタスクの採点は，できれば，2人以上の採点者による採点を行い，その合計もしくは平均で点を出して，点数のずれが大きい場合は3人目の採点者も加えて考慮することが望ましい．また，特に1人で採点する際は，途中で採点基準が変わっていないかの確認をする必要があるが，1つ前のパフォーマンスが次の採点に影響を与える可能性を考慮して，一度採点したものを逆の順番からチェックすることが重要である．2人で採点する場合は，2人が読む順序を逆にすることでこの「順序効果」の影響をある程度抑えられる可能性が高くなる．また，2人以上で採点する場合は，事前に採点基準のすり合わせをした上で，実際に採点に大きな差がないかを確認することも重要になる．

　採点終了後は，正の波及効果を狙ってフィードバックを生徒に返すことが望ましい．できれば生徒1人ひとりにコメントをできることが理想であるが，生徒の数が多い場合などは現実的ではない．そのような場合は，ある程度生徒に共通する問題点を書き出してチェックシートのようなものを用意して，一言コメントを書くなどの工夫をし，生徒の次の学習へつながるようなテスト，つまり，形成的なテストにすることを心がけていただきたい．

9 最後に

 ここまで述べてきたように，教育現場でのテストを含めた査定はあくまでも教育の一部であり，教育内容と活動とは切り離せないものである．学期末試験などはあくまでも自らが行う教育と密接に結びついたものであるべきで，それと乖離したテストは，世の中でいかに高い評価を受けていたとしても，よいテストとはいえないのである．「誰もがどんな状況でも使える魔法のようなテストは存在しない」という言葉を常に心に留めてテストを作成・利用していただきたい．

参考文献

Bachman, L. F. (1990). *Fundamental considerations in language testing.* Oxford, UK: Oxford University Press.
Bachman, L. F., & Palmer, A. S. (1996). *Language testing in practice.* Oxford, UK: Oxford University Press.
Bachman, L., & Palmer, A. (2010). *Language assessment in practice.* Oxford, UK: Oxford University Press.
Brown, H. D., & Abeywickrama, P. (2010). *Language assessment: Principles and classroom practices* (2nd ed.). White Plains, NY: Pearson.
Canale, M., & Swain, M. (1980). Theoretical bases of communicative approaches to second language teaching and testing. *Applied Linguistics*, *1*(1), 1–47.
Carr, N. T. (2011). *Designing and analyzing language tests.* Oxford University Press.
Chomsky, N. (1965). *Aspects of the theory of syntax.* Cambridge, MA: MIT press.
Swain, M. (1985). Large-scale communicative language testing: A case study. In *New directions in language testing* (pp. 35–46). Oxford, UK: Pergamon Press.
松村昌紀 (2012).『タスクを利用した英語授業のデザイン』大修館書店.

【より深い理解のために】

◎バックマン・L. F.・パーマー・A. S. 著，大友賢二・スラッシャー・ランドルフ監訳『言語テスト作成法』大修館書店，2000 年.
 本文で引用している Bachman & Palmer (1996) の訳本．基本的文献として押さえておきたい．できれば，Bachman & Palmer (2010) とともに原本を読んで

いただきたい．

◎靜哲人『英語テスト作成の達人マニュアル』大修館書店，2002年．
　日本の中等教育現場での教育経験もあり研究者でもある筆者が，多少強すぎる表現もあるが，日本における英語テストの問題点について鋭く切り込みつつも，読みやすく書いている．

第2部

教育法の今日的アプローチから

外国語学習とアクティブラーニング[*]

岩居　弘樹

大阪大学全学教育推進機構

1　はじめに

　筆者は学生時代，恩師である関口一郎氏[1]が主宰するドイツ語セミナーで，外国語学習にビデオカメラを利用するという手法に出会った．ビデオは見るものとばかり思っていた筆者は，ドイツ語を話しながら芝居をし，それをビデオカメラで撮影するなどということは思いもよらなかったし，強烈な抵抗感があった．しかし，先輩たちと一緒にシナリオを考え，ドイツ語を声に出して覚え，カメラの前で何度も発音を修正されながらビデオを完成させた時の達成感は今でも忘れられない．当時はまだ1980年代初めで，アクティブラーニングという言葉も生まれていない時代だったが，振り返って考えてみると，これはまさにアクティブラーニングだったのではないかと思う．筆者はその後ドイツ語教員となり，関口氏の手法を真似ながら授業にビデオ撮影を取り入れる試みを細々と続けてきた．現在はiPadを活用して，ビデオ撮影を中心にした授業を展開している．

　本稿では，筆者が担当する大阪大学のドイツ語初級クラスでの実践事例を紹介しながら，外国語学習におけるアクティブラーニングの可能性について考えてみたい．

---

[*] 本研究はJSPS科研費15K027160の助成をうけたものである．
[1] NHK教育テレビのドイツ語講座や慶應義塾大学湘南藤沢キャンパスの創設に関わり，日本の外国語教育に新しい風を吹き込んだ．2001年没．

2 外国語学習におけるアクティブラーニング

アクティブラーニングの定義は，Bonwell & Eison（1991）や，溝上（2007），文部科学省中央教育審議会の答申，[2] 松下（2015）などが紹介されることが多い．詳細は各文献を参照いただきたいが，筆者はこれまでの実践経験から「**学習者が主体的に行動し，学び，振り返ることを可能にする授業方法**」が外国語教員から見たアクティブラーニングではないかと考えている．

学習者が主体的に行動し学ぶためには，学習者自身のモチベーションがキーになることは言うまでもない．新しい外国語を学び始めたばかりの学習者は，「○○はどう言うのだろう？」「△△とたずねたい時はどのように言えばいいのだろう？」といった好奇心にあふれワクワクしている．筆者は，学習者の内側から沸き起こっているこの気持ちを感じ取りながら，「とりあえずやってみよう（行動してみよう）」という姿勢で学習者に向かっている．外国語は失敗を経験しなければ上達しないが，失敗ばかりだとやる気が失せてしまう．学習者が「できた！」という小さな成功体験を積み重ね，「やればできるようになる」というマインドセット[3]を持ち，さらに外国語のいろいろな学び方を学ぶことができれば，外国語学習でのアクティブラーニングは成功といえるであろう．

3 授業の概要とアイスブレイク

本稿では，大阪大学の理系学部1年生が受講するドイツ語初級クラスでの実践事例を紹介する．[4] 履修者は1クラス45名から55名で数名の再履修者を除きドイツ語既習者はいない．学習者はドイツ語を週2コマ履修しており，筆者以外の担当者の授業を並行して受講しているが，両クラス間での

---

[2] 新たな未来を築くための大学教育の質的転換に向けて〜生涯学び続け，主体的に考える力を育成する大学へ〜（答申）（平成24年8月28日）用語集より．

[3] Carol Dweck はこれを Growth Mindset（成長型マインドセット）と呼んでいる（Dweck, 2012）．

[4] この実践を本格的に始めた2012年から2015年までは工学部と基礎工学部の2クラス，2016年度は工学部と理学部の2クラスを担当している．なお，授業の基本的な構成は変わっていない．

連携は取られていない.

　このクラスでは，ドイツ語の学習成果をグループでビデオ撮影することを目標に発音練習や対話練習，ミニドラマの作成を行っている．前期は図1のように，授業5回をひとまとまりとし，1回目から3回目までは発音練習と対話練習を，4回目は発音練習とシナリオ作成に取り組み，5回目にビデオ撮影を行う．1セメスター15回の授業でこの流れを3度繰り返し，3回ビデオを撮影している．学習者はこれらの活動の中で，様々なICTツールを活用しながら，たくさんの小さな失敗や小さな成功を体験する.

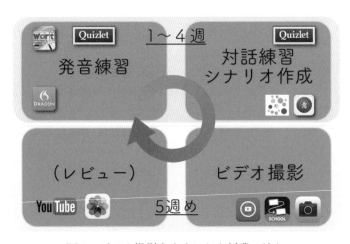

図1　ビデオ撮影を中心にした授業の流れ

　また，授業支援システム[5]を活用して授業外での学習サポートを行っている．本授業は履修者が50人前後いるため，授業中に学習者ひとりひとりと言葉を交わすことは難しい．そこで，授業支援システムの日誌機能を活用して，学習者とのコミュニケーションを取れるようにしている．

　さて，入学直後から始まるこのクラスは周りには知り合いがいない状態なので，はじめに教室内で安心して声を出すことができる雰囲気を作る必要がある．筆者はまず，ドイツ語での挨拶と簡単な自己紹介の表現を口頭で伝え，数度リピートさせた後，学習者が教室の中を歩きながらクラス全員と自

---

[5] 大阪大学では授業支援システムとしてBlackBoard Learn R9.1を導入している．

己紹介をするというアイスブレイクを行っている．このアイスブレイクでは，まず「こんにちは」「私は〜です」「よろしく」といった簡単な表現を覚え，教室の中を歩きながら出会った10人ほどと挨拶をする．次に「〜から来ました」「〜に住んでいます」など別の表現を少しずつ増やしながら，クラス全員と知り合うくらいまで教室の中を歩き続ける．[6]

こうして教室の雰囲気を和らげた後にビデオ撮影のためのグループ作りに入るが，学習者は自主的に動き，3分ほどでグループができあがる．[7]

4 音声認識アプリを使った発音練習

4.1 音声認識アプリを使った発音練習の目的

従来の発音練習では，学習者が自分の発音に対する即時フィードバックを得ることはできなかったが，音声認識アプリを使うと，自分の発音がその場で文字化されて表示されるため，正しく発音できているかどうかがすぐにわかる．この即時フィードバックは，発音練習へのモチベーションをあげ，学習者は繰り返し声を出すようになる．また，音声認識アプリを使うと1人1人が自分のペースで練習できるため，発音練習中は机間巡視しながら個別に発音指導をすることも可能になる．

音声認識アプリを導入した目的は「正しい発音を身につける」ことよりも**「学習する言語をできるだけたくさん声に出す」「ひとつのまとまった文やテキストを何度も繰り返して声に出す」**という点にある．

4.2 発音練習のための準備

発音練習用のモデル音声は，オンラインのフラッシュカード作成サービス**Quizlet**を利用して，学習者がいつでも聞けるように用意している．[8] Quizletには合成音声による読み上げ機能があるが，授業では筆者自身の声を録

---

[6] この活動では，学習者が互いに打ち解けるだけでなく，同じフレーズを繰り返し声に出し，耳にすることになるので，ドイツ語自体も覚えてしまう．大人数の外国語クラスでは声を出す回数も増え特に効果が実感できる．

[7] グループは3人を原則としているが，履修者数の関係で4人組ができることもある．2人組は，1人が欠席するとグループ活動ができなくなるので，原則として避けている．

[8] http://quizlet.com/rocky6959/

音して使用している。[9] また，アルファベットや数字の読み方，単語の発音を確かめる場合には **German Word Wizard**[10] を推奨している．

　学習者自身がドイツ語の文を作成した場合には，オンラインの合成音声サービスや無料の読み上げアプリ[11] などを使って自分自身で発音を確認するように勧めている．合成音声サービスで生成される音声は不自然な発音やイントネーションになることもあるが，教員やネイティブスピーカーが周りにいない場合には，学習者をサポートする次善のツールとして活用しても良いだろう．学習者が合成音声を聞き取れない場合や自分の発音に自信のない場合は，授業支援ツールとして導入している**ロイロノート・スクール**を使って，自分の発音を録音して教員に送り確認するというチャンネルも用意している．[12]

4.3　音声認識アプリを使った発音練習

　学習者が自分自身の発音を確かめるために使用しているのが音声認識アプリ **Dragon Dictation**[13,14] である．Dragon Dictation に向かってドイツ語を話すと，発音が正しければ正しいドイツ語が文字化されて表示される．音声認識技術は 10 年前に比べると格段に進歩し，ネイティブスピーカーのクリアな発音であればかなりの確率で正しく認識されるようになった．しかし，話者が外国語学習者の場合，ネイティブスピーカーであれば正しく理解できると思われる発音でも，音声認識アプリは全く別の認識結果を表示することがある．学習者が戸惑っている場合には，学習者の発音を直接聞き，ネイ

---

[9] Quizlet は，PC でもスマートフォンのアプリでも無料で使えるが，画像の追加や録音機能，クラス登録などの追加サービスを利用する場合は，教員のみ有料となる．

[10] 合成音声アプリ．アルファベット，数字の読み方，単語の発音などを確認できる．http://lescapadou.com/

[11] PC や Android スマホでも利用できるオンライン合成音声サービス iSpeech (http://ispeech.org) の Demo ページや Acapela Box (http://acapela-box.com) を提示している．

[12] https://n.loilo.tv/ja/ にロイロノート・スクールを使った様々な実践事例が紹介されている．

[13] iOS 用音声認識アプリ．http://dragonmobilejapan.com/apple/dictation.html

[14] iOS の音声入力や Google 音声入力を使用することもできるが，マイクに向かって喋っている間もライブ変換されるため，後に出てきた間違った発音のために，それ以前の正しく認識されていた部分が別の単語に置きかえられてしまうということがある．初学者が使用するときには戸惑うかもしれない．

ティブスピーカーなら理解できるレベルかどうかを判断して，学習者が落ち込むことのないように助言する必要がある．

筆者の調査では，音声認識アプリを使う場合，日本人のドイツ語学習者に共通する一定の誤認識パターンがあることが明らかになっている．[15] 誤認識パターンに当てはまる場合は，唇の形や舌の位置など音を作る上で重要なポイントを伝え，学習者自身がそのポイントを意識化できるように個別指導している．

Dragon Dictation で認識されたテキストは全てアプリ内に保存され，メールなどで送信することができる．また1分以内という制限はあるが，長文のテキストを読んで認識させることもできる．

図2は，Dragon Dictation で認識された文を回収し集計したグラフである．[16] 学習者には Dragon Dictation で認識させる毎に改行を入れるように指示しているため，改行の数でおおよその練習回数が推計できる．このグラフから，学習者は30分ほどの練習時間で平均して50回から60回程度，課題文を声に出して認識させており，例えば10月14日には，平均87回，最も多い学習者で155回声に出して練習していたと推測できる．毎回の練習

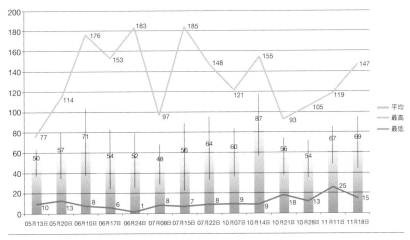

図2　Dragon Dictation による発音練習回数

---

[15] 岩居，2015a．
[16] 岩居，2015a．

課題は 7 個から 10 個だが，課題文の長さや発音の難易度によって練習回数が増減している．

5 ビデオ撮影のためのミニドラマ作成

5.1 ミニドラマ作成の様子

　ミニドラマのシナリオ作成は，発音練習で口に慣らしたドイツ語を実際に使ってビデオ収録するための下準備である．1 回目のビデオの長さは 45 秒〜60 秒程度[17]で，学習した内容が含まれていれば，場面や登場人物などはグループで自由に設定しても良い．まだドイツ語を始めたばかりなのに 60 秒のビデオを撮るためのシナリオが書けるかどうか不安の声をあげる学習者もいるが，これは案ずるより産むが易しで，場面を考えながらシナリオを組み立てていく作業は楽しく，グループでの議論も活発になる．1 回目のベストビデオ[18]に選ばれた作品からランダムに 5 本選んで調べたところ，セリフの数や単語数，撮影したビデオの長さは表 1 のようになっていた．

表 1　ビデオとシナリオの長さ

グループ	ビデオの長さ（秒）	セリフの数	単語数	文字数
A02	58	16	119	533
A03	**50**	18	**87**	**386**
A10	59	**14**	99	421
G07	**96**	19	113	**541**
G13	60	**23**	**137**	496

　シナリオ作成作業には可動式のホワイトボードや壁面のホワイトボードを活用している．オンライン掲示板などでも同様の作業は可能であるが，ホワイトボードを使うとグループごとの進捗状況が一目でわかり，シナリオの修正や文法説明もホワイトボードを使いながらグループに向けて説明できるというメリットがある．

---

[17] 2016 年度は，2 回目のビデオは 70 秒〜90 秒程度，3 回目は 100 〜 120 秒程度と徐々に長くしてみた．

[18] 学習者の互選で 11 本を選出した．1 回目のベストビデオ一覧はこちら：http://bit.ly/German20165thWeek

図 3　ホワイトボードを使ったミニドラマ作成の様子

5.2　多言語例文データベースの活用

　ミニドラマを作成していると，話の流れから授業では取り上げていない表現が必要になることがある．そのような場合，以前は「まだ文法をやっていないから」という理由で別の表現に変更させていたが，今では多言語例文データベース **Tatoeba Project**[19] を使って学習者自身が適切な表現を探し，文法の進捗状況に関係なく，シナリオに取り入れるようにしている．

　Tatoeba Project で日本語や英語の単語を入れて検索すると，その語を含む例文とその対訳が提示される．[20] 表現したい内容に近い文が見つかれば，単語を一部入れ替えて使用することもある．ドイツ語では，名詞を入れ替える場合には「格変化」，主語を入れ替える場合には「動詞の人称変化」に関する知識が必要になり，この作業が文法を理解するきっかけのひとつとなっている．表 2 は学習者が実際にシナリオに取り込んだ文例である．

表 2　Tatoeba Project で調べシナリオに取りいれた文の例

日本語	ドイツ語	英語
あなたと一緒にいて楽しかった	Deine Gegenwart hat mich wirklich gefreut.	I really enjoyed your company.
「ごめん」「ごめんで済むと思ってんの!?」	„Entschuldige"—„Glaubst du, mit ‚Entschuldige' ist es getan?"	"I'm sorry." "You think you can get away with it just by saying sorry!?"
過ぎたことは仕方ないよ	Was geschehen ist, das ist geschehen.	What's done is done.

---

[19] https://tatoeba.org/jpn/
[20] 本稿執筆段階（2016 年 8 月 30 日），約 507 万の例文が登録されている．この内，英語は約 61.3 万，ドイツ語は 35.6 万，日本語は 18.4 万となっている．

なお，学習者には iOS 用日本語辞書アプリ **imiwa?**[21] の利用も推奨している．imiwa? に掲載されている例文は，Tatoeba Project のデータが用いられており，オフラインでも利用できるというメリットがある．[22]

6 ビデオ撮影について

6.1 iPad を使った教室外での撮影

ビデオ撮影は iPad を使用して，教室を出てグループで行う．[23] 撮影は授業時間 90 分のうち 60 分を使い，残り時間で撮影したビデオを確認しファイルを提出する．撮影の際には，事前に iPad のマイクの位置を確認して手で塞がないように注意し，カメラマンはできるだけ出演者に近づいて音声が明瞭に録音されるよう気をつける必要がある．[24]

図 4　ビデオ撮影の様子

---

[21] http://www.imiwaapp.com/

[22] この他にも，多言語オンライン辞書 Glosbe（https://ja.glosbe.com），Linguee（http://www.linguee.jp）なども活用できる．

[23] 撮影には標準のカメラアプリを使うのが，最も簡単でトラブルが少ない．

[24] せっかく撮影したのに，マイク部分を手で覆っていて声が録音されていなかった，周りの騒音で声が聞こえなかったという失敗がよくある．

学習者は出演者 1, 2, カメラマンの役割をローテーションで担当し, 出演者の異なる 3 種類のビデオを撮影する. そのためシナリオのドイツ語は全て覚えなければならないが, 相手の言葉を理解した上でドイツ語を話すようになるので, より自然な対話が収録できる.

6.2 YouTube へアップロードと自己評価・相互評価

撮影したビデオは YouTube にアップロードしてクラスで共有する. アップロード作業には, **YouTube Capture**[25] を使用する. アップロードされた動画は, 筆者が YouTube 上でグループごとに再生リストを作り, URL を授業支援システムに掲示する. 再生リストは, 各グループのビデオポートフォリオになり, 学習者は自らの成長を目と耳で確かめることができる.

なお, YouTube に公開することに抵抗を感じる学習者もいるので, アップロードの際には, プライバシーを「限定公開」[26] に設定している.

YouTube にアップロードした動画は, 各自 1 週間以内に視聴し, 自己評価・相互評価をフォームに記入して提出する.[27] 受講者と同数のビデオがアップロードされており, 全てを見るのは負担が大きいため, 自分のグループおよび前後のグループの計 9 本を見た上で記入することとしている.

7 この授業の活動に含まれるアクティブラーニングの要素

まず, <u>アイスブレイク</u>には, インプットしたものは必ずアウトプットする (<u>行動する</u>) こと, およびアウトプットする楽しさを体験する (<u>成功体験</u>) という 2 つの要素がある. ここで作られる人間関係と「楽しさの体験」が, これ以降のアクティブラーニングのベースとなる.

発音練習では, 発音規則やドイツ語の表現を学ぶだけでなく, 合成音声や音声認識技術を使って主体的に発音を確認するという方法を学ぶ (<u>学び方を学ぶ</u>). 音声認識アプリで発音が正しく認識されれば小さな <u>成功体験</u> となる

---

[25] YouTube が提供しているアプリで, 簡単な編集や複数のファイルの同時アップロードができる. https://www.youtube.com/capture
[26] アドレスを知っている場合のみ見ることができるという設定.
[27] 評価用のフォームは Google Form で作成している: https://www.google.com/intl/ja-jp/forms/about/

が，認識されない時は口や舌の筋肉の使い方を試行錯誤しながら正しい発音を探ることになる（失敗から学ぶ）．また，この練習過程でドイツ語の音が口に馴染み，長文でも詰まらずに音読できるようになるという効果もある．

ミニドラマ作成では，発音練習で覚えた断片的な文をひとつのストーリーにまとめることで，ドイツ語のみならず，自分たちが普段使う言葉を再確認し，意識化する（振り返る）ことになる．また，Tatoeba Project などのリソースと文法の知識を活用することで，自分たちが表現したい内容をドイツ語にできることを体験する（学び方を学ぶ）．

ビデオ撮影は，自ら行動することが必要であることは言うまでもない．寸劇の上演や口頭試問とは異なり，撮影したビデオを見ることで自分たちの学習成果を客観的に観察して振り返ることができる．また**自己評価・相互評価**を行うことで様々な気づきを言語化して記録することができる．さらに，ミニドラマ作成やビデオ撮影は，グループでのディスカッション，役割分担，良好な人間関係を築くための努力など社会性を身につける場としても機能している．

8 おわりに

ビデオ撮影を中心としたこのような取り組みを紹介するときに必ず思い出すのが，シーモア・パパート（Seymour Papert）の "Hard Fun"[28] という言葉である．ビデオ撮影は決して楽（easy）な活動ではない．通常の筆記試験の感覚でビデオ撮影に臨んだグループは，覚えたはずの表現が口から出てこないことに焦り，準備が足りなかったことを知る．一方，シナリオを完璧に覚え，十分に練習したというグループ[29]は，何度 NG を出しても失敗を受け入れ楽しみながら作品を完成させている．そこで得られる達成感は想像以上に大きく，この達成感が次の学習へのステップとなる．努力をしながらも楽しむのできるこの取り組みは，まさに Hard Fun であるといえる．

アクティブラーニングや ICT の導入で，クラス全体の成績が飛躍的に向

---

[28] http://stager.org/articles/8bigideas.pdf
[29] 2016 年前期の調査では，3 回目のビデオ撮影では，学習者の 51.3% が個人で 2 時間以上練習し，30.3% がグループで 2 時間以上練習したと回答している．

上するというようなことはない．しかし，失敗が許され何度でも挑戦できる環境を教員が作ることができれば，学習者は自分からアクションを起こし学習を続けるようになる．[30] 学習者だけでなく教員自身も失敗を喜び，成長できると信じることができれば，きっと何かが変わり始めるだろう．

2013年から16年までの活動をYouTubeで公開している．[31] また，iTunes Uに「音声認識アプリとビデオ撮影を活用した外国語学習」というコースを公開している．[32] ご覧頂ければ幸いである．

参考文献

Bonwell, C. C., & Eison, J. (1991). *Active Learning: Creating Excitement in the Classroom.* (*ASHE-ERIC Higher Education Report No.1.*). Washington, D.C.: Jossey-Bass.

Dweck, C. (2012). *Mindset: Changing The Way You think To Fulfil Your Potential* (Kindle Edition). Winnipeg: McNally Robinson.

岩居弘樹 (2012).「iPadを活用したドイツ語アクティブラーニング」『大阪大学大学教育実践センター紀要』8, 1-8.

岩居弘樹 (2015a).「音声認識アプリを活用したドイツ語発音トレーニング」『大阪大学高等教育研究』3, 1-15.

岩居弘樹 (2015b).「ICTを活用した外国語アクティブ・ラーニング：iPadを活用したドイツ語初級クラスの例」『コンピュータ ＆ エデュケーション』39, 13-18.

松下佳代 (編著) (2015).『ディープ・アクティブラーニング 大学授業を深化させるために』勁草書房.

松下佳代・石井英真 (編) (2016).『アクティブラーニングの評価』東信堂，東京.

溝上慎一 (2007).「アクティブ・ラーニング導入の実践的課題」『名古屋高等教育研究』7, 269-287.

中井俊樹 (編著) (2015).『アクティブラーニング』玉川大学出版部.

上田信行 (2009).『プレイフル・シンキング』宣伝会議.

上田信行・中原淳 (2012).『プレイフル・ラーニング』三省堂.

---

[30] 逆に，間違いや理解不足を叱責されると，失敗を恐れ自分からアクションを起こさないようになる．

[31] http://bit.ly/FLLxiPadSummary

[32] http://bit.ly/ADEFLLxiPad

【より深い理解のために】

◎松下佳代・石井英真編『アクティブラーニングの評価』東信堂，2016年．

　アクティブラーニングについて理解し，実際に導入しようとしている多くの方が，「評価はどうするの？」と疑問に思われているだろう．この本ではアクティブラーニングによって育成しようとしている能力と評価の枠組みについての解説や，様々な分野での評価の具体例が提示されている．

◎上田信行『プレイフル・シンキング』宣伝会議，2009年．
◎上田信行・中原淳（2012）『プレイフル・ラーニング』三省堂，2012年．

　従来型の教育をアクティブラーニングに移行するには，学びに対する考え方を転換する必要がある．この2冊は，「他者や道具を最大限に活用すること」で生まれるワクワクする学びの世界を知り，実践に応用できる様々なアイデアを得るための必読書である．

英語によるコミュニケーションを楽しめる中学生の育成

今井　祥詠
大阪市立咲くやこの花中学校

1　はじめに

　文部科学省が平成 25 年 12 月に公表した「グローバル化に対応した英語教育改革実施計画」（文部科学省，2013）は，2020 年度に全面実施をめざす今後の新たな英語教育に向けた計画である．小学校，中学校，高等学校を通じて一貫した学習到達目標を設定することによって，英語によるコミュニケーション能力を確実に養うこと，さらには日本人としてのアイデンティティに関する教育を充実させることをめざしている．すでに 2014 年度より，先進的な指導内容の研究および指導体制の構築等に関して，逐次改革が進められている．現在，英語教育に関わる小中高校の教員は，各都道府県教育委員会が実施する様々な研修等を通して一層の指導力の向上に努めている．

　本稿は，こうした英語教育改革の真っ只中にある教育現場で実際に生徒を指導する立場から，公立中学校における実践の一端を紹介するものである．筆者の知識や経験をふまえた英語教育に対する考え方およびそれに基づいた実践が，文部科学省がめざす英語教育改革の考えに則った将来のグローバル人材の育成につながるものであるかという観点からご一読いただき，お気づきの点をご指導願いたい．

2　めざす生徒像

　将来のグローバル人材の育成をめざすうえで，筆者がめざす中学生像は，英語を「聞く」「話す」「読む」「書く」こと，つまり，英語による「コミュニケーション」を楽しむことができる中学生である．具体的に，以下のような

生徒をイメージしている．

- ・自分の考えや意見をもち，英語で表現しようとする
- ・他者の考えや意見に興味をもち，英語を理解しようとする
- ・コミュニケーションの手段として英語の知識を身につけようとする
- ・仲間と協力し，互いに助け合い，高め合うことができる

英語学習に対してこのような意欲や態度を備えた中学生は，話したり書いたりして伝えようとするだけでなく，人と話すことや文章を読むことを通して何かが得られるコミュニケーションを楽しみ，そのための手段として語彙や文法さらには技能に関する新たな知識を得ようと努力する．そして，既習の知識だけでは十分に対応できなかったとしても，何とかして伝えよう，理解しようと互いに助け合うことができる．英語に関する知識を確実に身につけさせることはもちろん大切であるが，英語によるコミュニケーション能力を備えたグローバル人材の育成につなげるためには，まず中学校の段階で，「英語によるコミュニケーションを楽しむことができる生徒」の育成を重視すべきであると考える．

3 指導において大切にしていること

3.1 相互作用のある学習環境

めざす生徒像とした「英語によるコミュニケーションを楽しむことができる中学生」を育成するためには，そのことを可能にする学習環境が重要である．中学生にとっての英語の学習環境は，彼らが英語学習の大半の時間を過ごす教室内に存在するすべてのものとそこで起こるすべての出来事によって形づくられる．つまり，教材や学習内容はもちろん，教師と生徒，そしてそれぞれの行動が学習環境としての教室を良くも悪くもできるのである．

そのように考えると，教師の役割は非常に重要である．なぜなら，教室において教材や学習内容，さらには生徒をコントロールできるのは，おもに教師だからである．だとすれば，教師には生徒たちがコミュニケーションを楽しむことができる学習環境を整える責任があるのではないだろうか．

そのためにも，図1に示す通り，教師は生徒を動機づけ，彼らの学習行動を変化させることによって英語学習や授業に対する肯定感を持たせられる

ような実践をしたい．教師が動機づけることによって，生徒の学習がうまく進めば，やがて，生徒たちは学習意欲を高め，望ましい学習態度を身につける．一生懸命に取り組む生徒たちの姿を見て，教師はさらに高い目標を設定し，それに向かって生徒をさらに動機づかせられるよう学習活動を工夫する．日々の授業はこのような教師の仕掛けとそれに反応する生徒の感情と行動の変化の繰り返しであり，教室は教師と生徒集団の相互作用によって一層好ましい学習環境へと近づいていく．一人一人の生徒の授業や学習に対する肯定感が有機的に作用する教室においてこそ，生徒は英語を使うことを楽しめるはずである．

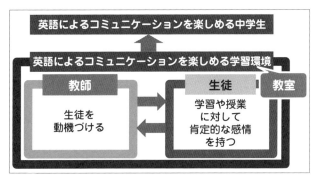

図1　英語によるコミュニケーションを楽しめる中学生の育成

3.2　生徒を動機づける授業

　英語によるコミュニケーションを楽しめる学習環境としての教室をめざすためには，当然，コミュニケーションの機会が必要である．コミュニケーションとは伝えたいメッセージをやりとりすることであり，文型練習などにみられる機械的なパタン・プラクティスでは決してない．メッセージがあるからこそ，それを受け取る側が納得したり，驚いたり，ときには異議を述べたりできるやり取りを可能にする機会でなければならない．そのためにも，自分の考えや意見を表現する機会，そして，できるだけ多くの考えや意見にふれる機会を与えたい．「聞く」「話す」「読む」「書く」の4つの手段によるコミュニケーションの機会を学習活動として与えることなくして，英語によ

る確実なコミュニケーション能力につながる意欲や態度が高められるはずがない．

　ただし，これらの機会は与えるだけで良いという訳ではない．これらが生徒の学習動機となるためには，「できる」という見通しを持たせることが大切となる．つまり，教師は，課題を与えると同時に，その達成のために生徒が学ぼう，使ってみようとする意欲も高めなければならない．そのために重視したいのが，ゴールの設定とその達成に向けた授業の組み立てである．易しすぎず，難しすぎない適切なゴールを設定し，そこに到達させるために不可欠な学習活動を効率よく配列することで，すべての生徒を目標達成に導くつもりで指導しなければならない．

　しかし，一人一人が様々な課題をもっている中学校においては，生徒全員を目標に到達させることは決して容易ではない．そのため，生徒同士が助け合ったり学び合ったりすることで乗り越えることができるよう指導の方法を工夫することも必要になる．生徒にとっては，仲間の努力する姿を見ること，仲間から励ましの言葉をもらうことなどが強い動機づけとなる場合もある．そういった視点から生徒を動機づけることも大切にしたい．

3.3　生徒の変化の把握

　上述のような考え方で学習活動を工夫し，授業を組み立てることによって，生徒の感情に様々な変化が起こる．例えば，文法や語彙といった基礎的事項を確実に習得できていること，コミュニケーションの場面でそれらを活用できたこと，そして，学習が順調に進んでいることなどに対する感情の変化である．それらが，達成感や満足感，伸長感といった肯定的なものであれば，そういった肯定感が学習意欲となり，生徒の学習態度を変化させる．知識の増加や技能の向上を感じつつ，できることが増えていく実感を持たせることが重要である．

　筆者は，生徒がこうした肯定感をもつうえで重要な役割を果たすのが，正しい自己理解と他者理解であると感じている．そのため，自分自身やクラスメイトを正しく理解することを通して，教室において仲間とともに学習することの意味を伝えたいと思っている．生徒たちが，一人一人の知識や能力の違いを認め合うこと，そのうえで，自分自身はもちろん，クラスメイトの成長も実感しながら学習に取り組むことができれば，教室は一人一人の肯定感

が互いに影響し合う心地よい学習環境となり得る．そのためにも教師は，自分自身の日々の教授行動をふまえながら，一人一人の生徒の学習行動や学習に対する感情の変化に敏感でありたい．

4 指導事例

ここまで述べてきた考え方をふまえ，筆者が取り組んでいる指導例をいくつか紹介する．

4.1 様々な学習にペア・ワークとグループワークを取り入れる

新出事項を練習する段階から既習事項を活用する段階までどんな目的にも使えるのがペア・ワーク（写真1）とグループ・ワークである（写真2）．これらは，生徒が互いに教え合い，誤りを確認し合う学習活動はもちろん，自分の考えや意見を述べ，相手の考えや意見に触れるコミュニケーションの機会ともなる．これらを通して，生徒たちはクラスメイトとのより良い関係をつくり，一人ではできないことができる喜びを感じたり，リーダーとしての自覚を持ったりするなど，人間としての成長につながる教育的効果も高い．

写真1　ペア・ワークの様子
　　　うまく言えてハイタッチ♪

写真2　グループで意見を交換中

指導において筆者は，ペアの組み方やルール，マナーを理解させたうえで，4月の授業開きからペア・ワークを用い，授業で友だちと協力して取り組むことの意義や目的を繰り返し話すようにしている．そして，英語でやり取りができる場合に限らず，日本語で意見を交換する際にも取り入れている．例えば，読解活動のあとや友だちの発表を聴いたあとなど，その時点で学習している英語の知識だけでは十分に

言えない感想や意見を日本語も交えて述べさせるようにする．その際には，「良かった」「上手だった」などと一言で済ませてしまわず，意見に加えて理由を述べさせる．目標はすべてを英語で述べることだと言い続けながら，日本語を交えても良いと指示することで，意見がない状態は許されないことをまず理解させ，そのうえで，相手が納得する理由を的確に言えるようになることをめざす．英語でディスカッションやディベートができる技能へとつながっていくよう，賛成・反対の伝え方，その理由の言い方，さらには相手を納得させる表現とはどのようなものかなど，ひとつひとつ具体例を示しながら取り組ませている．スモールステップで確実にできることを増やしていくよう，常に意識している．

4.2 個人学習と協同学習をリンクさせる

確実に基礎的事項を習得し，活用につなげるうえで欠かせないのが，個人での反復練習である（写真3）．英単語や英文の暗記はもちろん，ある程度まとまった長さの文章を暗唱させる場合に，1回あたりは短時間でも一定期間繰り返し練習させる．その際，英語を習得するうえで，覚えるまで繰り返

写真3　個人で口頭練習をする生徒の様子

すなど，自分自身の限界を一つ一つ超えていく苦しい学習が不可欠であることを生徒たちに理解させたいと思っている．例えば，前述のペアやグループで音読し合うような活動の前に個人で練習する時間を与えると，友だちに聞いてもらうことが練習の成果を発揮する目標となり，一層意欲的に取り組むようになる．授業では単語や英文を何度も繰り返して言う口頭練習が中心になるが，家庭学習では発音しながら書く「音読筆写」を勧めるようにしている．

このようにして，楽しいことばかりではなく，苦しいけれど繰り返し取り組めば必ずできることを課題として与えたあと，その課題を通して得た知識や技能を活用させる新たな課題を与えると，基礎的な知識や技能の重要性を実感した生徒は，個人での反復練習にさらに熱心に取り組むようになる．その結果，ペアやグループでの協同的な学習と個人での学習のつながりを理解

できるようになった生徒が，確実に英語力を伸ばしていくと感じている．

4.3 「聞く」「話す」ストラテジーを身につけさせる

「聞く」「話す」ことによるコミュニケーションを楽しいものにするために，聴くときは相手が話しやすいように，話すときは的確に伝わるようにできる技能を身につけさせたい．具体的には，聴くときには，相づちをうったり，自分の理解したことが合っているかを確認したりしながら聴くこと，話すときには，アイコンタクトはもちろん，相手の表情から判断してゆっくり話したり，大切な部分をくり返したりすることなどである．このような基本的なリスニングとスピーキングのストラテジーを指導することに加え，単語の意味を知りたいとき，もう一度言ってもらいたいときなどに英語で言えるようなストラテジーも指導しておけば，会話を長く続けられるようになる．これらはどれも，日本語では無意識に行っていることだが，それらを言葉にして確認させ，意識して使うことで習慣づけていく．

会話型の学習活動に取り組む生徒たちの様子を見ていると，聞き手が相手の言ったことを単語だけでも繰り返すと，話し手は，「自分の話を聞いてくれている」，「きちんと伝わっている」という安心感からか，もっと話そうとすることに気づく．さらに，ALTと会話をする場合には，聞き取れない単語が出てくれば，もう一度言ってもらい，知らない単語であれば，その意味や綴りをたずねることで，会話が続くようになってくる（写真4）．初めは，会話を中断してでも，言いたいことを確認して使わせるようにすると，繰り返し使っているうちに，会話の場面で自然に活用できるようになる．

こうして練習したことが，より自然なコミュニケーションの場面において活用できるような課題が，さらに生徒たちを動機づかせる．生徒たちが技能の向上を実感でき，伸長感を持つことができるようにするためにも，長期的な視点で段階的，継続的に取り組んでいる．

写真4　ALTと会話中

4.4 「書く」ことで正確さを高める

これまでに述べた3点,様々な学習にペア・ワークとグループワークを取り入れること,個人学習と協同学習をリンクさせること,「聞く」「話す」ストラテジーを身につけさせることを通して個人や協同で新出事項を理解し,練習を繰り返したのちに活用する学習に取り組んだあとには,書いて表現することを課題として与えている.たとえばQ&A活動を通して得たクラスメイトの情報を単文で書くことから始め,段階的にそれらに補足説明を加えていけるように指導する.学年があがるにつれて,単に英文を羅列するのではなく,文と文のつながりや前後関係,さらには構成なども考えさせ,文章としてのまとまりをふまえて書けるように進めていく.話す活動では,ある程度の誤りを許容しなければ,話そうとする意欲の低下につながる.そのため,「書く」ことを通して表現や文法を確認させることで,正確さを高めるとともに,話す活動では使いたくても使えなかった表現に挑戦させるようにしている.

5 指導の成果

筆者が平成28年度に指導している中学3年生は,2年生時までに表1,表2のような英語力を身につけている.

表1は,大阪市教育委員会が実施する「英語能力判定テスト」における,1年生(平成27年1月)と2年生(平成28年1月)のときの判定結果である.このテストでは,「英語検定(英検)」の各級と対応した英語能力が判定される.冒頭で述べた「グローバル

	1年生時 (平成27年1月)	2年生時 (平成28年1月)
準2級あと一歩		69.9
3級		15.1
3級あと一歩	50.0	5.5
4級	15.8	5.5
4級あと一歩	21.1	1.4
5級	13.2	2.7

表1 「大阪市英語能力判定テスト」*の結果(%)
　＊学年ごとに得点に上限のあるテストであるため,1年生では「3級」以上,2年生では「準2級」以上の判定がされていない.

化に対応した英語教育改革実施計画」(文部科学省,2013)においては,英

語検定3級〜準2級程度の英語力が中学校における3年間で身につけさせたい目標とされている．このことをふまえ，1年生で4級，2年生で3級程度の英語力を目標と考えると，生徒たちが順調に英語力を伸ばしていることがわかる．

さらに，表2は本校で全生徒が毎年1月に受検するGTEC for Studentsにおける，平成28年度の3年生の1年生（平成27年1月）から2年生（平成28年1月）にかけてのスコアの推移状況である．1年生の段階では，ほとんどの生徒がグレード1と判定されているが，1年生から2年生にかけて，グレード3あるいは4と判定される生徒が増えている．GTEC for Studentsでは，実際の英語使用の場面をふまえた問題が出題されるため，生徒たちが学んだ英語を実際のコミュニケーションにおいて活用する力も順調に伸ばしていることがわかる．

グレード	スコア	1年生時 （平成27年1月）	2年生時 （平成28年1月）
7	710〜810	0.0	0.0
6	610〜709	0.0	2.7
5	520〜609	1.3	9.2
4	440〜519	1.3	18.4
3	380〜439	3.8	26.3
2	300〜379	14.1	19.7
1	〜299	79.5	23.7

表2 「GTEC for Students」における1年間のスコアの推移の状況（％）

6 終わりに

将来のグローバル人材を育成するうえで，中学校における英語教育は，コミュニケーション能力の基礎を身につけさせる時期としてたいへん重要である．だからこそ，中学校においては，英語によるコミュニケーションに対する高い意欲と望ましい態度を育てることを重視し，文法や語彙といった知識を身につけながら，英語による様々なコミュニケーションを楽しめる生徒を育成すべきであると筆者は考えている．今後も，そのような生徒を一人でも多く育てられるよう実践を続けるとともに，本稿においては十分に行えてい

ない効果検証を通して，確実な英語力の育成につなげていきたいと考えている．多方面からのご指導を賜りたい．

参考文献

文部科学省（2013）．「グローバル化に対応した英語教育改革実施計画」
　　http://www.mext.go.jp/a_menu/kokusai/gaikokugo/__icsFiles/afieldfile/2014/01/31/1343704_01.pdf
　　http://www.mext.go.jp/a_menu/kokusai/gaikokugo/1343704.htm

【より深い理解のために】

◎ゾルタン ドルニェイ（米山朝二・関昭典訳）『動機づけを高める英語指導ストラテジー35』大修館書店，2005年．
　この本は，原著者 Zortán Dörnyei の "Motivational Strategies in the Language Classroom" を日本語に翻訳したもので，言語学習者を動機づけるための35の具体的な方略が提示されている．原著は，その対象を「外国語学習者」としているが，日本での英語指導においても応用できる点が多く含まれると同時に，動機づけに関する理論的背景を知るうえでも参考になる．

◎八島智子『外国語コミュニケーションの情意と動機』関西大学出版会，2004年．
　この本は，外国語によるコミュニケーションについての理解を深めるうえで，応用言語学，コミュニケーション学，社会学，さらには心理学といった異なる研究領域にまたがる学際的な視点が必要であることをテーマに，コミュニケーションをめざした外国語学習における関連要因についてまとめられている．それらをふまえた教育実践に対する示唆は，学校教育においてたいへん参考になる．

◎横溝紳一郎・大津由紀雄著，田尻悟郎監修『生徒の心に火をつける――英語教師田尻悟郎の挑戦』教育出版，2010年．
　この本は，神戸市や島根県の公立中学校で英語を教えてこられた「英語授業の達人」，田尻悟郎氏（現関西大学教授）の授業実践やその考え方を分析し，まとめたものである．生徒の心に火をつけるための具体的な学習活動はもちろん，その考え方や授業の組み立て方などが紹介されており，実際に中学生を指導するうえで多いに参考になる．

これからの小学校英語と文字指導

田縁　眞弓
ノートルダム学院小学校

1　はじめに

　2020年の教科化にむけて今小学校現場では大きな動きが起こっている．2011年に小学校に外国語活動としての英語が導入されてからすでに6年以上の月日が流れており，現場の混乱は避けられるものと思われていたが実際にはどうなのか，5，6年生を対象に領域として指導されている英語が今後教科になると一体何がどう変わっていくのか，筆者が指導に関わった私立小学校での実践を報告するとともに教科化に先駆け文部科学省が研究開発校に向け配布し実験的に試行している教材（*Hi, friends! Plus*）から，特にその文字指導の観点よりその方向性を探りたい．

2　公立小学校での読み書き指導の現状

　現在外国語活動の指導においての目標は，「外国語を通じて，言語や文化について体験的に理解を深め，積極的にコミュニケーションを図ろうとする態度の育成を図り，外国語の音声や基本的な表現に慣れ親しませながら，コミュニケーション能力の素地を養う」（学習指導要領）である．そこにおいては，文字指導は，アルファベットの大文字小文字認識と書写程度の指導にとどまっている．しかし，その指導書にある「（文字を）音声によるコミュニケーションを補助するものとして用いること」とは，一体，何を意味するのだろうか．そのあいまいな表現ゆえに，現場では，文字指導に関しとても慎重にならざるを得ないという現状がある．
　また，教材として日本中の公立小学校の高学年に配布されている「*Hi,*

friends!」の Book 1 では英語の大文字が，Book 2 では小文字が取り扱われているが，身近にあるアルファベットを探したり，文字カードを使っての「What's this?」という表現の練習を行ったり，といった活動に留まることから，この指導が一体どんな風にコミュニケーションの「補助」をするのだろうか現場の教員には理解しがたいという現状があった．聞く話すの音声中心指導の中で読み書きの位置づけは大変不明瞭なものであったといえる．では，なぜ読み書きの指導がこのように位置づけされたのか，そこには2つの主な理由が推測される．

1つは，小学校現場では国語指導に関する長い研究と実践が重ねられてきたことから外国語の指導においても国語指導と同じような手法を用いてしまう教師が多くなるのでは，という危惧である．書く活動といえば音声は無視して4線の上にいかに英語をきれいに正確に書写することだとイメージする教師は多い．しかもその活動は，高学年児童は好んで取り組み，教師の指導も比較的負荷は低いことから，文字指導の開始を進めることでこういった指導がすぐに広がることが想像できる．しかし，十分な音声のインプットの前にこの書写に時間を費やすのは避けたい，まずは聞く話すから，という意図がそこには強くあったのではないだろうか．

2つ目は文字と音声の結びつきルールにたくさんの例外がある英語を扱うことで児童の認知レベルによっては個人差がとても大きくのなるのでは，という恐れである．児童の気付きを促すことができる音声教材と，日本の子どもたちにふさわしい指導法なくしては英語指導のプロではない小学校教員にこの音と文字の指導を行うことはあまりにハードルが高すぎると考えられたとしても不思議はない．

3 私立小学校における文字指導実践

筆者が以前指導に関わった私立小学校では，2006年新設であることから開校に先駆けスタートしたカリキュラム作成時には，文字指導の具体的な指導法を考えることが非常に難しかった．そもそも日本における小学生を対象とした文字指導の先行研究がとても少なかったことに加え，それらの研究のほとんどが児童英語教室での少人数クラスを対象としたものであったからである．そこで，文字指導の位置づけとして参考にしたのは，Cameron (2001)

による，児童対象の文字指導には，①「アルファベットを教える」②「アルファベットの文字の形を教える」③「アルファベットとその音の結び付きを教える」という3つの観点があり，中でも③の文字と音の結びつけが一番大切であるという考えであった．そこで，①の指導は，主にアルファベットソングを授業の中で歌ったり，電子ボードに投射したパワーポイントのアルファベットを読み上げたりといった活動を行い，②では，そのアルファベットで始まる単語の絵などを示しながら大文字や小文字を書写するという活動を重ねた．③の音と文字を結びつける活動としては，いわゆる初期の「フォニックス指導」あるいは「音韻認識の指導」と位置付け，まずはアルファベットの一文字一音でa～zのセットを作成し，朝のモジュールタイムや授業の中で音声ドリルとして何度もチャンツのように唱える活動を行った．(*We Can! Phonics Workbook* [mpi]) 教室での活動として，耳で認識した音声を文字と結びつけ，文字と音声の対応規則に従って単語を音読するようにするため，動作や絵を使って，楽しい活動を取り入れる（野呂2007）ことを心がけた．また，授業ではできるだけ絵本の読み聞かせを行い，学年が上がるに従い，2人で一冊の本を交代に音読させたり個人で音読や黙読をするという活動も取り入れた．

　教員間の共通理解として掲げた文字指導の基本方針は以下の通りであった．

母国語話者へのフォニックス指導とは異なる方法で指導する
・ルールとしては明示的に指導しない
・子供の気付きを促す
・アルファベットにそって語彙もたくさん導入する（音韻認識力の構築）
対象が小学生であることに十分配慮する
・コミュニケーションを中心とした活動の中で短時間に繰り返し行い主活動とはしない
・絵本や物語など内容に興味を覚えさせ意味ある読みの活動としても指導する

　こういった指導を1年2か月受けた120名の3年生の音読のレベルをはかったところ，74%が初見の73-word levelのbenchmark bookを，評価レベル3以上（文レベルではないが，単語レベルで区切って読むことができ

る）で読めるようになった．また，その，10 か月後の 4 年生終了時には全員が読めるようになった．また，様々な読みの活動の中で，音読の評価レベルの高い子ほど黙読活動を好む傾向が見られたが，クラスでの全体音読は音読レベルに関わらず児童に一番好まれる活動だということもわかった．内容理解も同時に測ったところ，1 年 2 か月の指導では必ずしも音読のレベルの高い子に内容理解が伴っているものではなかった．しかし，指導を重ねて「スラスラ読み」できる子が全体の半分を超えた指導 2 年半頃には，音読のレベルと内容理解に相関がみられるようになった．

こうした文字指導を受けた児童が高学年になった際，ワークシートを使ったインタビュー活動や，自ら絵本を音読しそのレポートをするなど，文字が読めることを前提とした様々な活動の幅が広がり，文字が記憶の助けにもなった．

中学校にあがった生徒の様子と英語学習者としての特徴を，指導している英語科教員は次のようにあげている．

- テクストに対して物怖じせずに取り組む姿勢
- 読みに対しての理解力の高さ
- 多読に積極的に取り組む
- 一回読みでメッセージ・テクストの意味をつかめる

いずれも小学校のうちに培われたと思われる読みの力に関連している．

4　公立小学校における文字指導のこれから

2014 年度より「英語教育強化地域拠点事業」が開始され，指定校では読むこと・書くことが指導されそこに配布されている ICT 教材ならびに文部科学省の HP サイト（http://www.mext.go.jp/a_menu/kokusai/gaikokugo/1355637.htm）からダウンロードが可能なワークシートを例に，これからの文字指導の方向性を考えてみよう．

4.1　文字指導のねらい

文科省教育課程企画特別部会の骨格となる論点整理（2015 年 8 月 20 日）では次のように提示されている．

1) 読むこと
「身近で具体的な事物を表す単語の意味を理解することができるようにする」
「アルファベットを見て識別し，発音できるようにする」
2) 書くこと
「例文を参考にしながら，慣れ親しんだ語句や文を書くことができるようにする」
「アルファベットの大文字と小文字をブロック体で書くことができるようにする」　＊ CEFR-J の Pre-A1（小学校中学年＋高学年）

4.2　*Hi, friends! Plus* の内容

　上記に挙げた目標を達成するために，*Hi, friends! Plus* は作成された．

　しかし，ここで押さえておくべきことは，読み書きの指導は，身近なことについての基本的な表現を「聞く」「話す」ことに加え，「読む」「書く」の態度の育成を含めたコミュニケーション能力の基礎を養うことにある点である．したがって，単にワークシートだけを使って，児童が黙々と書写活動を行うといった活動は基本的には想定されていない．できるだけ ICT 教材を使って映像や音声を活用しつつ，時には教師やクラスの友だちとやり取りも交えながら指導することが奨励されている．

　その内容は正規の授業を補助するものであり，音声による活動が十分行われていることを前提に，1 単位時間の授業の中で，5〜10 分程度補助的に活用されるよう意図され，またモジュール指導と呼ばれる 10 分ないしは 15 分の短時間学習で指導することも考えられる．

　そこで扱っているのは，①アルファベット文字の認識，②日本語と英語の音声の違いやそれぞれの特徴への気付き，③語順の違いなど文構造への気付きを促すことが主になる．

4.3　Can-Do リストと自己評価

　文字を扱うことになると，「正確に書けるか」あるいは「読めるか」といったことが指導者は気になるものだが，小学校における文字指導では『思わず読みたくなる』活動をどのように設計するか，あるいは『文字を書く必然性をいかに生み出すか』といったことも大切な視点となる．そのため，絵本を

取りいれた読みの活動が入るのも *Hi, friends! Plus* の大きな特徴といえる．

　ワークシートには，文字認識，アルファベットジングルによる一字一音のつながりなどが盛り込まれるとともに，最後に CAN-DO リストを用いて児童の振り返りができるようになっている．児童はそこであげられている項目を使って自己評価をすることも可能である．

4.4　これからの文字指導

　多くの小学校の先生たちが「文字指導」に抱くイメージが，国語教育の中で扱われてきた漢字の指導や「書きとり」ドリルのようなものである中，実際，この *Hi, friends! Plus* のワークシートを使って，4線上にいかに丁寧にきれいにアルファベットや単語を書くか，といった指導のみをしている学校もすでにあるだろう．また，中学校でもペンマンシップや単語テストを文字の主なる指導と位置付ける現場もあると考えられる．

　それに対して，ジングルなどでたくさんの単語に慣れ親しませてそこから一字一音に気付かせる，あるいは初頭の文字（音）が同じ単語を集めてみる，といった音と文字を結びつける新たなアプローチを *Hi, friends! Plus* は教えてくれたといえる．

　このことが，将来的には児童の文字への興味を高め，英語を見ればその意味を求めて音声化し「読んでみようとする」姿勢につながるとすれば，小学校で文字を導入する意味は大変大きくひいては小学校英語自体にも大きな変革をもたらすと筆者は考える．

参考文献

田縁眞弓・岡本織華・三ツ木由佳 (2007)．「小学校中学年における読みの指導」『小学校英語教育学会紀要』第 8 号，83-88．

田縁眞弓・岡本織華 (2008)．「小学校中学年における読みとその内容理解に関する研究」『小学校英語教育学会紀要』第 9 号，79-86．

文部科学省 (2015)．*Hi, friends! Plus*．

Cameron, L. (2001). *Teaching Language to Young Learners*. New York: Cambridge University Press.

【より深い理解のために】

◎高梨庸雄・小野尚美『英語の読み書きを見直す』金星堂, 2014 年.
　この本は, オーストラリア, ニュージーランド, カナダの Reading Recovery Center で行われている指導を研究することで得た示唆から, 今後日本の小学校でどのような読み書きの指導を行うべきかを提言する.

英語のイントネーション
――メカニズムとその指導法――

有本　純

関西国際大学教育学部

1　はじめに

　英語のイントネーションは，音楽のメロディと同様に，ことばのメロディである．即ち，上昇や下降といったピッチ変化を指している．このイントネーションの選択は，意味論的にも語用論的にも話者の様々な心的態度を具現していると言えよう．本稿では，このメカニズムの基礎について理論的説明を加え，指導法の実際について述べる．

2　メカニズムと基本パタン

2.1　音調のメカニズム

1）用語解説

① アクセント（accent）

　大小，高低，強弱，長短等により，ある部分を目立たせることで，卓立（prominence）とも言う．日本語はピッチアクセントであるのに対して，英語はストレスアクセント（下記③④⑤の複合体）である．

　　例　ハシ：箸（高低）　橋・端（低高）：標準アクセントの場合

　ただし近畿方言では，「箸」と「橋」は逆パタンになり，「端」は高高になる．一方，英語では conduct で，名詞 conduct は con- に強勢があり /kǽndʌkt/ に，動詞 conduct は -duct に強勢があり，con- には強勢がない schwa になり /kəndʌ́kt/，したがって，下線部の母音も異なる．

② ラウドネス（loudness）

　音の大きさ（物理的には強さ：intensity）

③ ピッチ・高さ（pitch）
　音の高低（英語では，強勢のある音節は「母音が高く」なる）
④ ストレス・強勢（stress）
　語強勢（第1，第2など），文強勢（文でリズムの「強」の部分）になる．機能語には原則として文強勢を置かないが，敢えて置いた場合は，強調や対比の意味が生じる．
　　例　Do you think so?（通常は think に置くが，例えば you に置く場合は，他の人ではなく「あなたが」という対比）
⑤ 音長（duration）
　音の長短（英語では，強勢のある音節は「母音が長く」なる）
⑥ テンポ（tempo）
　音の速度（speech rate），意味や文法上の区切りである，休止（pause）も影響する．
⑦ リズム（ryhthm）：ことばの音声的パタン
　強さ，高さ，長さなどが規則的に繰り返される：等時性（isochrony）ともいう．英語は，厳密な等時間隔性ではないが，心理的にはそのように意識されている．
⑧ プロソディ・韻律（prosody）
　アメリカ音声学では，超分節音素（suprasegmentals）とも呼ぶ：上記の要素のすべての複合体，母音や子音に重なる要素，相対的・主観的な要素である．鈴木（1992, pp. 38-39）では，実験音声学の立場からプロソディの3要素の内，音節での高低変化と長さが，強さの変化より，コミュニケーションに貢献すると指摘している．
⑨ イントネーション・音調（intonation）
　発話に於けるピッチパタン（高低変化）で，音の高さ（＝ピッチ）の変動によって作り出される話しことばのメロディに相当する．
⑩ トーン・声調（tone）：音の高低および変化（上昇，下降等の動き）
　物理的には，声帯の振動から得られる F_0（fundamental frequency：基本周波数）の変化で捉えることができる．イントネーション＋ピッチの総称をいう．

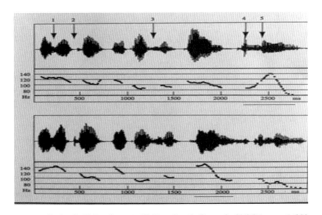

図1　音声波形とピッチ曲線　Ladefoged (2001, p. 169)

2) 音調群の構成
・音調群 (tone group)：sense group, breath group とも呼ばれる．
・核 (nucleus)：第1強勢を持つ音節→内容語に置かれる事が多い（名詞・動詞・形容詞・副詞，疑問詞，数詞等）
・核音調 (nuclear tone)：核が持っている音調の種類（上昇や下降など）
　　例　There's nothing to be done about it.（核は done にあり，下降調）
　図1で，上段の leave で上昇下降調，下段では leave で下降調を示している．

2.2 音調の機能

音調の機能については Couper-Kuhlen (1986)，Cruttenden (1986) および Wells (2006) などで，数種類が詳細に論じられているが，ここでは英語教育を意識して特に重要な機能のみを取り上げる．
1) 文法機能：上昇調で Yes/No 疑問，下降調で平叙文や命令文など，話しことばに於いて文法と密接な関係を持つ働き
2) 心的機能：話者の感情・態度を表現
　　例　I don't think so. 下降調は断定だが，低い上昇調で言うと，含みを持たせた言い方になり，I don't think so, but ...「～（だ）けど ...」という話者の気持ち・態度が表現される．
　　ただし，音調だけが話者の心的態度を伝えているのではなく，声の調子

(voice quality), ピッチ幅 (pitch-range), 発話速度 (tempo), 声の大きさ (loudness), 喜怒哀楽の表情 (facial expression), 身振り (gesture) 等が複合して, 意味を形成している.

2.3 核音調の型と意味

上昇調と下降調に大別されるが, 詳細に分類すると, これに複合調と平板調を加えることができる.

1) 下降調： ① 高い下降調, ② 普通の下降調
2) 上昇調： ③ 高い上昇調, ④ 低い上昇調
3) 複合調： ⑤ 上昇＋下降調, ⑥ 下降＋低い上昇調
4) 平板調： ⑦ 平板調

授業で扱うべき基本パタンは, ② 下降調 (fall), ③ 高い上昇調 (high rise), ④ 低い上昇調 (low rise), ⑤ 上昇＋下降調 (rise-fall), ⑥ 下降＋低い上昇調 (fall-low rise) の5つである. 以下では, 各々について機能との関係で例示する.

①・② 下降調 (fall)：平叙文の文末では下降調を用いる. 命令文では, 下降調を使うと, 強い調子になり, 特に否定の場合は禁止を示す. Wh 疑問文では, 通常下降調と指導されているが, 実際には上昇調もある. 高校段階では低い上昇調も指導すべきである.

例　I like tennis.　Be patient!　Don't listen to him.
　　What is your name?

③ 高い上昇調 (high rise)：Yes/No 疑問文, 付加疑問 (見解を求める場合), 繰り返し疑問 (echo question), 驚きなどでは高い上昇調を用いる.

例　Have you finished your homework?　You speak English, don't you?
　　A: I'm leaving tomorrow.　B: When are you leaving?
　　Is your name Bill!

④ 低い上昇調 (low rise)：文中の (コンマの前などの) 区切りでは, 低い上昇調を使用する. それは, まだ文が終結しておらず, 次に続くことを提示している. 平叙文の文末で使用すると, 断定を避ける, 躊躇する, 確信がない, 言外に何か含みを持たせるなどのニュアンスになる.

例　The fruit that I bought was not ripe.　I don't think so.
　　That might be helpful (but I rather doubt it.)
　⑤　上昇＋下降調（rise-fall）：選択疑問文で用いられるが，or の前後で二度上昇調を繰り返すと Yes/No 疑問になる．
　　例　Would you like coffee or tea?　Who is taller, Tom or Harry?
　⑥　下降＋低い上昇調（fall-low rise）：命令文で下降調になると強い命令になるので，文末で低い上昇調を組み合わせると，依頼や励ましなどを表現することができる．
　　例　Pass me the salt.（request）　Try it again.（encouragement）
　　　　Do read it again.（impatience）

2.4　その他の音調

1)　特別な高さからの急激な下降（high fall）は，感嘆文のみで使用する．
音調核は，形容詞あるいは副詞の強勢音節に置かれる．
　　例　What a beautiful flower it is!　How wonderful!　Wow!　Ouch!
2)　付加疑問文の場合，tag 部分は上昇と下降の 2 種類がある．
　　例　You are tired, aren't you.
上昇の場合は，発言内容に確信がないので，相手に判断・回答を求めている．一方，下降の場合は，発言内容に確信があり，相手には単に確認を求めていることになる．
3)　列挙の場合は，語句が and/or で結ばれており，最後の語句を除いて上昇を繰り返し，最後に下降する．
　　例　I need pencils, an eraser and paper.　June, July and August.
　　　　One, two, three, four, ... ten.
4)　呼び掛けの語句は，文頭・文中・文末のいずれの位置にも現れるが，独立した音調群を形成する．これらの呼び掛け語句は低い上昇調を用いる．
　　例　Mr. Jones, I'd like to talk to you.
　　　　You mustn't keep them waiting, Tom.
　　　　And you, my friend, will have to work harder.
5)　会話の伝達部も文頭・文中・文末に現れるが，低い上昇調または平板調を用いる．ただし，伝達動詞には強勢を置かない．特に，文末の場合は，直前の音調核を引き継いで下降する．

例　Alex said calmly, “I don’t believe it.” “I don’t know,” said Bill flatly.

2.5　音調の表記

1）折れ線

4つの高さを設定し，その動きを折れ線で模式的に示しているが，実際の音声は滑らかな曲線で変化することから，誤解を受け易い．構造主義言語学に代表されるアメリカの音声学の表記法である（竹林，1996）．

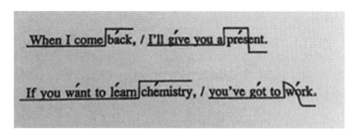

図2　折れ線表記（Prator, 1972）

2）矢印

ピッチの方向のみを矢印で示した，シンプルな方式であるが，ピッチ変化の幅は，例えば high rise と low rise の区別は，矢印の長さを工夫すれば提示可能である．

(8) 列挙する時，最後の項目以外のすべての項目
(a) There were ↗ápples | and ↗péars | and ↘plúms.
(b) He offered us ↗béer, | ↗whískey | or ↘brándy.

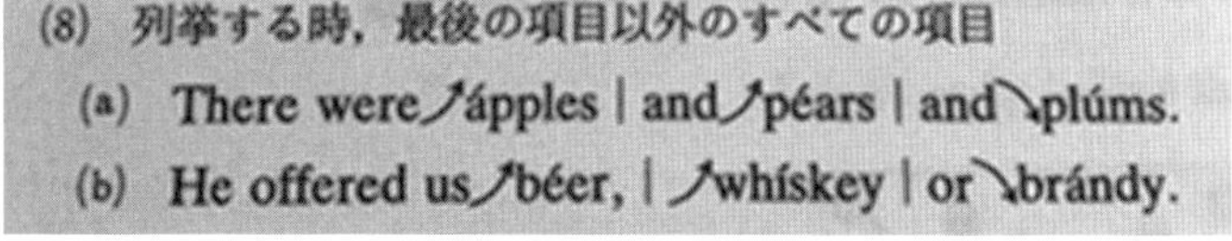

図3　矢印表記（渡邉，1999）

3）オタマジャクシ

強勢の強弱は点の大きさで区別し，ピッチの動きを尻尾で示す方式である．Jones や Gimson などイギリス系音声学に多い．

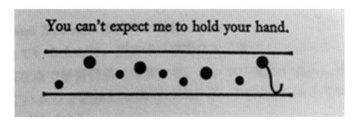

図4　おたまじゃくし表記（O'Conner and Arnold, 1976, p. 37））

4）教室では

他にも，おたまじゃくし型の変形と見られる曲線と点を用いる Roach (1991) や，折れ線の代わりに数字を用いるアメリカ音声学の表記，Crystal (1969) のように精密な記号体系もあるが，複雑な体系やルールでは授業での指導に適さないので，現実的には簡略化した矢印を使用するのが，学習者にも視覚的に受け入れ易いと考えられる．

3　指導法

3.1　基礎知識

音調核が変化するのは，強勢を受けた語の母音部分である．この母音部分が「やや長く引き伸ばされ，ピッチ変化を生じさせること」が，共通しており，音響的にも実証されている（鈴木，1992）．

先ず，英語のイントネーションは原則として大きなうねりとして，滑らかにピッチが変動しており，文中で何度もアップダウンを繰り返すことはない．例えば，Do you know the girl over there? では，know, girl, there に文強勢が置かれ，ピッチ変化は there の強勢が置かれる母音部分で生じ，上昇する．しかし，ピッチは文頭から徐々に上昇しており，there で突然上昇することはない．

ピッチ変化の簡単な練習として，一語文を利用することが学習者にとって初期の練習には適している．即ち，ピッチ変化を起こす箇所が明確に意識できるからである（小野，1986; 渡邉，1994）．

　　Yes 下降調：「はい」という返事
　　Yes 高い上昇調：疑問文「はいと言ったのですか」

Yes 低い上昇調：相づち「それで」「聴いていますよ」
Yes 下降・低い上昇調：「さあ，どうでしょうか」半信半疑
Yes 上昇・下降調：確信のある「はい」，強調

　ピッチが変化するのは，母音 /e/ の部分なので，この母音を長く伸ばしながらピッチ変化の基礎を練習する．
　このように一語文を用いて，5通りを組み合わせると，文で行うよりも基礎練習として実施が容易である．
　　類例：Dog. Night. Here. Sunday. Examination.
　次に，中学1年生レベルの短く易しい文を用いて，語から文へ，短い文から長い文へと，徐々に長くすることで，イントネーションの練習を発展させることが望ましい．ただし，音調核がたとえ単母音であってもピッチ変化を示すには，母音を長めに調音する必要があるので，指導では特に留意したい．
　　類例：There was a fire. We were in time. This is the best.
　結果的には，中高の教科書で扱う英文であれば，音調核は文末付近の内容語に置かれるので，その語の母音部分に注目して練習することになる．

3.2　指導上の注意事項

　1) イントネーションの指導で特に注目するのは，文末と長い文の文中（区切り直前の低い上昇調）である．特に平叙文の文末では，しっかりと下降して終結を相手に伝えるサインを送る必要があるのに，中途半端な下降では，まだ後に続くというサインになってしまうからである．最も基本的なイントネーションであるにも拘わらず，日本人英語学習者は，実際にはできていないことが多いので，特に指導で注意を要する音調である．
　2) 学習者に対して，イントネーションに注意を向けさせないと，無表情・無感情な読み方や発話で，棒読みあるいは無愛想な印象を与えてしまう危険性があり，ことばとして機能しなくなる．即ち，英語が感情を持たない，単なる記号としてしか認識されなくなるので，感情表現という心的機能を重視した指導が望まれる．
　3) 日本語には「無アクセント（一型アクセント）」と呼ばれる，高低の区別が無いか全体に平板になる方言が点在している（宮城，山形，福島，栃木，

茨城, 静岡, 福井, 九州中部など). この地域の話者が英語のイントネーションを学習する際に, 特に困難を感じることがある. 例えば, 標準アクセントでは「雨」は高低,「飴」は低高であるが, いずれもアメ（低高）になったり, ハシ（橋・箸）も同様に低高で区別ができなくなる傾向がある.

4) 以下の説明で, この音調を用いるとある一定の感情を表現するとしているが, 必ずしもすべてがそうなる訳ではない. 場面や対人関係, 声の調子や表情など文脈の総合的な働きによって, ある感情に解釈されるのである.

3.3 基本パタンの指導法

1) 下降調

その人が出せる最低音域にまで下げることが求められるが, 多くの学習者は中途半端な高さにまでしか下がっていないので, 指導では注意を要する. 特に, 文末においては発話の終了・完結・確実さを意味し, 頻繁に使用するので, 十分な練習が必要である.

例　She sent him a doctor.　What are you talking about?　Don't be late.

また, 付加疑問文では, 下降と上昇の二種類があるが, この使い分けが, 実際にはあまり指導されていない.

例　He went to hospital, didn't he?

この例では, 下降調を用いると,「彼は病院へ行ったのですね」という確認をしており, 相手からは Yes, he did. という応答を期待していることになる. 一方, 上昇調を用いると,「言ったのかどうか分からないので, 尋ねている」ことになり, 相手の応答が Yes になるか No になるかは分からない場合である.

2) 高い上昇調

疑問や驚きなどで用いられるが, 発話者の意識が相手に向かっていることを表している. 十分な高さにまで上昇しているかどうかを教師が判断し, 指導・助言を与える必要がある.

例　Do you miss your friends?　Did you sleep well last night?

3) 低い上昇調

低い上昇は, 未完・継続・不確かさなどを表現しており, 文中や文末で用いられる. 高い上昇よりも, やや発音練習が難しくなるが, モデルを用いて繰り返し練習すれば, 2種類の上昇調を使い分けることができるようになる.

例　Mary planted tulips / in the garden.
　　I may go shopping / if I'm not tired.
　　Why are you angry? It isn't too bad.
　　May I speak to Becky, please?

4) 上昇＋下降調

　選択疑問文とセットで練習することにより，学習者はこのパタンを習得することができるようになる．前述の通り，上昇を繰り返すと，Yes/No 疑問になるので，応答は選択疑問とは異なるので注意が必要である．

　　例　Would you like tea or coffee? Were the lights red or green?

　上記の例では，上昇＋下降の場合は選択疑問になるので，応答は，お茶かコーヒーのいずれかしか選択肢がない．一方，上昇を二度続けると Yes/No 疑問になるので，「お茶か，コーヒーか，何か飲み物でもいかがですか」という意味になる．従って，先ず Yes から始め，選択肢は飲み物なら何でも選べる．また，不要であれば No で答えることになる．

5) 下降＋低い上昇調

　下降調にすると普通の命令文であるが，この音調を用いると，命令ではない表現（励ましや助言など）になることを指導し，学習者の表現の幅を広げたい．ただし，声の調子や人間関係など文脈にも左右されることに注意が必要である．

　　例　Don't worry. (encouragement)　Tell him the truth. (advice)

6) 高い下降調

　感嘆文で用いられるパタンなので，発音する際には，「本気で感動した・驚いた・心を動かされた」状態になる，あるいはそのように表現する必要がある．冷静な発話になってはならない．したがって，通常よりもかなり高いピッチから発話を始める必要があり，形容詞や副詞の強勢母音で一気に下降し，その後の部分はその連続線上で下がりきることになる．ピッチの上下幅をできるだけ広く取ることが，重要になる．

　　例　What a lovely day!　What a nice party it was!
　　　　How fast that car goes!

　仮に，これを狭い幅の下降調や平板調にすると，「皮肉」といったニュアンスになって伝わる可能性が高い．

3.4 応用練習の指導法

音読練習や Oral Interpretation の準備として，教師は以下の各事項を授業実施前に準備すべきであろう．特に重要なことは，音読練習は内容理解が終わってからの活動であるという前提を理解しておくことである．

1) 区切り：意味単位での区切り (chunk)

学習者の問題点は，意味理解ができていない場合，意味単位の途中で区切ったり，発音の難しい単語の前で区切ることがある．あるいは，単に息継ぎとして不適当な箇所で区切ってしまうこともある．中学生には区切り方を自分で判断するのは難しいことなので，教師が区切りを指示して，英文にスラッシュを入れさせる．高校生になると，初期段階では教師が指示し，次第に生徒が考えてスラッシュを入れるように指導すると，意味理解においても，自律的な学習者を育成することになる．

　例　I fed her/ dog biscuits. vs. I fed her dog/ biscuits.
　　　The high school where I used to teach/ is over there.

最初の例では，区切る箇所によって意味が異なるもので，次の例は長い文においても，意味の区切りで正しくスラッシュを入れる箇所を示している．

2) イントネーション

文末だけでなく，コンマや接続語句の前などでは文中にも配慮し，低い上昇調を使用して，文が未完結であることを示す必要がある．また，例えば Wh 疑問文は常に下降調で読むといった，固定的なイントネーションパタンを指導されることにより，内容と異なるパタンで読んでしまう傾向があるので，文脈における文の意味に配慮すべきであろう．

　例　Tom came back.（下降で平叙文，高い上昇疑問，低い上昇で未完結）
　　　What is your name?（下降調は普通の場合であるが，場合によっては事務的で冷たい響きにもなる．一方，低い上昇調を用いると，優しさや相手に対する関心などを示すこともある）

3) 文強勢 (sentence stress)

内容語に置くのが原則で，強調・対比などでそれ以外の語に置く例外もあるが，通常は機能語に置くと不自然になる．学習者の問題点は，文強勢を受ける語がどれか分からず，どの語も同じ強さで読んでしまったり，どの語も同じ長さで読んでしまう傾向がある．この原因は，日本語の持つシラブル単位のリズムが影響していると考えられる．

1）の区切りと同様に，中学校では教師が，高校では最初教師が指導し，次第に生徒が自分で文強勢を見つける指導をすることにより，自律的学習者の育成に繋がる．

　例　Finland is a country of forests and lakes.
　　　We have lived with them for a long time.（下線部が文強勢）

4）音声変化：連結，脱落など

英語には様々な音声変化が生じるが，学習者の問題点は，文字として書かれている場合のように，一語一語を独立させて読んでしまい，音声変化を生じさせないことにある．

① 連結 (linking)：語末の子音と次の語頭の母音がつながり，一塊で発音される

　例　far away, for example; an apple, clean up; it isn't, Not at all; a cup of, as a result

② 脱落 (elision)：語の境界で，同じか類似する子音が連続すると，前の子音が脱落する．/h/ で始まる機能語 (he, his, him, her など) が文中では脱落する．

　例　big game, good night, last chance　Tell him the truth.

③ 弱化 (weakening)：機能語の母音が「弱母音 /ə ɪ ʊ/」になる．

　例　she, he, me; and, than, do, you

5）表現・声の表情

声の調子，発話速度，声の大小・強弱などを用いて，内容・感情を聴き手に的確に伝えることまでは指導ができていない．単調な棒読みになる傾向があるのは，英語を人間が意志伝達に用いる「ことば」としてではなく，単なる「記号」としか認識していない可能性がある．楽しい内容の文を，ボソボソと小さな声で読むことに違和感を感じない学習者がいることは事実である．

教師がモデルとなって，プロソディを駆使して英文の内容を表現して聞かせることは，生徒にとって大きな影響力を与え，英語が血の通った「ことば」であることを実感させる．その為にも，CD の音声に頼り過ぎることなく，教室へ入る前に，十分な準備と練習を積むことが求められる．

5　おわりに

　発音指導において，個々の母音や子音については必要最小限（アルファベットと異なる発音記号，日本語にない音など）に留め，イントネーションを中心とするプロソディに重点を置くべきであろう．

　　① アルファベットにない音：θ ð ʃ ʒ ŋ
　　② 日本語にない音：f v r l æ ɑ ʌ
　　③ プロソディ：文強勢，音声変化，イントネーションの基本パタン

　単語の発音ができても，発話・聴き取り・音読などにおいては，句や文のような語連続に必要な要素のコントロールが，情報伝達や受信においては重要になるからである．従って，年間の発音指導計画を立て，各学期に割り当て，さらに毎回の授業に落とし込んで各項目を順に扱えば，必要な項目を網羅する事が可能になる．また，個別音とプロソディの順序を決めるよりも，両者を組み合わせることで，総合的な学習を可能にする．

　なお，発音練習は，単にスピーキングの基礎訓練というだけでなく，リスニングにも正の転移をする能力であることを認識して，教室の指導に当たられたい．即ち，自分で発音経験をした音声は聞き取りが容易にできるが，発音経験が無いとリスニングにも困難を感じることになると言えよう．

本稿は，2015年8月に開かれた「教員のための英語リフレッシュ講座」での発表に加筆・修正したものである．

主要参考文献

Couper-Kuhlen, E. (1986). *An Introduction to English Prosody*. London: Edward Arnold.
Cruttenden, A. (1986). *Intonation*. Cambridge: Cambridge University Press.
Crystal, D. (1969). *Prosodic Systems and Intonation in English*. Cambridge: Cambridge University Press.
Ladefoged, P. (2001^4). *A Course in Phonetics*. Orlando: Harcourt College Publishers.
小野昭一 (1986).『英語音声学概論』リーベル出版.

O'Connor, J. D., & G. F. Arnold (1973^2). *Intonation of Colloquial English*. London: Longman.
Prator, C. H. (1972^3). *Manual of American English Pronunciation*. New York: Holt Rinehart and Winston Inc.
Roach, P. (1991^2). *English Phonetics and Phonology*. Cambridge: Cambridge University Press.
鈴木博 (1992).「言語技術としてのプロソディー」『言語』21-9, 38-45.
竹林滋 (1996).『英語音声学』研究社.
渡辺和幸 (1994).『英語のリズム・イントネーションの指導』大修館書店.
渡辺和幸 (1999).『コミュニケーションのための英語音声学』弓書房.
Wells, J. C. (2006). *English Intonation: An Introduction*. Cambridge: Cambridge University Press.

【より深い理解のために】

◎竹林滋『英語音声学』研究社, 1996年.
　この本は, 現時点で日本において出版されている文献では最も詳細な記述がなされている. そのため, 英語音声学の基礎知識がないと読みこなせないので, 先に入門書を読むことを薦める. ただし, イントネーションに関しては, 他の部分に比してやや記述量が少ない.

◎渡辺和幸『英語のリズム・イントネーションの指導』大修館書店, 1994年.
　タイトルの通り, リズムとイントネーションの指導に特化した数少ない本である. プロソディに関しては, 他の本を参照する必要がないくらい詳細に解説されており, 特に第8・9章は具体的な指導に触れており, 授業の参考になる.

英語力を向上させるための効果的な音読指導を行うために

鈴木　寿一
京都外国語大学大学院外国語学研究科

1　はじめに

　音読が英語力の向上に効果があることを示す研究は多数ある．高校生を指導対象として，授業中の大量音読（9回以上）と少量音読（2～3回）を比較したところ，リスニング力，理解を伴ったリーディング・スピード，センター試験自己採点の成績，記述模試の得点において，大量音読が少量音読より統計的に有意に効果があることを実証した鈴木（1998），フレーズ音読の効果を高校生の模試成績を用いて実証した安木（2001）ほか，音読の効果を実証している研究については，門田（2012, 2015）を参照．
　音読が英語力向上に効果があることは実証されているが，一般に行われている中学や高校での音読指導にはいろいろな問題点がある．

2　一般に行われている音読指導の問題点

　筆者は年に40～60の英語授業を参観している．それらの授業の中には，「腕に覚えのある英語教員」による外部に向けての公開授業もあるが，ほとんどは，「普通の英語教員」による授業で，外部に公開することを意図した授業ではなく，いわば「普段着の授業」である．どちらの授業にも改善点はあるが，特に後者には改善点が多い．本稿のテーマである音読指導に限っても次のような問題点がある．

　　① 音読指導が儀式的，無目的に行われていることが多い．
　　② 授業で行われる音読指導の位置が間違っている．

③ 音読指導に割かれている時間が少ない．
④ 1〜2種類の限られた手法しか使われていないことが多い．
⑤ いろいろな手法を用いた音読指導が行われていても，その順序が不適切である場合が多い．
⑥ 音読の手法そのものが誤解されて行われている場合も少なくない．
⑦ 音読のモデルとしての教師の音読が，音読の対象となっている英文の内容を他人に伝える音読になっていない．
⑧ Listen and repeat による模倣中心の指導しか行われていない場合が多く，生徒が自力で文を音読できる指導が行われていない．そのため，生徒たちは，モデルがあれば音読できるが，モデルがないと音読できない．
⑨ モデルに十分に触れさせずに，生徒同士または個人で音読させている．
⑩ 音読指導が「終着駅」になっていて，後にアウトプット活動が行われていないことが多い．

このような問題のある音読指導では生徒の英語力を伸ばすことはできない．

3　効果的な音読指導を行うための留意点

音読指導を効果的に行うためには，以下の点に留意する必要がある．

① 目的を明確にして行う．
② 目的に応じた適切な手法を用いる．
③ 学習者への負荷が段階的に高まるように適切な順序で行う．
④ 多様な方法で行う．
⑤ 音読させる前に十分に聴かせる．
⑥ 英文の内容や文構造を理解させてから行う．
⑦ 内容理解後だけでなく，復習の段階でも行う．
⑧ 音読をアウトプット活動（学習した英文の重要語句の空所補充，英問英答，口頭和文英訳，リテリング，サマリー作成，自分の意見発表ほか）に結びつける．

⑨ 時間（日）を置いて繰り返し行う．
⑩ 意味，状況を思い浮かべながら音読させる．
⑪ 聴き手を意識して内容が伝わるよう音読させる．
⑫ 進歩が分かるように学習記録を残させる．
　　例：一定時間にどこまで言えたか？いくつの文を言えたか？

4　音読指導の代表的な手法と指導順序

　本稿では紙数の関係で，多数ある音読指導の手法のうち，特に効果があることが授業実践から分かっている手法を 10 個に絞って，その手法名，指導のし方，指導対象教材と順序を次のページの表に示す．なお，これらの手法を 1 回の授業で使うのは無理なので，1 つの課を学習している期間に，あるいは定期考査までの期間に，この 10 個の手法を用いて指導または生徒に学習させる．

表　主な音読指導の手法・指導対象・順序

音読指導の手法名	指導のし方	指導の対象と順序		
		語句	文法・構文・語句を含む例文	まとまった内容の英文長文
リピーティング（閉本 Listen and repeat）	語句や英文を見ずにモデル音声を聴いたあとで，モデルをまねて言わせる．	1	8	8
開本 Listen and repeat	語句や英文を見ながら，モデルの音声のあとについて音読させる．	2	1	1
Read aloud, listen and repeat	語句や英文の和訳を教師が言い，その和訳に該当する語句または英文を生徒に音読させてから，モデルを聴かせて，あとについて音読させる．	3	2	2

パラレル・リーディング	英文を見ながら，モデルの音声と同時に音読させる．		3	3
鉛筆置きパラレル・リーディング	英文上に筆記用具を2〜4本，斜め・V字・逆V字形に置いた状態で，パラレル・リーディングをさせる．		4	4
シャドーイング	英文を見ずに，次々と聞こえてくるモデルの音声をほぼ同時に復唱させる．			5
鉛筆置き音読	英文上に筆記用具を2〜4本，斜め・V字形・逆V字形に置いて音読させる．2回目以降は位置を変えたり，本数を増やして音読させる．		5	6
そして何もなくなった	1回目は全文を見ながら音読させる．2回目からは英文を前から1〜3語ずつ紙などで隠して全文を音読させ，最終的には全部隠れた状態で英文を言わせる．		6	
Read and look up	1文全体または意味の切れ目までを黙読させ（あるいは，教師が日本語訳を言い，それに該当する句・節・文を黙読させ），教師がゆっくり頭の中で2〜3回繰り返した後，look up and say. と指示し，生徒に顔を上げさせて，英文を見ないで句・節・文を言わせる．そのあと，モデルの音声を聴いてまねさせる．		7	7
日英通訳演習	日本語を英語に直して言わせる → 語句または英文を見て確認させる → 間違った箇所に印をつけさせる → 日を置いて復習させる．	4	9	9

5 次の音読指導は適切か？ 不適切か？

　筆者が参観する中学校や高校の英語授業で行われている音読指導には，「適切な指導」と「不適切な指導」がある．紙数の関係で，それらの指導の中から7つを取り上げる．まず，枠内の指導が，適切か，不適切かを考えていただき，それぞれの指導が「適切」であれば「○」，「不適切」であれば

「X」,「どちらか判断できない」場合は「？」を,各指導の番号の前の（　）内に記入していただきたい．その後,解説をお読みいただきたい．不適切な指導である場合は,問題点を指摘し,さらに改善策を記している．

> （　　）指導①
> 　　コーラス・リーディングを Listen and repeat で2回前後行ったあと,バズ・リーディングを四方読みなどの手法を用いて行う．その後,個人またはペアを指名して音読させる．

[解説]
　この指導の手順は,多くの英語教育法の教科書や英語教師向けの本に現在でも書かれている．「コーラス・リーディングで練習するだけでは不十分で,生徒が自力で音読できるようになるためにはバズ・リーディングのステップが必要で,生徒が自力で音読できるようになったかどうかを確かめるために,個人またはペアを指名して音読させる」という意味のことが書かれている．しかし,筆者が教員になってすぐに,この指導がうまくいかないことがわかった．どうすればよいかわからず,数年間苦しんだ記憶がある．
　指導①は「不適切な指導」である．この指導の問題点を以下に述べる．

(1) 最初のコーラス・リーディングの回数が2回前後というのは少なすぎる．この回数で生徒が自力で音読できるようにはならない．
(2) コーラス・リーディングで用いられている **Listen and repeat** の手法では,生徒たちがモデルの音読を聴いて後について言うことができても,生徒たちが英文を音読できているとはかぎらない．モデルの音読をオウム返ししているに過ぎないことがよくある．
(3) (1)と(2)の問題点があるコーラス・リーディングの後にバズ・リーディングを行うと,生徒は間違えた発音で音読したり,発音できない語は飛ばして音読していることが非常に多い．これでは自力で音読できるようにはならない．コーラス・リーディングを数回した後にバズ・リーディングを行うことは時間の無駄である．
(4) (1)～(3)の問題のある指導のあとの指名読みも時間の無駄である．うまく音読できず,「恥をかいた」と思う生徒も多い．また,指名された生徒たちの下手な音読を全員が聴くことになり,これも問題

である．

[問題点に対する改善策]
(1) 全体で行う音読の回数と手法を増やす．具体的には次の(2)で述べる．
(2) コーラス・リーディングでは，**Listen and repeat** を1回と，教師が日本語を言い，その日本語に該当する英語を生徒が音読し，その後，教師がモデルを与えて生徒にまねさせる **Read aloud, listen and repeat** を2回（1回目は最小の意味単位ごとに，2回目は言わせる単位に変化をつけて）行う．こうすることで，教師は生徒が，生徒は自分が，音読できるようになっているかどうかがわかる．こうすることで，**Listen and repeat** によるよりも生徒は発音できるようになる（鈴木，2012）．また，練習していない初出の語でもモデルなしで発音できるようになる（川崎，2012）．
(3) コーラス・リーディングの後でバズ・リーディングを行うのはやめて，もっとモデルを聞かせたり，まねさせたりする音読の手法を用いる．たとえば，**パラレル・リーディング**，**鉛筆置きパラレル・リーディング**，**シャドーイング**，**Read and look up** などを行う．また，これらを行ってから，バズ・リーディングの代わりに，ペアで鉛筆置き音読などをさせる．
(4) (3)で述べた練習後に指名読みを行えば，生徒の音読は少し改善される．

( ) 指導②
　　パラレル・リーディングやシャドーイングやリピーティングなどをペアで行う

[解説]
このような指導は，SELHi の研究指定が始まった頃から行われるようになったが，「不適切な指導」である．次のような問題点がある．

(1) **パラレル・リーディングやシャドーイングやリピーティング**は，個々の発音だけでなく，リズム，イントネーション，ストレス，ポーズの位置や長さを忠実にまねる必要がある練習だが，ごく一部の生徒を除いてほとんどの生徒の発音はモデルとなるにふさわしい域に達していない．
(2) 指導①の(2)や(3)で述べた良質のモデル音声を使った練習を十分

に行わないで，このような指導を行うと，上の(1)で指摘した問題点以外に，多くの生徒は発音を間違えたり，ローマ字読みしたり，発音できず飛ばして音読する．また，リズム，イントネーション，ストレス，ポーズの位置や長さが不適切な音読をする生徒がほとんどである．

(3) (1)と(2)の問題があるモデル音声を聴いて，パラレル・リーディングやシャドーイングやリピーティングを行っている生徒は，そのまま非常に質の悪いモデルをまねることになる．英語力向上のために大切なインテイク活動としての音読練習の質が低下してしまう．

[問題点に対する改善策]

SELHi 研究指定校の授業を参観中，このような指導が行われているときに，生徒の間に入って生徒たちの練習に耳を傾けると，モデルに値する生徒はごく一部で，上のような問題点があったので，指導助言として以下のような改善策を提案した．

(1) モデル音声は良質のものを用いる必要があるため，モデル音声を用いてまねて言う練習をさせる際には，生徒がモデルになる練習はさせないで，教師がモデル役を務めて，次の(2)で述べるような練習をさせる．そのために，教師は授業までに，教科書付属 CD で十分に練習しておく．

(2) もっとモデルを聞かせたり，まねさせたりする音読の手法を用いる．たとえば，教師がモデルになって，**パラレル・リーディング**，**鉛筆置きパラレル・リーディング**，**シャドーイング**，**Read and look up** などを行う．

( ) 指導③ Read and look up 方法1
T：音読する
Ss:（T が音読している間）黙読する
T：Look up.（指示する）
Ss：（顔を上げて）黙読した英語を言う

　　　　　　　　　（記号の説明：T は教員，Ss は生徒全員）

[解説]

　この指導では，教師が音読し，生徒は教師の音読と同時に英文を黙読し，教師による Look up. の合図で顔を上げて黙読した英文を何も見ないで言うわけだが，これは本来の **Read and look up** ではない．**Read and look up** は単なる発音練習ではなく，意味を伝える音読練習であるが，この指導③は「不適切な指導」で，次のような問題点がある．

(1) 意味を意識しない，単なる発音練習になる可能性がある．

(2) 教師の朗読を聴きながら黙読した英文を顔を上げて言えても，それは **Listen and repeat** をしているのであって，指導①の問題点(2) で指摘したように，教師のモデルのオウム返しになってしまう可能性が大である．

(3) この指導では，顔を上げて英文を言った際，間違えた発音をしたり，ある語を発音できなかった生徒がいても，修正する機会がない．

[問題点に対する改善策]

　指導③ **Read and look up** 方法 **1** を次のように変更する．

(1) 問題点(1)と(2)に対する改善策は以下の通りである．最初に教師がモデルを与える代わりに，生徒に **Read and look up** させたい句または節または文の日本語訳を言い，その後，Read. と指示し，ゆっくり 2～3 回ぐらい頭の中で英語を繰り返したあと，Look up and say. と指示する．このようにすることによって，生徒はどこまで黙読すればよいかを判断しなければならなくなり，生徒は意味を意識して **Read and look up** をするようになる．また，オウム返しを防ぐことができる．また，生徒自身が自力で音読できるかどうかを確認でき，教師も生徒がうまく言えている箇所と言えていない箇所を把握することが可能になる．

(2) 生徒が顔を上げて言った後，すぐに次の文に進まずに，教師がモデルとして英文を言い，生徒にそれをまねさせる．こうすることによって，問題点(3)を解消することが可能になる．

> (　) 指導④ Read and look up 方法2
> 　T:（黙読する箇所を指定してから）Read.（指示する）
> 　Ss: 黙読
> 　T:（ゆっくり2〜3回ぐらい頭の中で英語を繰り返したあと）
> 　　　Look up.（指示する）
> 　Ss: 黙読した英語を言う

[解説]
　この指導では，指導③ **Read and look up** 方法1の問題点(2)である「オウム返しになる可能性が大きい」ことを防いでいる．しかし，やはり「不適切な指導」で，次のような問題点がある．

　(1)　指導③ **Read and look up** 方法1の問題点 **(1)** を参照．
　(2)　指導③ **Read and look up** 方法1の問題点 **(3)** を参照．

[問題点に対する改善策]
　(1) 単にどこまで黙読するかを指定するのではなく，その代わりに，生徒に **Read and look up** させたい句または節または文の日本語訳を言い，その後，Read. と指示する．このようにすることによって，生徒はどこまで黙読すればよいかを判断しなければならなくなり，生徒は意味を意識して **Read and look up** をするようになる．
　(2) 指導③の改善策の (2) を参照．

> (　) 指導⑤ Read and look up 方法3
> 　T: 日本語を言う．Read.（指示する）
> 　Ss: 日本語に該当するところを黙読
> 　T:（ゆっくり2〜3回ぐらい頭の中で英語を繰り返したあと）
> 　　　Look up.（指示する）
> 　Ss: 黙読した英語を言う．
> 　T: モデルを示す．
> 　Ss: モデルのあとについて言う．

[解説]
　指導③④と同様，教師主導型の **Read and look up** である．この指導⑤では，指導③と指導④の **Read and look up** 方法1と方法2の問題点

をすべて解消しており，「適切な指導」である．この方法には，次のような特長がある．

(1) 生徒が顔を上げて言った後，教師がモデルを提示して生徒にまねさせることにより，不十分であった点をもう一度練習する機会を与えている．

(2) Read. と指示されてから，次の Look up. の指示が出るまでに，「これぐらいの長さの句または節または文」を「これぐらいの時間で」言えるようになるという目標を示すことになる．

(3) 教師がモデルとして英文を言って生徒にまねさせることで，生徒が自分の誤りに気づいたり，誤りを修正したり，あるいは，look up. の指示で顔を上げて言ったときよりもうまく言えるようになる可能性がある．

この指導⑤ **Read and look up 方法3** には，これらの3つの特長があり，それが教師主導型の **Read and look up** の長所である．しかし，特長(2)は同時に欠点にもなる．すなわち，特長(2)で述べたように，目標を提示できるという長所は，裏を返せば，生徒の個人差には対応できないという欠点になる．この点については，指導⑥ **Read and look up 方法4 の問題点を参照**．

[さらなる改善策]

教師がモデルを与えたあと，生徒がモデルのあとについて言うという部分を次のようにすると，生徒の個人差に少しは対応できる．すなわち，生徒たちが黙読した英文を顔を上げてうまく言えた生徒は，教師が示したモデルの後について言う際に英文を見ないで言い，間違えたり，うまく言えなかった生徒が教師のモデルの後について言う際には，英文を見ながら言うようにする．

> (　) 指導⑥ Read and look up 方法4（ペアで行う）
> S1: 日本語を言う．Read.（指示する）
> S2: 日本語に該当するところを黙読
> S1: （ゆっくり2回ぐらい頭の中で英語を繰り返したあと）
> 　　Look up.（指示する）
> S2: 黙読した英語を言う
> S1: S2の英語をよく聴いて，間違っていたら，もう一度，S1に
> 　　Read and look up をさせる．

[解説]

　この指導⑥は指導③④⑤の教師主導型の一斉指導による **Read and look up** と異なり，ペアで行う生徒中心型の **Read and look up** である．一般に，ペアワークでは，一斉指導よりも，生徒が能動的になり，生徒一人あたりの練習量が増えるという長所と共に，助け合い学習が可能になるなど優れて点が多い．にもかかわらず，この指導⑥には，指導③④⑤の教師主導中心型 **Read and look up** の欠点である個人差への対応が出来ない問題点をそのまま継承しており，「不適切な指導」である．以下にその問題点を述べる．

(1) 生徒の個人差に対応できることが，ペアワークの良い点であるが，この指導⑥では，以下の点で問題がある．
　1) 1度に処理できる英語の量における個人差に対応できない．つまり，黙読中に頭の中で音読しながら言えるようになる1回あたりの単位（語数）には個人差があるが，この指導⑥では，一方の生徒によって黙読して覚える分量が指定されてしまうため，その個人差に対応できない．
　2) 同じ長さのチャンクでも，覚えるまでの時間も個人差があるが，この指導⑥では，一方の生徒によって，Read. の指示から Look up. の指示までの時間がコントロールされてしまうので，覚えて言えるようになるまでの時間における生徒の個人差に対応できない．

(2) 単にペアワークをしているだけで，ペアワークをすることが目的になっている指導である．最大の問題は，学習記録が残らないことで

ある．その場限りの学習で，授業が終わった日に家で復習する際も，またテストが近づいても，学習記録が残っていないため，自分の弱点がわからない．具体的には，自分が授業で練習したとき，どの文を **Read and look up** できなかったのか，どこを間違えたのかがわからない学習では学力は向上しない．

[問題点に対する改善策]
　(1) 上の問題点(1)の1)と2)を改善するには，S1は何も指示しないで，**Read and look up** を行うS2自身に，どこまで **Read and look up** するかを決めさせ，いつか顔を上げて言うかについても，自分が言えるようになったと思った時，顔を上げて言うようにさせると個人差に対応できる指導になる．S1には，S2の英語をよく聴いて，間違えた箇所をチェックする役割に専念させる．
　(2) 上の問題点(2)を改善するには，学習記録が残るようにすればよい．そのためには，左側に日本語訳，右側に **Read and look up** をする英文を印刷したワークシートを用意し，それを使ってペアワークを行わせる．その際，自分のワークシートを持って行うのではなく，ワークシートを交換してペアワークを行うことがポイントである．ワークシートを交換した後の流れを次のような流れにする．

　　S2：（自分で決めた）句・節・文の終わりまで，頭の中で繰り返し音読する．声に出す用意ができたら顔を上げて声に出して言う．
　　S1：S2が言う英語をよく聴いて，間違っていたり，言えない部分があれば指摘して，もう一度させる．S2が間違ったり，言えなかった箇所についてはワークシートの英文に下線を引いておく．
　　S2：間違いを指摘されたら，同じ箇所を Read and look up する．

こうすれば，覚える量や覚えるまでの時間の個人差に対応できるだけでなく，学習記録が残り，自分の弱点を把握して学習することが可能になる．

（　）指導 ⑦　授業の最初の3分間程度を用いて，帯活動として，前の学期や学年で用いた教科書本文を音読させる．

[解説]

「3 効果的な音読指導を行うための留意点」でも述べたように，日を置いて繰り返すことが大切であり，この指導⑦はその点を踏まえたもので，「適切な指導」である．学習済みの教材を何度も日を置いて繰り返すことで，学習した言語材料が定着していく．言い換えれば，顕在的知識から潜在知識に変わっていき，「知っている」状態から「使える」状態へと転化していくのである（門田，2012, 2015）．筆者が担当している免許更新講習の 2013 年度から 2016 年度の受講者約 460 名のうち，この留意点を満たした，次の授業の冒頭で前時の復習を兼ねて音読指導をほぼ毎回行っている中学教員は 22%，高校教員は 25% で少ない．さらに，この指導⑦のように，授業の最初に帯活動として，前の学期や学年で用いた教科書本文を音読させている教員はさらに少なく，中学教員 18%，高校教員 7% にすぎないのは残念である．現在，英語教員に求められている，生徒の英語力，特に発信力を向上させるためにもこの指導⑦のような指導がもっと行われるべきである．

6　おわりに

音読指導は英語授業の中で行われる指導の一部を構成する指導であるが，授業外でも大量の英語に触れることができる ESL 環境と異なり，EFL 環境にある日本では音読指導は，インプットとアウトプットをつなぐ重要なインテイクのための指導である．音読は語彙習得や文法習得にも効果があるが，適切な音読指導をすることによって 4 技能が向上する．音読を核とした 4 技能を統合する指導は，文部科学省の「グローバル化に対応した英語教育改革実施計画」でも求められている力を伸ばすことにつながる．

参考文献

門田修平 (2012).『シャドーイング・音読と英語習得の科学』コスモピア．
門田修平 (2015).『シャドーイング・音読と英語コミュニケーションの科学』コスモピア．
川崎眞理子 (2012).「2.9.1 単語レベルの練習」鈴木寿一・門田修平『英語音読指導ハンドブック』(p. 25), 大修館書店．
鈴木寿一 (1998).「音読指導再評価―音読指導の効果に関する実証的研究」『語学ラボ

ラトリー学会関西支部研究集録』7, 13-28.
鈴木寿一 (2012).「2.9.2 文及び文章レベルの練習」鈴木寿一・門田修平『英語音読指導ハンドブック』(pp. 25-27), 大修館書店.
安木真一 (2001).「フレーズ音読の効果と問題点」*STEP BULLETIN, 13,* 84-93, 日本英語検定協会.

【より深い理解のために】

◎鈴木寿一・門田修平編著『英語音読指導ハンドブック』大修館書店, 2012 年.

　この本には，音読指導の手法とその具体例，それらを用いた中学校検定教科書本文（説明文・対話文・物語文）や高校の科目別検定教科書や入試長文問題を用いた音読指導とその前後に行われるインプットとアウトプットを含む指導例，音読の効果，音読指導に関わる教員が持つ疑問や指導の際に生じる問題点に対する回答や対策が書かれている．また，音読指導に関わる理論も紹介されている．音読指導をこれから始める教員にも，音読指導を長年行ってきた教員が自分の指導の適否を確認するのにも役に立つ音読指導の全分野をカバーするハンドブックである．なお,理論面をさらに詳しく知りたい人には参考文献で挙げた門田 (2015) を合わせて読むことをお勧めする．同書には，この本の出版後に発表された音読の効果研究も紹介されている．

第3部
学校制度と英語教育

言語政策
―国際比較の観点から―

河原　俊昭

岐阜女子大学文化創造学部

1　はじめに

　日本の学校制度は，小学校（6年），中学校（3年），高校（3年），大学（4年）である．より専門的な言い方をすると，初等教育（6年），中等教育（前期＋後期，6年），高等教育（4年）である．大半の国も同じような学校制度である．ただし，学習する年数には国によって，1, 2年の違いはある．なお，中等教育を日本では，前期と後期に分けているが，一貫して教育している国もある．

　ここで，英語教育の開始に関して国々を3つに分けてみたい．世界の各国を，ENL国（English as a Native Language 英語が母語である国），ESL国（English as a Second Language 英語が第2言語である国），EFL国（English as a Foreign Language 英語が外国語である国）に区分けする．これらの国々の間では英語教育の開始の時期については違いが見られる．

　ENL国では英語が母語であるから，人々は生まれたときから英語を使っており，当然，授業の言語は英語である．英語が自然と身につくのであり，英語教育についての議論はあまり高まらない．

　ESL国は，アメリカ・イギリスの植民地だった国で，英語を依然公用語として用いている国も多い．英語教育は小学校（初等教育）から始まる．時には英語が理系の授業言語である場合もある．これらの国々では，英語教育は物心ついた時から始めるべきという認識が行き渡っている．高等教育の場では，英語が授業言語となり，論文なども英語で書くことが多い．

　ところで，日本が属するEFL国では，今までは中学校（前期中等教育）から英語教育が始まっていた．初等教育では母語をしっかりと覚えるべきで

あるという考えが一般的であった．しかし，近年は，前倒しして初等教育から英語教育を始めようとしている．さらには，中等教育の英語の授業は英語で行う，さらには，理系の科目に関しては英語を授業言語にすることの可能性も検討され始めている．

日本は EFL 国であり，人々が日常的に英語に触れることはない．英語に触れるのは授業の英語だけという児童生徒も多い．そのために，英語を口頭で運用することは不得意である．

近年，英語教育のあり方を変えようと次から次と改革が試みられている．2013 年 12 月には，文部科学省は「グローバル化に対応した英語教育改革実施計画」（以下，実施計画）を発表した．小学校における「外国語活動」の教科化，中等教育では，英語の授業は英語で行うこと，教員のスキルアップ，学習到達目標を明示すること，などが掲げられている．

この「実行計画」では，グローバル化を強く意識している．日本の英語教育のキーワードは「グローバル化」「コミュニケーション」であるが，「ボーダーレス化」「多言語社会」「共生社会」も，これからの語学教育・言語政策のキーワードになると考えられる．

本稿では，これらのキーワードに言及しながら，英語教育改革の方向を考えていきたい．これらのキーワードは，日本社会がどうしても避けて通れぬ課題と関連するのである．

2　言語政策とは

言語政策とは何であろうか．日本の「英語教育」の方向を定めるのは文部科学省である．この英語教育は，他の外国語教育（ドイツ語やフランス語など）や国語教育と一緒に「語学教育」という大きな枠組みにまとめられる．そして，これら語学教育の方向を定めるのも文科省である．

これらの語学教育は，実は，さらに大きな「言語政策」という枠組みにまとめられる．言語政策となると，担当するのは文科省だけではなくて，政府全体が担うことになる．このような言語政策の定義は「ある国家目的のために，国民の言語活動を変化させようとして，政府が行う様々な政策」である．

例えば，観光庁は外国人観光客が理解できるような看板・標識や観光案内の設置を推進しているが，これも言語政策の一部である．2020 年の東京オ

リンピック・パラリンピック大会を切掛けに，この分野の対策をより加速化させようとしている．

　法務省が帰化希望者にどの程度の日本語能力を求めるのか，法廷通訳制度をどのように拡充していくか，厚労省が外国人の看護師や介護福祉士の受験希望者にどの程度の日本語能力を求めるか，なども言語政策の検討事項に含まれる．また，総務省の「多文化共生推進プラン」も言語政策の一種であると考えられる．

　日本がグローバル化という大きなうねりの中で，どのように対応していくのかと考えると英語教育という視点だけでなくて，言語政策というより大きな視点から，対応策を考えていく方が適切である．

3　英語教育はどこに向かうか

3.1　英語教育の一層の強化

　最近は，貿易競争，新製品の開発競争，科学技術の取り入れ競争が激烈化している．特に近隣の中国，韓国，台湾などと家電，造船，半導体などの分野で競争が著しい．産業界は，日本人のこのままの英語力では戦えないという危機感をいだいている．科学技術の開発・導入や海外へ自国の技術の売り込みに英語力が必要である．さらには，外交や商談などでの外国人との対話・交渉でも，日本人は英語が得意になりタフな交渉力をつけるべきとの考えが広まっている．その鍵はできるだけ早い段階からの英語教育，つまり小学校からの英語教育であると認識されるようになった．

3.2　小学校からの英語教育（EFL 国の場合）

　ここで，EFL 国（English as a Foreign Language）と呼ばれている国々の小学校における英語教育を見てみたい．従来は，英語教育は中等教育の段階から導入されることが一般的であったが，近年は早期英語教育へと変化が見られる．

　韓国では金泳三大統領の時代に，初等教育の 3 年生から正規の教科として導入された（1997 年）．中国の都市部では 2000 年ぐらいから，小学 1 年生から英語教育が始まった（農村部では遅れている）．台湾でも 2001 年から小学校で必修化され（台北市では 1998 年から必修化），当初は小学校の 5

年からであるが，2005年からは，小学3年生から必修となる．タイでも1996年から小学1年に教科として導入されている．

　これらの国々の特徴は小学校の英語教育に関して，日本よりも10年以上先行していること，コミュニケーション重視の授業でありスピーキングやリスニングの時間を増やしていること，正規教科として試験によって学習者の能力を測っていること，などである．また，小中高で一貫したナショナルシラバスと到達目標が定められていることも多い．

　アジアの諸外国の動向を見ながら，日本でも，英語教育の一層の強化が推進されてきた．文科省は2002年「英語が使える日本人育成のための戦略構想」，2003年にその「行動計画」を発表した．「英語が使える」日本人育成が目標となったのである．

　2002年の指導要領は，小学校への英語教育の導入の切掛けを作ったと言えよう．総合的な学習の時間に「国際理解に関する教育の一環として外国語会話」を行うことができるようになった．これ以降，小学校での英語教育のあり方について人々の意識が高まる．2011年の学習指導要領の改訂では，小学5，6年に「外国語活動」の時間が設けられた．

　さらには，2013年に，文科省が「グローバル化に対応した英語教育改革実施計画」を発表している．これまでの方向への加速化が求められている．

4　アジアの旧植民地（ESL国）

4.1　植民地時代を踏まえた英語教育

　19世紀から20世紀の時代は，その特徴の1つとして，列強による植民地支配の開始とその終焉が挙げられる．アジアの多くの国はイギリス・アメリカの植民地であった．これらの国はESL国であり，公的な分野では英語を用いて，私的な分野では母語を用いるという2言語併用状態を続けていた．

　これらの国では，独立した時には，強すぎる英語力にむしろ当惑する状態であった．植民地時代には2言語併用が続き，国民の多くが英語力にはある程度の力を持っていた．それゆえに，英語教育を強化して英語力をさらに伸ばすという発想はなかった．むしろ，英語が母語を圧迫して，母語の持っている伸び伸びとした想像力や創造力を損なっていると感じられたのであ

る.

ただ，植民地時代の忌まわしい過去を断ち切るために，旧宗主国の言語を取り除こうとしても，その言語が英語のように国際語であり，有益性が高いときは，言語使用を禁じることは難しい．使用を禁止することは経済的に大きな損害を被ることになる．その例として幾つかの国々を見てみよう．

4.2 フィリピン

フィリピンでは，独立後はフィリピン大学を中心に国語による教育が模索された時代があった．教育の場でも，授業の言語をすべて母語で行おうとした．しかし，国際語である英語を取り除くことは現実的ではなくて，次第に政府は2言語併用の状態をむしろ望ましいと考えるようになった．

英語は今でも公用語の1つであり，司法・行政・マスコミ・ビジネスの場では，頻繁に英語が使われている．授業言語に関しては，初等教育の初めから，理系科目の授業言語は英語であり，文系科目の授業言語は国語であるフィリピノ語となっている．高等教育になると英語への傾斜がより深まる．

近年，英語はフィリピンにとって，植民地時代の負の遺産ではなくて，経済再建の切り札であると認識されるようになった．人々の英語教育に対する熱意は高まる一方である．海外での雇用の機会，社会的地位の向上，高収入を約束するのは英語力にある，という考えが強まっている．

フィリピンは経済的には苦境に置かれていた．そのためにも，庶民の教育費の負担を削減するためにも，中等学校（ハイスクール）は4年しかなかった．ところが，現代では，中等教育の期間は6年であるのが世界標準であるので，4年から6年へと伸ばしつつある．この点は負担の増大ではあるが，教育にかける投資は長期的には無駄ではないと考えられていて，中等教育の期間の延長は人々に受け入れられたのである．

4.3 マレーシア

マレーシアは，マレー語，中国語諸方言（広東語，福建語，客家語，潮州語など），タミル語など様々な言語を話す集団から構成される国家として生まれた．植民地時代は，統治国イギリスは各民族の学校制度には不干渉の立場を取っていた．現地の官僚養成のために若干の英語学校を開設しただけである．

新政府は，独立後は，旧宗主国の言語である英語から，多数派のマレー人の用いるマレー語を国家統一の言語にしようとした．しかし，その政策は少数民族（特に，中国系住民）からは反発を受けたのである．中国系住民は自らの言語をもっと重視されるべきであると主張した．
　マレーシアの言語政策の歴史は，どのようにして，旧宗主国の英語を排除して，かつ少数民族の言語話者の主張（特に中国系住民）を抑えながら，国語であるマレー語の普及を試みたかの歴史である．言い換えれば，多民族・多文化・多言語国家をどのように運営していくかの歴史であり，多数派の言語を共通言語にしようとした言語政策の歴史であった．
　現在では，初等学校では，各民族の言語を授業言語とする．独立してしばらくは，英語を授業言語とする初等や中等教育の学校もあったのだが，現在は廃止されている．初等教育は，基本的には，6年間の期間である．授業言語は自らの母語を用いる（マレー系児童はマレー語が授業言語である「国民学校」と呼ばれる学校で学ぶ．一方，中国系児童は中国語，インド系児童はタミル語が授業言語である，「国民型学校」と呼ばれている学校で学ぶ）．そして中等学校では各民族が一緒になって5年間学ぶ．その後大学予科に1〜2年通った後に，大学へ行く．ただ，この国ではブミプトラ政策というマレー人を優先的に大学に入学させる政策があるために，中国系の学生は海外に留学することが多い．
　英語排除に熱心であったマレーシアであるが，近年は英語の国際語としての価値に目を向けるようになった．中等教育において，理数系の科目を英語で教えることを試みて（2003〜2010年），また元に戻している．英語教育を重視するようになったが，具体的な教育政策に関しては試行錯誤が続いている．

4.4　シンガポール

　シンガポールはマレーシアと地理的・歴史的要素は似ているが，その方向性はかなり異なる．シンガポールも多民族・多文化・多言語国家である．言語は，英語，中国語諸語（方言），マレー語，タミル語などが話される．中国系住民が多数派であるが，この国は中華系の国を目指すことはなくて，むしろコスモポリタンな国を目指している．
　この国は初等教育が6年間，中等教育が4〜5年間，高等教育への準備教

育 2 年間，高等教育 3～4 年間である．どのコースを取るかでその在学期間は異なってくる．

　この国の言語政策の特徴は徹底的な英語偏重である．小学校 4 年の終わりにテストがあり，振り分けが始まる．そして，6 年生の終わりには，全児童が初等学校卒業試験を受け，各々の能力に応じた中等学校へ進学する．早いうちから，エリートが選抜され，その子たちに徹底して英語が教え込まれる．そのこともあり，若い人々の第 1 言語は英語へとなっている．フィリピンやマレーシアでは，植民地支配国の言語である英語での教育にためらいがあったが，シンガポールでは一貫して英語教育に傾注した．ただ，時々は中華系の民族であることへの自覚が生じる現象が見られる．1979 年の中国語普及運動（Speak Mandarin Campaign）はその 1 つと考えられる．

　この国の人々のアイデンティティは英語力と高い経済力に結びつくようになった．中国系の住民も中国人としてのルーツにアイデンティティを求めることは少ない．むしろ，英語力と経済力を駆使して，交通，観光，貿易，金融の中心地として機能している自国の姿にシンガポール人は自らの誇りを重ねている．

　このことは，世界に対して，多民族・多文化・多言語国家の進むべき方向を指し示していると言えよう．近年，日本も外国から移住者が増えていて多文化共生社会に向かっている．1 つの民族・言語・文化にこだわるのではなくて，コスモポリタンな方向を目指すシンガポールの姿が日本列島の住民たちの将来のあり方の参考になるとも考えられる．

4.5　アジア諸国の傾向

　アジアの多くの国において見られる傾向として，21 世紀になってから英語への傾斜がますます強くなってきたことである．ESL 国も EFL 国も，様々な歴史的な経緯はあったが，貿易の振興や科学技術の導入，観光業の育成が国の将来にとって必要と強く意識されるようになり，英語教育を充実しようとしている．これらの傾向は早期英語教育のさらなる徹底化，スピーキングなどのコミュニケーション科目の重視などに見られる．

　なお，どの国も自らのアイデンティティを守ろうとするのだが，国のアイデンティティを変えることに躊躇がなかった（ように見える）シンガポールは注目に値する．

5 CEFR とその理念

5.1 ヨーロッパの学校制度

　ヨーロッパ諸国はイギリスを除いては，EFL 国である．EU は EFL 国の結合という性格を持っていた．陸地を接した隣国同士であったので，従来から往来は頻繁であったが，学校制度はそれぞれ異なっていて独自に発達を遂げている．

　初等教育は多くの国は 6 年間の教育期間で（ただし，イタリアやフランスは 5 年間，オランダは 8 年間），中等教育は 4 年から 7 年間と国によって異なる（例えば，ドイツは複線型教育，フランスは 4 年間，ルクセンブルクは 7 年間）．

　さらには，中等教育を一貫して行う場合と，前期中等教育（中学）と後期中等教育（高校）と二つに分かれる場合がある．高等教育は中等教育から続くのであり，そのパターンは様々である．

5.2 CAN-DO リスト

　ヨーロッパで開発された CEFR は世界の語学教育界に大きな影響を与えている．CEFR (Common European Framework of Reference for Languages「ヨーロッパ言語共通参照枠」) は，ヨーロッパの言語教育のシラバス，カリキュラムのガイドライン，試験，資格制度などに包括的かつ一貫した共通基盤を与えるものとして開発された．関連する CAN-DO リスト，言語ポートフォリオ（言語パスポート，言語学習記録，資料集）などは，今や世界中の言語教育界から注目を浴びている．

　日本でも，文科省が各学校に CAN-DO リストの作成を促す手引きを発表している．ただし，文科省は現段階では，全国一律の CAN-DO リストを示すのではなくて，各学校の実態に即して作成することを勧めている．[1] それにより，各学校は生徒の学習到達目標を CAN-DO リストの形で把握して，生徒の達成状況を把握するのである．

　文科省の手引きの表現は，すべての中学・高校が作成することが望ましい

---

[1] 文部科学省「各中・高等学校の外国語教育における「CAN-DO リスト」の形での学習到達目標設定のための手引き」2016 年

（小学校では現段階では求めていないが）であるが，将来的には，小中高のすべてにおいて CAN-DO リストの作成が義務化されると思われる．

なお，「実施計画」では，中高生に求められている英語レベルを現行よりも高めている．中学校では現行の A1 から A1～A2 へとなり，高等学校では現行の A2～B1 から B1～B2 へとなっている．しかし，これでも近隣のアジア諸国と比べると到達目標は低いようだ．

CEFR の影響は英語教育に留まっていない．国際交流基金が日本語教育における能力記述文の開発を始めている．日本語能力試験，NHK の英語講座の枠組みが CEFR の考えを入れて修正されている．

5.3　ヨーロッパ統合と CEFR

CEFR だが，ともすれば，その精神を読み取ることなく，単に形式的な面のみを真似することになりがちである．CEFR はその理念が大事であるから，その理念を確認したい．

二度にわたる世界大戦で膨大な犠牲を払ったヨーロッパでは，戦争再発を防ぐことが最大の課題であった．そのために，ヨーロッパ統合に向けて動き出したのである．現在では，政治的統合は EU が，理念的統合はヨーロッパ評議会が担当している．ヨーロッパ評議会が推進する理念として 5 つが挙げられる．① 複言語主義[2]（plurilingualism），② 言語の多様性の促進，③ 相互理解の促進，④ 民主的市民の促進，⑤ 社会的結束の促進，である．

これらは，ヨーロッパの多言語性を認めて，それを育てることがヨーロッパの統一を深めることになる，という一見矛盾する考えのように見える．しかし，これは今までの歴史の教訓から得られた結論であり，多様性を認めることが調和のとれた共生社会の実現への正しい道であるとの認識である．

なお，2001 年はヨーロッパ言語年と言われて，外国語学習が奨励された．ヨーロッパの市民には母語＋2 つの言語の学習が奨励されている．

---

[2] 複言語主義とは，多言語主義とは異なり，母語話者レベルまでの外国語能力は求めずに，生活体験の中である程度のコミュニケーション力を身につけることを目標とする考えである．

6 日本がこれらから学ぶこと

6.1 ヨーロッパの実情

　様々な言語を持つヨーロッパが統合していくことで多言語社会が形成される．その多言語社会において人，物，資本，サービスの移動が頻繁に行われるのである．そこの住民は，多言語社会を生きるのであり，自分が様々な言語社会に移り住み，同様に，様々な言語話者を迎えるのである．それゆえに，CAN-DO リストの「～ができる」という能力記述文が，実際のコミュニケーションの場と重なるのである．自分の学習した言語をその国の人との実際的なやりとりに使う可能性が高いのである．

　さらには，多言語社会の中を生きていくので，外国語との付き合いは一生である．CEFR では，生涯にわたり語学を学習していくこと（生涯学習）が前提とされている．この点は学校を卒業した後は英語とは無縁の生活を送る人の多い日本とは対照的である．

6.2 日本の実情

　現状では，CEFR の理念を学ぼうとしても，難しい面がある．国内で外国語を実際的に使うのは希であり，実際のコミュニケーションと言われても，生徒にとっては，せいぜい ALT との会話ぐらいである．日本の実情が CEFR の理念を応用して，それと関連する言語パスポートや言語学習記録などのツールが使える状況下ではまだないと言えよう．

　しかし，現在は，日本もグローバル化とボーダーレス化のうねりが始まっている．人の移動が頻繁に行われるようになっている．短期滞在（観光，ビジネス，短期留学）の人も長期滞在（定住・永住）の人も増えている．[3] 複数の言語が話される社会（多言語社会・多文化共生社会）に進んでいると言えよう．

　これからの日本社会は，このような動きを受けて，CEFR の理念を取り入れることが可能な社会になりつつあると言えよう．ここで，短期滞在者の増大という現象から観光業を，長期滞在者の増大という現象から外国人住民

---

[3] 日本政府観光局（JNTO）「訪日外国人旅行者統計」によれば，2015 年の訪日観光客数は 19,737,409 人である．

の問題を取り上げてみたい．

6.3 観光業の発展における言語サービスの充実

政府は観光業を日本の主たる産業の1つにするという強い決意をいだいている．これらの政府の意向は，近年の観光立国計画（2007年），観光庁の設立（2008年）などに現れている．実は観光業の振興も言語政策と深く関わるのである．

国土交通省の「明日の日本を支える観光ビジョン構想会議」[4]では，目標としている訪日外国人旅行者数を2020年に4,000万人，2030年に6,000万人としている．これはかなりの数であり，日本が観光大国になることを意味している．

2020年の東京オリンピック・パラリンピックへの注目が集まっている．外国人観光客へ言語サービスを提供する主体は東京都や観光庁である．すでに，ICT化や多言語化を進めるために，東京都では「多言語化対応協議会」が設立されて，各自治体と連帯しながら，多言語翻訳ソフトの開発，Wi-Fiの普及など，外国人観光客対応の言語政策が進行している．

英語教育（他の外国語教育も含む）も対応して，関連する学部や学科の増設や観光英語の科目のあり方について検討を始めるべきである．

6.4 多文化共生社会のための言語政策（言語サービス）

近年，外国人住民の数が増え，現在では200万人ほどの数になっている．日本は多文化共生社会へと進んでいる．多文化共生社会では，民族や文化や言語が異なる人々が一緒に暮らす社会である．新しく列島に住み着くようになった住民たちが言語の上で不利を被らないことが望ましいのである．日本語による言語サービスの提供や相談窓口，ホームページの開設などが進められている．

ここでは，特に，母語保持教育について触れてみたい．日系ブラジル人が入管法の改定に伴い多数来日するようになった．その子どもたちの教育のた

---

[4] 第2回 明日の日本を支える観光ビジョン構想会議 議事要旨
　http://www.kantei.go.jp/jp/singi/kanko_vision/dai2/gijiyousi.pdf
　（Retrieved 2016/08/20）

めに，いくつかのブラジル人の学校が近年作られた．しかし，多くは経営難に苦しんでいる．これらの学校が，各種学校に認定されれば税法上の特典が得られる．さらに，生徒数に応じ補助金がもらえること，JR等の学割定期券が利用できること，授業料への消費税が免除になるなどの利点も数多くある．是非ともこれらの母語保持教育の学校にも公的な資金援助が欲しいところである．

歴史の長いインターナショナルスクールも今後は増大が予想される．将来的には一条校[5]と同じ扱いとなって，さらには，日本の小中高の間とのカリキュラムをある程度は統一化を図り，児童生徒の転校が容易になることが望ましい．

グローバル化，ボーダーレス化が進行するならば，日本に今後増えてくるだろう外国人学校をどのように日本の教育の中に取り入れていくか考えていく必要がある．その場合は，ヨーロッパでは統一が深まるにつれて学校制度を柔軟化していき，子どもたちの移動をより容易にしていった政策が参考になる．

7 おわりに

日本列島に外国人観光客が増えて，さらに長期に滞在する外国人住民の数も増えている．日本列島の多言語化がすすみ，英語のみならば，中国語，韓国・朝鮮語，ポルトガル語，タイ語，フィリピン語などが各地で聞かれる状況である．列島の多言語化が進む中で，英語教育をどの様にしたらいいのか，他の言語教育とのバランスをどの様に調整したらいいのか，今後も議論を深めるべきであろう．

いま，日本が直面している課題は，世界のグローバル化に対応して，どのように多文化共生社会へとスムーズに移行していくかである．その中で，英語教育の改善，英語以外の言語の教育の改善，観光国家への移行，日本列島の多文化共生化（多言語化）の問題が生まれている．これらは言語政策とい

---

[5] 一条校とは学校教育法の第一条に定義された学校であり，文科省の管轄の学校であり，児童生徒が履修した内容は文科省から認定される．さらに，財政的にはいろいろな利点がある．

う視点から統一的に考慮されるべきである．

　これらは実は諸外国の例を見ることで，その対策のヒントを得ることが出来る．英語教育に関して，東アジアをはじめとするアジアの諸外国が母語教育と英語教育をどのように調整しながら，語学教育を進めているかが参考になる．同様に観光化はシンガポールの徹底した観光国家政策から得られることが多い．多文化共生社会に関して日本よりも取り組みが早かった，ヨーロッパやシンガポールの事例がある．その成功と失敗から学ぶことが多いだろう．

【より深い理解のために】

◎河原俊昭編『世界の言語政策』くろしお出版，2002年．
　様々な国の言語政策の概要が示されていて，言語政策に関する理解を深めることが出来る．

◎河原俊昭・山本忠之編『多言語社会がやってきた──世界の言語政策 Q&A』くろしお出版，2004年．
　日本や世界が多言語化しているとの認識に立ち，これから教育や社会がどの方向に進むべきか論じている．

日本人の英語教育実践史からの提言

江利川　春雄
和歌山大学教育学部

1　はじめに——「抜本的改革病」と無責任の連鎖

　英語教育の「抜本的改革」策が政府・文部科学省・財界関係者から繰り返し提出されている．「抜本的」とは「根本に立ち戻って是正するさま」（大辞泉）であるから，それ以前の方針が，根本的に間違っていたことになる．

　しかし，日本の小・中・高校の教育課程は文部科学省の学習指導要領に基づいているのだから，「抜本的な改革が必要」との認定は教育政策の大失敗を意味するはずで，本来なら文科大臣の責任問題に発展しかねない．

　ところが，日本では誰も政策の失敗を認めず，責任を取らない．数年もすると，新たな予算獲得を目指す官僚と，教育改革への熱意を演出したい政治家との思惑が合致して，次なる「抜本的改革」が提起される．理論的な裏付けも，実践的な検証も，過去の総括も，財政的な保障も，前線（教員）への補給もないまま，理不尽な作戦が号令される．戦前の軍部と同じ体質である．

　振り返ってみよう．文部科学省は 2002（平成 14）年 7 月に「『英語が使える日本人』の育成のための戦略構想」を発表した．当時の遠山文科大臣は「グローバル化が進展する中，子ども達が 21 世紀を生き抜くためには，国際的共通語となっている『英語』のコミュニケーション能力を身に付けることが必要」であるとの主観的な現状認識のもとに，「英語教育を抜本的に改善する」と宣言した．翌年度からは 5 年間の「行動計画」を実施し，中学・高校の英語教員ほぼ全員を対象とした強制研修などを行った．

　だが，結果はどうだったのか．この行動計画に関して，文科省の「外国語能力の向上に関する検討会」（吉田研作座長）は「国際共通語としての英語

力向上のための5つの提言と具体的施策」（2011年6月）において，「一定の成果はあったものの，生徒や英語教員に求められる英語力など，必ずしも目標に十分に到達していないものもあり（中略）我が国の英語教育についてその課題や方策を今一度見直すことが必要である」とした．「一定の成果」や「必ずしも目標に十分に到達していない」とは具体的に何を意味するのか，原因は何なのかについてはまったく示されていない．こうして，5年の歳月と膨大なエネルギーを割いたはずの「行動計画」の成否が曖昧にされたまま，次なる抜本的改革が打ち出される．

　2013年12月，文科省は「グローバル化に対応した英語教育改革実施計画」発表し，またもや「英語教育全体の抜本的充実を図る」と宣言した．

　ところが，2015年6月発表の「生徒の英語力向上推進プラン」では，「抜本的充実」どころか，文科省は「『聞く』『話す』『読む』『書く』の4技能全てにおいて課題があり（中略）十分な改善が見られていない」との評価を下した．その責任を教員と生徒に転嫁し，行政が上から達成目標を設定して達成状況を毎年公表するとの脅迫まがいの方針を打ち出したのである．

　こうした国の政策に加えて，自治体レベルでも「抜本的改革」が強要される．たとえば，大阪府では橋下徹知事の下で3年計画の「使える英語プロジェクト事業」（2011-13）を実施した．過大な要求によって現場に労苦を強いたにもかかわらず，最終的に府の部局長は「英語教育改革は失敗に終わっており，掲げた目標達成からほど遠い状況にあります」と総括した（大阪府，2013）．その原因については，「参加校に目標達成の現実的な自覚が足りず，従い十分な努力が払われなかったことにある」と，ここでも学校現場に責任を転嫁した．そして最後は，例の常套句である．「小中高すべての段階において抜本的な改善策が実行されねばなりません」．

　「抜本的改革」が提起されるたびに，教師と生徒は「英検〇級の合格率を〇％にせよ」といったノルマを積み上げられ，教育現場は慢性的な「抜本的改革病」に蝕まれていく．気がつけば，日本の教師の労働時間は経済協力開発機構（OECD）加盟国中で最長（2013年の加盟国平均38.3時間，日本は53.9時間）で，日本の国内総生産（GDP）に占める教育機関への公的支出率は6年連続の最下位である（2012年の加盟国平均4.7％，日本は3.5％）．

　こうした無責任かつ理不尽の連鎖を断ち切るためには，過去の英語教育実践を振り返り，事実に即して成果と問題点を明らかにする必要がある．そう

した問題意識から，本稿では明治以降の日本の英語教育実践史をたどり，今日の英語教育に示唆を与える事項について考察する．空虚な政策よりも，現実の実践から学ぶほうが収穫を大きいと考えたからである．検討するテーマは，焦眉の問題である「小学校英語教育」と「英語による英語授業」である．なお，執筆に際しては江利川 (2006, 2014, 2015a, 2015b) を援用した．

「歴史とは過去と現在との対話である」(E. H. カー)．過去の教訓から学ばない改革は破綻し，過去に根を下ろさない学問は根なし草となる．約 150 年におよぶ日本の英語教育実践史から謙虚に学んでみたい．

2 小学校英語教育の実践史から

2.1 小学校英語早期化・教科化の問題点

2017 年告示の学習指導要領では，小学校 5・6 年生に実施してきた外国語活動（体験的に英語等に触れる活動）を 3・4 年生に下ろし，5・6 年生では外国語（英語）を国語や算数などと同等の教科にする．教科となれば，教科書を使って読み書きも教え，通知表には成績を記載することになるから，教師の負担は格段に重くなる．

この方針は安倍内閣が 2013 年 6 月に閣議決定した「第 2 期教育振興基本計画」に盛り込まれた．小学校外国語活動の必修化は 2011 年度からだから，成果を検証し得ないまま，2 年後に官邸主導で決定したのである．

英語教育は小学校などの入門期がもっとも難しい．単語も文法も知らない子どもに対して，音声を中心に教えなければならないからである．しかし，英語の音声体系は日本語と大きく異なる上に，小学校教員は英語の指導経験が乏しいため，本格的な教員研修が不可欠である．だが実際には，政府の研修計画はお粗末きわまりない（後述）．

こうした今日的な問題点を念頭に置きながら，明治以降の小学校英語教育史をふり返ってみよう．

2.2 「小 5 から英語」は約 130 年前から

小学校の外国語教育（実質は英語教育）は明治初期にさかのぼるが，本格的な実施は高等小学校制度が発足した 1886（明治 19）年ごろからである（江利川，2006）．現在の小 5 から，加設科目（選択科目）として英語を教えた．

小学校の英語教育は，当初からさまざまな問題に直面していた．1884（明治17）年12月12日の『郵便報知』は次のように報じている．

> 従来の小学教員は大概英語科を修めざる者なれば，別に其の教員を雇入れざるを得ず，かくては経済上等不都合の事もあらん，依て今より現時の奉職教員をして英語科を研究せしめなば，日ならずして初学の生徒に授業することを得るに至らん　　　（新漢字に改変，以下同様）

英語教育を開始するために教員を研修するという内容である．現在と同様，英語を指導できる教員を確保できるかが最大の問題だったことがわかる．

高等小学校発足当初は大半の学校で英語を教えていたが，数年もすると激減してしまった．教師の指導力や教育成果を疑問視する声が上がり，小学校英語教育は厳しい廃止論にさらされたのである．1895（明治28）年の『教育報知』第484号は，英語教育の衰退ぶりを次のように伝えている．

> 嘗（かつ）て外国語の流行したる時代に在りては，都鄙（とひ）到る処の高等小学校に於て概ね英語を課したりき，然かるにその結果の頗（すこぶ）る不良なる点よりして，遂に之を課するの不得策なるを発見し，以て現今の有様〔＝廃止〕となりしなり

欧化政策と高等小学校制度の発足によって明治20年ごろには小学校の英語教育が隆盛をみたが，「その結果の頗る不良なる点よりして」数年後には多くの学校が英語を廃止したのである．

その後，1899（明治32）年の外国人の内地雑居，1902（明治35）年の日英同盟締結，1904-05（明治37-38）年の日露戦争などによって世界への関心が高まると，再び小学校の英語教育熱が高まっていった．とはいえ，その評価は依然として厳しかった．たとえば，『教育学術界』1908（明治41）年4月10日号「彙報」は実情を次のように伝えている．

> 東京市に於は従来高等小学校に英語科を随意科目として教授〔したが〕生徒の成績毫（ごう）も挙がらず（中略）其発音と云ひアクセントと云ひ殆ど変則的の傾向を来し中学時代になりても此の悪習慣の矯正困難なるより父兄其他の間に非難あるを以て之を全廃せんかとの議もありしかど（中

略）当該教員には中等英語教員有資格者若くは同等以上の学力を有する適当の教員を採用することとなり（以下略）

やはり小学校英語の成績は振るわず，東京では中等学校の英語免許を持つ教員を採用して解決を図ろうとしたのである．しかし，小学生に教えるには独自のノウハウがいるため，中等教員には無理があった．特に地方においては中等教員の確保が困難だった．結局，文部省は1912（明治45）年度から高等小学校の英語科を廃止して商業科の一分野に解消してしまい，英語の加設率は全国で2%程度にまで激減した．

このように，明治期の小学校英語教育は迷走を重ねており，論争が絶えなかった．そうした賛否両論を見てみよう．

2.3 小学校外国語教育への賛否両論

東京高等師範学校の佐々木吉三郎は，小学校外国語教育をめぐる賛否両論を，1903（明治36）年発行の『教育辞書』の中で次のようにまとめている（佐々木，1903, pp. 76-77）．

<賛成論>
（一）中等以上の教育を受くるものに必要なり．何となれば語学は，単純記憶を要し，且つ専心一意を要するが故に，可成(なるべく)早くより之を課するに於て効あればなり．
（二）居留地，商業地等に接近するものは，一般国民として，比較的必要なり．何となれば外国人に交際する機会多ければなり．
（三）二十世紀の国民として必要なり．看板を見よ，新聞を見よ，彼のステーション，ビーアホール，アップルの類，皆日本語の一なりといふべき程ならずや．（中略）

<反対論>
（一）中等以上の教育を受くるものは少なし．〔当時の進学率は2〜3%〕
（二）居留地，商業地等に接近するものとても，別段役に立つほどの成績を挙ぐべからず．
（三）現今に於て，自国語すらも小学校に於て学びうること能はず，何の遑(いとま)ありて外国語に及ばんや．

(四) 外国の事例を取って，我国にても課せんとするものあれども，そは外国に於ける実際の事情（外国語を学ぶ容易）を知らざるものにして，日本の如き，外国と言語の性質系統を異にするものが，容易に企つべきことにあらず．

このように，今なお議論されているほとんどの問題が，1世紀以上も前に論じられていたのである．とりわけ，英語と日本語との言語的距離の問題を指摘している反対論の（四）は注目に値する．さらに論点を見てみよう．

2.4 英語担当教員の資質問題

東京高等師範学校の英語科主任教授として英語教育界を指導した岡倉由三郎（1868〜1936）は，1894（明治27）年に発表した「外国語教授新論　附国語漢文の教授要項」で，「小学校で外国語を学ばしむるは害こそあれ利は更なかるべう覚えらる」（p. 16）と否定論を展開した．理由の一つは，経費不足等から良質の教師を得られないことだった．この点について，岡倉はのちの『英語教育』（1911, p. 15）でさらに明快に主張した．

> 教師の点から考へても，外国語の学習を小学校から始めるのは善くない．（中略）初歩の英語教授は最も大切であるから，然るべき教師で無い者が，幼稚なる学生に対して，なまなかの教へ方を行ふならば，後になって矯正をするにも甚しき困難を感ずる

岡倉が言うように，小学校ではもっぱら音声指導が中心のため，訓練を積んだ教師でないと発音等に悪い癖がついてしまう上に，英語嫌いを生みだしかねないのである．先の佐々木吉三郎も同様の主張で，小学校で英語を教えるには中等教員を上回る力量が必要だと指摘する（佐々木, 1903, p. 77）．

> 小学校に於ける英語教授は，基礎教授なり，故に発音を正確にし，耳，口，目，手等を円満に働かしめて，些かたりとも不確実なる所あるべからず．一旦悪習慣を附くる時は，児童は他日正しきものを学ぶ時に当って，先づその誤れる悪習慣を去ることに非常の苦しみを嘗めざるべからざるに至る．故に，小学校に於て，実際教授する教師は，中等教育の英語を持ち得る以上の教師ならざるべからざるなり．

このように，小学校の英語教育においては教師の資質・能力がきわめて重要であることが明治期には繰り返し論じられていたのである．

　平成の現在，英語の教員免許を持つ小学校教員は約5%，文部科学省が英語教員に求めている英検準1級程度以上をもつ小学校教員は0.8%にすぎない．研修に関して言えば，全国の小学校は中学の2倍，高校の4倍にあたる約2万1千校もあり，3年生以上の学級担任は14万4千人もいる．ところが，2014～18年度に国が研修を実施予定の小学校の「英語教育推進リーダー」は1,000人だけで，小学校21校に1人の割合にすぎない．この推進リーダーから研修を受ける「中核教員」は2019年度までに全国で2万人だから，各小学校に1人程度である．残り85%の担任については研修計画が決まっていない．これでどうして2020年の東京オリンピックに合わせて英語の早期化・教科化ができるというのだろうか．

　英語の指導を政府や一部の国民は安易に考えすぎている．この点に関しても，明治中期には以下のような指摘がされていた（田中，1890, pp. 10-11）．

　　世人動もすれは之〔＝小学校教師の英語力〕を軽賤し僅々一両年の修業，甚しきは則ち数月の修業を以て直ちに英語科教師たるを得べしと誤解する（中略）始めて言語を学ぶには少くとも一週六時を要するなり．然るに一週僅かに三四時にして四年の授業を終るも果して何の効ありや．

　韓国では1997年の小学校英語の教科化に際して，教員に120時間以上の研修を課した．台湾ではもっと厳しい．これらと比べて，日本の研修計画は，質・量ともに不十分きわまりない．それゆえ筆者は，「現時点での英語の教科化は見切り発車で，文科省の計画は半ば破綻している」（毎日新聞2016年8月2日）とコメントしたのである．20～30年も英語から遠ざかっている教員が多い小学校で，まともな研修もせずに英語教育を強いるならば，明治期と同様の混乱が続くことは必至であろう．

2.5　国語力を優先すべき

　日本語は3種類の文字を持ち，漢字には音読み・訓読みがあるなど複雑な言語である．その習得だけでも大変なのに，音声も文構造もまったく異なる英語を学ぶとなると児童には重い負担となる．しかも，日本人は日常生活

で英語を必要としないため，文法・読解・作文なども含めて練習を重ねないと定着しない．ならば，小学校では母語を鍛錬することが先決ではないか．こうした主張も，明治期から論じられていた．岡倉は言う（岡倉，1911, p. 16）．

> 外国語の教授は，母国語の知識の堅固に出来て居ない者には甚だ困難を感ずる（中略）小学校では，専ら国語の知識を正確にし，其運用に熟せしむる様，力を注ぐが妥当であって，それがやがて他日外国語を習得する根底となるのだから，間接に外国語教授の効果を大ならしむ

母語の能力は外国語学習の際に転移する．岡倉は言語学者・国語学者でもあっただけに，傾聴に値する主張である．今日再評価が進む旧ソビエトのヴィゴツキー（Lev S. Vygotsky, 1896-1934）もまた，1930年代に岡倉と同様の考察を行っていた．彼は，母語習得とは反対に，外国語能力の発達は読み書きや文法などの「言語の自覚とその随意的な支配からはじまり，自由な自然発生的な会話でおわる」と考察した上で，次のように述べている（ヴィゴツキー，2001, pp. 320-321）．

> 外国語のこのような意識的・意図的習得が，母語の発達の一定の水準に依拠することは，まったく明らかである．子どもは，母語においてすでに意味の体系をマスターしており，それを他の言語に転移しながら，外国語を習得する．

このように，彼は外国語学習における母語の重要性を強く主張した．そうして獲得した外国語が，逆に「母語の高次の形式のマスターのための道を踏みならす」として両者の相互作用的な関係も明らかにした．このように，母語習得の問題は外国語教育の開始年齢と直結する．その点を見てみよう．

2.6 外国語教育の開始年齢

小学校の外国語活動を早期化したい財界や政府関係者は，英語は「早くから始めるほど身につきやすい」と思い込んでいるようである．しかし，早期化の効果は十分には実証されておらず，英語嫌いと格差の早期化を招くとの指摘もある．

外国語の開始年齢については，明治から試行錯誤の連続だった．小学校3

年から英語を教える試みは，東京高等師範学校附属小学校が1888（明治21）年度から行っていたが，わずか3年後には高等科1年（現在の小5）からに引き上げた．このほか，慶応義塾幼稚舎では1年生から教えていたが，1922（大正11）年に4年生から引き上げた．学習院初等科では明治末期には5・6年生に英語を教えていたが，比較級などの「表現に要する思考力が十分でない」などの理由で廃止してしまった（石黒，1930，p. 34）．1920年代の和歌山県師範学校附属小学校では，1924年に1年生から英語を教えたが，5年ほどで中止した（石口，1926）．このように，外国語教育の開始年齢については定見がなく，低学年から実施する試みの多くは失敗に終わったのである．

3　「英語による英語授業」の問題点

3.1　学問的根拠のない「英語で授業」

　政府は高校学習指導要領で「授業は英語で行うことを基本とする」と定め，2013年度から実施した．その検証もないまま，次期学習指導要領では中学校でも同じ方針を導入する．

　議事録で確認すると，高校の「英語で授業」の方針もまた中央教育審議会での専門家の議論を経ていない．一部の文科省関係者らが持ち込んだようである．こうして，各地の高校では行政から「オールイングリッシュ」が強制されるなど，学校現場の混乱が続いている．しかし，授業を英語で行えば学習効果が高いという理論的・実証的根拠は存在しない．むしろ，現在の世界の外国語教育界では，母語の適度な活用は外国語学習に効果的であるという考えが主流となっている（江利川・久保田，2014）．

　たしかに，教師主導の日本語による解説中心の授業は改善すべきであり，英語の運用機会を増やすことも望ましい．しかし，英語と日本語をどう使い分けるかは指導内容や生徒の特性などによって慎重に見極める必要がある．国が学習指導要領で「英語で授業」と定めてしまうことは，教師の裁量範囲を狭め，実態に応じた柔軟な授業運営を阻害しかねない．何よりも，子どもの概念形成や思考力と感性を豊かにする上で，母語の鍛錬と再認識は欠かせない．そのためには，和訳を含めた日本語の活用も重要な学習活動となる．

3.2　日本語と英語の使い分けを 1 世紀前に提言

　授業で日本語と英語をどう使い分けるかについても，明治期から研究と実践が進められてきた．1910（明治 43）年の「東京高等師範学校附属中学校教授細目」(1911) では次のように提言している（大村ほか，1980, p. 82）．

> たとえば，教場管理に関する事項を談話する場合，すでに授けたる語句を用いて説明し得る場合，国語を用いずとも絵画・身振等の助けをかり英語にて説明しうべき場合，及び復習・練習に用うる問答等はなるべく英語のみを用う．されど，例えば事物の名称の如き，英語を用いては徒(いたず)らに長き説明を要するもの，並びに文法上の説明の如き，正確を要するものには，国語を用うることとす．

　実践的な知見にもとづく具体的かつ明快な規定で，「授業は英語で行うことを基本とする」といった粗雑な文言とは知的水準の違いを実感する．

3.3　「英語で授業」は戦前に失敗

　英語のみによる教授法は戦前に失敗している．1922（大正 11）年に英国から来日したハロルド・パーマー（Harold E. Palmer, 1877-1949）は，英語で英語を教えるオーラル・メソッドを普及させるために精力的に活動した．しかし，旧制中学校は秀才ぞろいで英語が週 6～7 時間あったにもかかわらず，会話重視の英語による授業は軌道に乗らなかった．こうしてパーマーは 1927（昭和 2）年に自説を修正し，その後は日本語の使用や和訳を認めるなどの改良を経て学校現場で受容されるようになったのである．

　お雇い外国人によって担われていた明治初期の高等教育は，明治中期に日本語で行えるようになった．西洋の学術用語を翻訳し，日本語に定着させたからである．こうして日本人の思考力が豊かになったが，英語力は低下していった．夏目漱石は「英語の力の衰へた一原因は，日本の教育が正当な順序で発達した結果」（夏目，1911, p. 80）であると述べている．卓見である．

　そうした歴史的過程を無視して，大学の授業を英語で行えば補助金を出すといった政策は，一種の自己植民地化である．内容を深く考えることを阻害し，学生の知性と精神を劣化させかねないからである．

4 おわりに

「小学校英語」と「英語による英語授業」をめぐって，先人たちの実践的な知見を検討してきた．多くの点で，今日的な問題への示唆を与えている．

これ以外にも，歴史から学ぶことはあまりに多い．たとえば，2017 年告示の学習指導要領で本格導入されるアクティブ・ラーニング（主体的・対話的で深い学び）についても，岡倉由三郎は先駆的に述べている（岡倉，1911, pp. 26-27）．

> 教師たる者は只管(ひたすら)教授するの方法にのみ苦心せずに，却て学修させる方法に着目して，考究して見るが善からうと思ふ．即ち教師が自ら働くばかりで無く，生徒をして盛に活動せしめる道を講究すべきである．（中略）知識の授与のみならず，これが応用鍛錬に努力せしめねばならぬ．（中略）生徒に自ら進んで学修するの気風を励まし，所定の目的までは到達させねば止まぬと云ふ決心を持つべきである．　　（強調は岡倉）

近年では国立国会図書館デジタルコレクションなどによって，こうした過去の史資料へのアクセスが容易になった．最新の研究成果から学ぶとともに，ぜひ過去の先人たちが日本の言語・教育環境の中で獲得してきた実践的な知見からも学びたい．教育関係者はもとより，とりわけ外国語教育政策に携わる人たちには強くその点を求めたい．

引用文献

石口儀太郎 (1926).『新尋一教育の実際』教育研究会.
石黒魯平 (1930).『外語教授原理と方法の研究』開拓社.
江利川春雄 (2006).『近代日本の英語科教育史：職業系諸学校による英語教育の大衆化過程』東信堂.
江利川春雄 (2014).「近代日本の英語教育史が教えること」『日本の科学者』第 49 巻第 9 号，486-491.
江利川春雄 (2015a).「英語教育史から見た小学校英語教育の問題点：国語教育との関係を中心に」『ことばと文字』第 3 号，150-157.
江利川春雄 (2015b).「歴史の中の小学校英語教育」西山教行・大木充（編著）『世界と日本の小学校の英語教育』明石書店.

江利川春雄・久保田竜子（2014）.「学習指導要領の『授業は英語で』は何が問題か」『英語教育』第 63 巻 6 号（9 月号），70-72.

大阪府（2013）.「平成 25 年度　教育委員会重点政策推進方針　進捗状況チェック（自己点検）」（電子版）　＊ 2016 年 8 月 26 日検索 http://www.pref.osaka.lg.jp/kikaku/bukyokuunei/25c_14.html

大村喜吉・高梨健吉・出来成訓（編）（1980）.『英語教育史資料 1　英語教育課程の変遷』東京法令出版.

岡倉由三郎（1894）.「外国語教授新論　附 国語漢文の教授要項」（国立国会図書館デジタルコレクション 000000458381）

岡倉由三郎（1911）.『英語教育』博文館.

佐々木吉三郎（1903）.「外国語教授」教育学術研究会編『教育辞書　第一冊』同文館，75-83.

田中義五郎（1890）.「小学校英語科の廃すべきを論す」『教育報知』第 211 号，10-11.

夏目漱石（1911）.「語学養成法（上）」『学生』第 2 巻第 1 号，80-84.

ヴィゴツキー（著）・柴田義松（訳）（2001）.『新訳版　思考と言語』新読書社（原著 1934）.

【より深い理解のために】

◎伊村元道『日本の英語教育 200 年』大修館書店，2003 年.
　「現代の問題意識で過去を再検討する」視点で書かれた通史．英文法，発音，教授法，学習指導要領，教科書，受験英語，辞書，外国人教師，小学校英語，英語雑誌といったテーマ別の構成で，自分の関心に応じて読める．

◎江利川春雄『日本人は英語をどう学んできたか：英語教育の社会文化史』研究社，2008 年.
　幕末以降の日本の英語教育の歩みを，使われた教科書，英語教育者などの豊富なエピソードを交えながら読みやすく書かれた本．多数の図版も楽しい．

日本の英語教育が変わる！
―言語差を越える小学校英語教育の新展開―

成田　一

大阪大学大学院言語文化研究科名誉教授

1　文法が脆弱ではコミュニケーションできない！

　日本の英語教育は，財界の意向を受けた政権党やその影響下にある文科省による（学問的な根拠のない）学習指導要領の度重なる改定に振り回されて，混迷し崩壊の危機に瀕している．教育行政においては，学習指導要領を決める過程で，中央教育審議会の外国語専門委員会の審議があるが，「英語の授業を基本的に英語で行う」方針はその審議にふさず，文科省の役人が独断したものだ．

　この方針は2013年4月から高校で実施されたが，その検証がないまま，同年12月には中学での実施予定が公表された．高校では「討論や発表を通じてより高度な英語を使えるようにする」という．だが，現実には定型的な「教室英語」でお茶を濁す授業が多い．それをやめて，普通の英語で授業しても，多くの生徒にはその英語が分からない．財界や政治家だけでなく文科省の役人も「授業を英語ですれば，生徒も話せるようになる」と短絡的に考えている．だが，「言葉を使う仕組み」である文法基盤がなければ，聴き取れるようにも話せるようにもならない．読み書きもできない．言語習得の知見を欠き，「英語での授業」が失敗を重ねた明治以来の歴史[1]も知らない．

　文科省が「文法や読解を軽視しコミュニケーション英語に転換して20余年が経つ」が，公立校では（塾通いの生徒以外は）英語力が低下し文法が脆弱だ．コミュニケーションなどできない．この事態を招いたことへの反省もなく，ある役人は講演で「外国語科の目標はコミュニケーション能力を養う

---

[1] 詳細は江利川春雄（2008）参照．

ことだけだ」と言い切る．だが，そもそも，コミュニケーション能力は，論理的な思考力と同様，母語で育てるのが基本だ．英語に丸投げするものではない．

2　荒唐無稽な英語力評価基準

　自民党の教育再生実行本部[2]がまとめた「成長戦略に資するグローバル人材育成部会提言」（2013 年 4 月）では，「大学において，従来の入試を見直し，実用的な英語力を測る TOEFL 等の一定の成績を受験資格および卒業要件とする」とし，国公立上位 30 校の卒業要件を iBT 90 点にすることを提言したが，これは英語教師でもクリアするのが難しい．文科省が英語教師に求める iBT 80 点（英検準 1 級）に達したのは，中学で 28%，高校で 53% に留まる．生徒も中学 3 年で英検 3 級以上が約 26%，高校 3 年で準 2 級以上が約 36% だ．これでは「英語で授業」はできない．

　試験問題は受験者の学力に対応したものでなければならない．英検 2 級で出題される英文は高校生の文法力と（指導要領が定める 3000 語の）語彙力で読める．だが，TOEFL は「米国の大学・大学院の講義を理解し討議できるか，論文が読み書きできるか」を測るものであり，語彙力も 15000 語程なければ出題文が読めない．また，設問に瞬時に答えなければならず，英文の脳内処理に手間取る日本人には極めて不利だ．受験生の本当の英語力が測れない．遠藤利明本部長は「まず目標を決め，そこから逆算して教育の中身を決めていくことが確実だ．探したら米国に TOEFL というテストがある．聴く・話す・読む・書くを全部測れる」と宣う．[3] 学力をどう測るかは疎か，英語教育の「いろは」を知らない．「中高で 6 年もやったのに国際会議後の懇親の席で英語が話せない」と愚痴り，「英語教育を直そう」と息巻く．

---

[2] 英語教育の専門家が皆無．
[3] 『論争「大学入試に TOEFL」』朝日新聞（2013 年 5 月 1 日）．

3 「グローバル化」と英語教育

京都大学では，「英語での講義」がどれだけ多いかが「グローバル化」の尺度とされるのを考慮してか，外国人教員を 100 人雇用し，英語の講義を大幅に増やす計画を 2014 年に公表した．京大生でも TOEFL iBT は平均で 70 点程度．教科書や文献の英語が読めても，講義の英語を聴き取ることはほとんどが無理なのが実態だ．「英語での講義」には（音声が劇的に変容する英語を）「聴き取る能力の改善」につながる音声[4]の教育が欠かせない．京都大学の教員有志からは，講義内容レベルの低下を危惧する意見が出されている．

エリートだった旧制中学高校生が週 6〜7 時間の英語の授業を受けても，外国人の講義に付いて行けなかった．[5] それだけ「英語を聴く」のは日本人には難しいのだが，戦後の高校生はじっくり「英文を読む」力を培い，欧米の文献を読み解いて技術大国を築いた．メールの交信が実務の主流になったネット時代には，「聞き話す」に偏らず「読み書く」能力を改めて評価するのが現実的だ．

日本では「グローバル化＝英語化」という思い込みから「話せる英語教育」に囚われている感がある．海外での業務展開には，英語を話す社員が必要だが，それは欧米とその旧植民地に限られる．中国や東南アジア諸国では，生産に携わる作業員も店舗での販売員も現地語を使う．中南米はスペイン・ポルトガル語だ．近年，アジア諸国では日本語学習者が増えている．中国で 105 万人，韓国で 84 万人，インドネシアも 87 万人が学ぶ（国際交流基金の 2012 年の調査）．日本語が堪能な現地の人材を活用する「グローカル化」こそ現実的な「グローバル化」なのだ．幼い頃から英語環境で育った社長の専断で「社内英語化」[6]した楽天では，日本人だけでも（広報役員も認める）「文法がデタラメな英語」で会議するが，これでは深い議論ができない．社内伝達も「情報が歪み」業務効率が下がる．「専門能力は高いが英語が苦手

---

[4] 文科省は『英語が話せる日本人』を教育目標に掲げながら，音声学を教職課程の必修にしていない．
[5] 詳細は江利川春雄 (2008) 参照．
[6] 「英語の社内公用語　思考及ばず，情報格差も」『私の視点』朝日新聞（2010 年 9 月 18 日）で批判．詳細は成田一 (2010)，成田一 (2011a) 参照．

な」学生は就職しない．

　ただし，英語に堪能な学生を大学で育てる方策はある．明治期の「英語の達人」のように，「英語漬け」の環境に置くのだ．2004年開学の秋田の国際教養大学では，外国人教員が過半数を占め全ての授業を英語で行うほか，新入生を全員学生寮で留学生と1年間共同生活させる．さらに海外の提携大学に1年間留学しないと卒業できない．ここまで徹底しなくても，外国語学部生に留学を義務付ける大学は増えている．

4　言語差が外国語の習得を決める！

　外国語教育においては「母語と外国語との言語的な距離」が決定的な影響を及ぼす．[7] 小学校低学年頃までは，インプットが潤沢ならば言語獲得装置が作動し，どの言語でも自動的に習得できる．しかし，思春期以降にはこの装置が働かず，母語との言語的な距離が大きいほど高い障壁となる．実際，英語との言語的距離によって世界の言語を5つ（実質6つ）[8] のグループに分けた研究がある．最も離れたグループに属する日本語が母語だと，同じグループの言語と比べ，英語が使えるようになるのに6倍ないし9倍の学習時間が必要になる．

　このため，「英語能力試験」TOEFL の成績は，北欧が毎年首位を占め，ほかの欧州諸国や旧英領植民地などがこれに続く．これに対し，英語とかけ離れた言語を使う日本，韓国，中国は下位に低迷してきた．一方，「日本語能力試験」JLPT の成績は，（日本語と文法や漢語系語彙（ハングル表記）が極めて近い朝鮮語を使う）韓国が断トツ一位で，台湾，中国がこれに次ぐ．

　欧州の諸言語は，瞬間的な脳内処理を必要とする「（数，性，格，時制の）一致」や「疑問詞・関係詞の（節境界を越える）移動」といった操作など，「文法のコア」がほぼ共通なので，欧州人は母語の装置を微調整して使えば

---

[7] 詳細は成田一編著 (2008)，成田一 (2011b)，成田一 (2013) 参照．
[8] この分類（Elder and Davies (1998)）では，英語との違いが距離的に1とされるのがロマンス諸語で，2がスラブ諸語，3がアラビア語，4がベトナム語，クメール語で，5が日本語，朝鮮語．ゲルマン諸語は0とされるが距離はある．中国語，インドネシア語は3とされるが4が妥当だ．

いい.⁹ 一方，思春期以降にそうした文法装置を新たに習得することは極めて困難だ．人間の思考は脳の「作業記憶」（ワーキング・メモリー）における活動だが，リアルタイムの処理の「時間と容量」には強い制約がある．日本人は英語の聴取・理解と発話の構成に作業記憶を使い切り，相手の主張の論点を分析し対案を英語で表明する余裕がない．このため，ネイティブ主導の討議になる危険性が高い．運用においても大きなハンディを背負うのだ．

5 子どもの言語獲得に働く脳の仕組み

　幼児の学習は，あらかじめ脳で定められた仕組みに従うことによって誘導される．言語獲得においては，生まれながらの遺伝情報によって脳の神経回路網（言語獲得装置）が作られ，そこに組み込まれた「言語の原理」に基づいて，入力される言語データに合わせて可変要因（パラメーター）を選択し，個別言語の文法が意識下で構成される．

　例えば，主部と修飾部の配列も可変要因の1つだ．英語であれば，"The man [*who* I met ø yesterday]." のように，主部の後に修飾部が続く．しかし，日本語は「[昨日私が ø 会った] 男」のように，その順序が逆だ．特定の言語のデータが入力されると，「主部先行型」か「主部後続型」かが自動的に設定される．名詞の文法関係などを表す助詞が，「前置詞」と「後置詞」いずれになるかもその設定と連動する．

　最近の研究では，大脳から小脳へのマッピングによって言語処理の高速化が実現するとされる．筆者は，文法が大脳から小脳に転写されるのではなく，左脳言語野に構成された文法の一連の操作を運用する「制御プログラム」が小脳に構成される，と仮定している.¹⁰ 文法操作が繰り返されることで，小脳にその操作を自動制御するルーティン回路ができるのだ．

　しかし，言語獲得期以降に習得した外国語では，どうしてもある程度は意識的な操作になる．例えば，*Do you *think* [Bill married *who*]? という基本形は，疑問詞 who を埋め込み文から抜き出して主文の前まで移動し，

---

⁹ コミュニカティブ・アプローチが欧米で成功したのはそのためだ．また，臨界期を過ぎてからの学習でも，ネイティブ並みになる人がかなりいる．

¹⁰ 詳細は成田一 (2016a)，成田一 (2016b) 参照．

Who do you ***think*** [Bill married ø]? という実現形になる．ところが，主文の動詞が変わると，Do you ***know*** [***who*** Bill married ø]? のように，埋め込み文の先頭までの移動に留まる．その移動操作や数 / 時制の一致などを決定するのも瞬間的にやらなければいけないのだが，それを意識下で制御するのが小脳の働きだと考えられる．思春期以降の学習では小脳での制御回路の形成が不完全なので，単文はともかく複文での瞬間操作はせいぜい「半自動化」に留まる．

6 言語獲得期は何歳ぐらいまでか？

一般的に「言語獲得期」と言うと，言語能力全般について一様に適用すると捉えがちだが，現実には（文法，語彙，音韻など）部門によって臨界期が異なる．さらに各部門の中の操作によっても獲得時期が異なる．著名な言語学者クラッシェンが唱える「自然な習得順序」では「三単現の s」や「所有格の 's」が一番遅いとされていた．ところが，第二言語や外国語として習得する場合は母語の操作に近い操作が早く習得される．母語の中核文法は 5 歳前後にほぼ完成する．瞬間処理などを担う文法能力は 7 歳頃が臨界期だ．

音韻は ① 個々の音と ② プロソディ（音調，リズム，高低 / 強勢アクセントなど）の 2 つに分けられる．プロソディは胎児後期から獲得し始め，母語の音韻能力の基盤となる．また，乳児は世界の諸言語に使われている基本的な母音（13 種類）を聞き分けられるが，生後半年ほど経つと母語の音声を効率的に識別し，ほかの音声が識別できなくなる．それでも個々の音や (not at all「ナラ***ロ***ール」のような）連音は，ダイナミックな音声変容の仕組み[11]を理解した上で意識的に繰り返し練習すれば，思春期以降でも，ネイティブにかなり近い発音ができるようになる．これに対し，聴き取りは「臨界期」を超えるとネイティブと同じレベルにはまずならない．

---

[11] 破裂音は 2 段階操作（閉鎖 + 解放）からなる．肺からの呼気が，(a) 舌や唇で一旦閉鎖され，続いて，(b) 一気に解放されると破裂音になる．無声破裂音（[p] [t] [k]）は，1) 語頭で強勢を受ける場合，呼気が解放（破裂）されると「気音を伴う鋭い子音」になるが，2) 語中で強勢がない場合，声帯が緩く閉じたまま振動（有声化）し [t] が [d] に変わり，さらに舌先が歯茎まで伸ばされないと [r] に変わる（フラッピング現象）．詳細は成田一編著 (2008)，成田一 (2013) 参照．

7 言語獲得期を活かした学習環境

　近年大都市圏での展開の旺盛な日本人向けの「インターナショナル・スクール」（英語保育園）では 3 歳頃から英語で保育する．「日本語が心配だ」という声に応え，英語と日本語を午前と午後で使い分けるところもある．どちらも卒園時にはネイティブの子に準じる英語力になる．また私立大学附属の小学校では，週 2〜4 回の授業に加えてほぼ毎日の帯時間（15 分程）でネイティブの先生が英語を教える．卒業の段階で英検準 2 級〜3 級レベル以上になる．聴き取りは中堅の大学生を超えるレベルだ．

　なお，大都市の園児の 8 割を預かる私立幼稚園の 70% 以上が，週に 1, 2 回ネイティブほかによる英語活動をしており，かなり多くの園児が「生活英語の基礎」に触れる．音韻面での効果は絶大だ．ただし，ある程度の濃密なインプットの時間がなければ，生得的な「言語獲得装置」を作動させ文法を自動構成することはできない．

8 文科省が進める公立小学校の英語教育

　文科省は，小学校での英語教科化に伴い，2020 年から 5, 6 年生で「中学校 1 年生の内容を前倒した授業を週 2 回，3, 4 年生で「外国語活動」を週 1 回実施する計画だが，教科は英語教師でないと教えられない．「外国語活動」について，「小学校の英語の先生には担任が良い．英語が得意ではないけれど ALT と英語で関わる姿を見て生徒もやる気になる」と文科省の教科調査官は国中を説いて回る．だが，外国語活動は先生の英語力だけでなく教育内容も大いに問題だ．（クイズなど，興味を引く工夫[12]もみられるが，）日常的な状況で使う英語表現は僅かしか扱っていない．お遊びの「外国語活動」では英語力が育たない．

　文科省は英語教育推進リーダー研修を毎年実施しているが，その研修では

---

[12] 電子判フラッシュカードを，知覚の閾値ギリギリの短時間だけ示し徐々に長く表示して認識させるなど，生徒の興味をつなぐ工夫をする教師もいるが，何度かやると飽きてくる．生徒の知性を大きく下回る「お遊び」では，学習意欲が損なわれる．運用のコアたる文法力は疎か，初歩の基礎力も育たない．英語音の「ラィァン」ではなく「ライオン」とカタカナ式の発音で教えていたのも気がかりだ．

歌や絵本の読み聞かせの仕方を学ぶ．「英語の文法や発音を学び，自分も英語を使える訓練をする」研修ではない．しかも，全国で小中学校教員 200 名程度だけが対象だ．その人たちがリーダーになって地域で何かをやるにしても，一般の教員にとっては，何をどう教えたら良いのか具体的には分からない．全国の教員の英語運用技能養成にはつながらない．

9　画期的な英語学習プログラム！

　文科省の英語教育に暗雲が漂う中，地域的にこれを打ち破る動きがある．大阪市の小学校（英語教育重点校 19 校）では全学年で 15 分の帯時間が週 3 回設定され，文字[13]と音声に重点をおく英語教育を 2013 年 9 月から実施している．フォニックスを取り入れ，担任が CD を使って指導する．[14]

　一方，大阪府の教育委員会は，中高の先生やネイティブの協力で，アニメーション仕立ての歌やチャンツ，短い物語で日常的な表現に触れる DVD と指導用 CD を作った．小学校の「英語 DREAM プログラム」[15]と言い，1 年生から 6 年生までラウンド学習する．テーマに応じた表現は，日常的によくある状況において児童が「使う」ことをより意識した内容となっており，英語のコア（準動詞や関係節のほか様々な構文）が学べる．文字と音のパターンも覚える．この教育内容は文科省の方針を遥に超えている．言語獲得期の低学年から導入した場合，教師に英語力は必要ない．生徒と共に学び運

---

[13] 文科省は「子どもが英語嫌いになる」として文字の使用を控えさせてきたが，むしろ英語に触れる時間が少なければ少ないほど，後で思い出す手がかりとして文字が必要になる．また音だけでやると，子ども自身から「どう書くの？」と訊いてくる．
　「文字を学ぶことで，子どもたちは誰かに伝えることができる喜びを味わい，『もっと読みたい』『もっと書きたい』という意欲が高まっている．中学英語での読み書きへの抵抗感も減らせる」という鳴門市立小学校の教員の声もある．また，文科省の 14 年の調査で「小学校の外国語活動でもっと学習したかったこと」を中学 1 年生に聞いたところ，約 8 割が「英単語や英文を読む」「英単語や英文を書く」と回答（『教育ルネサンス　英語の授業が変わる 3』（読売新聞 2016 年 7 月 7 日より）．

[14] 高学年生は英語音を脳内で日本語の近似音に歪めて聴く．音声は知識と技能がないと指導できない．

[15] **英語学習 6 カ年プログラム" DREAM"** は 1 億 4 千万円を投じ，大阪府が松香フォニックスに業務委託．府下の研究協力校（7 市町の 16 校全学級 1〜6 年生約 3,000 人）で 2014 年 9 月から 2016 年 3 月まで週 3 回（1 回 10〜15 分）実践．試行錯誤を重ね商品化．詳細は成田一（2016a），成田一（2016b）参照．

用力も伸ばせる．2016年4月から（府下1000校中）350校の規模で動き出し，学校数はさらに増えつつある．私立の幼稚園が行っている生活英語を継続させるためにも，小学校1年生から始めたい．園児段階からの導入もさらに有効だ．このプログラムを適切に実施すれば，高学年ではかなり英語運用力のある生徒が育つ．現状では混迷している中高での「英語で授業」[16]にもうまくつながるだろう．中学以降の英語教育が変わる．今後の日本の英語教育の切り札として，全国に拡げたい．

10　小学校英語への反対の論拠は正しいか？

　これまでとりわけ問題にされたのは，英語を教える資質のない担任教師に委ねて，お遊びの外国語活動をしていたことだ．明治時代にも小学校で *Hi, friends!* に劣らない内外の教科書を使った英語教育が大都市部を中心に行われたが，やはり当時も教師の英語力と指導力の不足で失敗に終わった．

　結局，（「DREAM」のような教材を使わない限り，）小学校であっても英語教育を担当する先生には，文法や発音，語彙などの知識と運用力がそれなりに求められるのだ．かつては中学1年の英語の先生には，学校で最も英語教育の経験，知識の豊かな人を充てた．導入時こそが一番大切だという認識だ．悪い発音に慣れるとそれを引き剥がすには時間がかかる．中高を退職した団塊世代の先生方に委嘱し，小学校の担任と共に生活英語を教えてもらう．5～10年続ければ，英検準一級レベルの新任がかなり増えている．財政的にも負担は軽微だ．

　教師の資質という「教育条件」以外にも，小学校英語反対の理由を大津由紀雄明海大学教授は2つ掲げている．[17]「小学校英語は害のみ」「まず日本語をしっかり学習させる」とした上で，「ことばの気付き」を強調するが，これは日本語に関して気付きに導くという意味だ．ところが，実際は異なる言語を教わると，教師が導かなくても，母語との違いに子ども自身が気付く．「ことばの気付き」というのであれば，その方が良い．また，英語に毎日15

---

[16] 中高では文法を教え込み読解により定着させ英語力の基盤を固めたい．それが「英語で授業」の前提だ．なお，「英語での授業が最善」とする20世紀のダイレクトメソッドは誤謬とされている．

[17] 詳細は成田一（2014）参照．

分時間を割いても日本語が覚束なくなることはない．

次に,「親がやらせる」のではなく,「子どもの意思」が大切だと言うが，大体，幼い子どもに「英語がやりたいか」と聞いても，英語がどういうものか分からないし，将来どのように役に立つのかなど見通しも立たない．親が英語の経験をしばらくさせてみて，子どもが嫌がれば止めれば良い．親は，子どもの将来の可能性を見据えて，涙なしに外国語が習得できる言語獲得期を生かすチャンスを与えるべきではないだろうか．

鳥飼玖美子氏ほかの識者は,「小学校で英語を学んでも中学では逆転する」と指摘する．だが問題は「小学校の外国語活動で何をどこまで学んだのか」だ．遊びまがいの活動をやったとしても，お粗末な英語力しか習得できない．それなら逆転は容易だ．なお，江利川春雄和歌山大学教授は，大阪大学公開講座『教員のための英語リフレッシュ講座』(2016) のシンポジウム『小学校英語教育の新展開を巡って——大阪府の「DREAM」プログラム——』の中の講演で,「長時間 (300〜350 時間) 学んだ生徒ほど中学での英語の成績の低下が大きく，中時間 (40〜102 時間) 学んだ生徒とは成績が中学 2 年生から 3 年生にかけて逆転する」という報告を紹介した．学習時間からみる限り，かなり衝撃的な結果だが，それは「中学での授業内容が既習のレベル以下のものなので学習意欲を喪失するため」であることを筆者が質問で確認した．小学校の英語教育は，中学での授業内容が小学校での習得にうまくつながる連携ができていなければ，その効果が活きてこないのだ．

小学英語教育の是非を論ずる場合には,「どのような教育内容を，誰が，何時間，何人に教えて，どこまで習得したか，さらに継続学習への連携ができているか」を確認しなければならない．「英語が習得できる条件」をその教育が満たしたかどうかが一番肝心なことだ．

参考文献

江利川春雄 (2008).『日本人は英語をどう学んできたか』研究社．
成田一 (編著) (2008).『英語リフレッシュ講座』大阪大学出版会．
成田一 (2010).「社内英語と英語教育」(「FORUM」)『英語教育』第 59 巻第 10 号，12 月号，87-88.
成田一 (2011a).「英語の社内公用語化は浅はかな思い込み！」『新英語教育』通巻 499 号，3 月号，10.

成田一 (2011b).「日本の英語教育はどうあるべきか」『新英語教育』通巻 500 号，4月号，10.

成田一 (2013).『日本人に相応しい英語教育——文科行政に振り回されず生徒に責任を持とう——』松柏社.

成田一 (2014).「日本人に相応しい英語教育」『新英語教育』通巻 535 号，3月号，7-9.

成田一 (2016a).「言語獲得の脳内メカニズム——大阪府の革新的な小学校英語の試み——」『翻訳技術の言語的な基盤 第 35 回』(『The Professional Translator』第 152 号，2月 10 日号.

成田一 (2016b).「脳科学からみる早期英語教育——言語獲得期を活かすには？——」『INTERJAPEC』No. 124，4月号，2-5.

【より深い理解のために】

◎江利川春雄『日本人は英語をどう学んできたか』研究社，2008 年．
　日本における英語教育の問題を歴史的に考証し，今日同様，明治時代にも小学校の英語教育における教師の英語力不足が批判されていたことを解説するとともに，1980 年から文法事項が激減し文法の教科書も消えた結果，英語力が大幅に低下した広域調査にも触れ，文法を軽視しながらコミュニケーション能力の育成を唱える現在の教育行政に警鐘を鳴らす．

◎金谷憲『英語教育熱』研究社，2008 年．
　日本人には「英語を話せるようになりたい」願望があるのに，「中高 6 年間英語を勉強しても話せない」という憤懣がある．しかし，中高では 1000 時間ほど学ぶものの 1 学年では 139 時間，1 週間にもならない．これで「話せる」ようにはならないと指摘する．民間にはびこる英語学習に対する不合理な幻想と教育行政の迷走を深い教育経験で培った「常識的な理性」で鋭く批判する．

◎白井恭弘『外国語学習の科学』岩波新書，2008 年．
　第二言語習得論の立場から，外国語習得のメカニズムを解説した上で，どのような学習者が外国語習得に成功するかを動機付けの観点からも検討し，どうすれば外国語を効果的に身に付けられるかを解説する．第二言語習得論における代表的な仮説それぞれのエッセンスが明快に理解できる．

第4部
言語学・英語学の知識を生かす
―適切な理解と伝達のために―

学習英文法の内容の改善をめざして

岡田　伸夫

関西外国語大学英語キャリア学部

1　はじめに

　どの言語にも意味と形を結び付ける独自の決まり——これらの決まりの間に共通部分があることを否定するものではない——がある．その決まりのことを文法というのだから，文法とコミュニケーションを相容れないものと見る見方が正しくないことは自明である．文法の決まりには意識できるものもあればできないものもあるが，いずれにしてもそれを習得しないでその言語が使えるようになるはずがない．

　しかし，文法を習得すればコミュニケーションできるという単純な話でもない．コミュニケーションは相手のあるパフォーマンスであり，談話や語用論の知識，世界や業務やさまざまな話題に関する知識は言うまでもなく，理解力，判断力，思考力，倫理観，人に共感する力も不可欠である．積極的にコミュニケーションしようとする態度も必要である．しかし，文法がコミュニケーションを支える１つの要因であることを疑う余地はない．

　英語教育界には現行の学習英文法の内容が全面的に正しいという暗黙の前提があるが，実際には，現行の学習英文法には，「間違った規則や語法，多くの例外を伴う適用範囲の狭い『規則』がいまだにあとを絶たない」，「コミュニケーションに役立つ規則を教えない」，「言語事実の列挙に終始し，ばらばらの言語事実の背後にある説明原理を示さない」，「説明があっても的外れである」など，さまざまな不備や欠陥を抱えている（岡田, 2008; 岡田, 2010; 岡田, 2012a）．

　本稿では，近年の英文法研究の成果のうちの何をどのような形で現行の学習英文法に取り入れるとその内容を改善することができるかという問題に的

を絞り，具体例をあげながら検討する．

2 派生接辞と派生語

中学校学習指導要領（平成 20 年 3 月告示，平成 24 年 4 月より全面実施）は，語，連語，慣用表現に関して，「(ア) 1200 語程度の語，(イ) in front of, a lot of, get up, look for などの連語，(ウ) excuse me, I see, I'm sorry, thank you, you're welcome, for example などの慣用表現」を教えると述べている．また，高等学校学習指導要領（平成 21 年 3 月告示，平成 25 年度より年次進行で実施）は，具体的な例はあげていないが，「連語及び慣用表現のうち，運用度の高いもの」を教えると述べている．

現行の学習指導要領が述べる語，連語，慣用表現の扱いに内在する 1 つの問題は，語形成（派生形態論）にかかわる知見を盛り込んでいないことである．小説でも新聞でも雑誌でも多くの派生語や複合語が使われている．語形成規則を習得し，使える語彙（理解語彙（passive vocabulary）と産出語彙（active vocabulary）のいずれも）を増やせば文法構文の知識不足を補うこともできる．次の第 2.1 節で派生接辞 -ee を，第 2.2 節で「動詞＋副詞」からなる句動詞に付加される派生接辞 -er を取り上げる．

2.1 派生接辞 -ee

自動詞であれ他動詞であれ，動詞に派生接辞の -er や -or を付けると，その行為を行う人を表す名詞ができる（例：examiner, trainer, employer, abductor, assignor）．それに対して，他動詞に派生接辞の -ee を付けると，その行為を受ける人を表す名詞ができる（例：examinee, trainee, employee, abductee, assignee）．ちなみに，Huddleston & Pullum (2002, p. 1697) は，[動詞-ee] は，通例，one who is [動詞-ed] でパラフレーズされると述べている．a person who is examined のような受動態の関係節を含む複雑な名詞構造を教えるときや examiner のような -er 名詞を教えるときに，examinee のような -ee 名詞も合わせて教えるとよい（岡田，2009; 岡田，2012a, pp. 108–109）．

次の (1) に -ee 名詞の例をいくつかあげる．各語に続くカッコ内の語は対応する -er/-or 名詞である．

(1) addressee (↔addresser), appointee (↔appointer), detainee (↔detainer), grantee (↔granter), interviewee (↔interviewer), kidnap(p)ee (↔kidnap(p)er), murderee (↔murderer), payee (↔payer), supervisee (↔supervisor), testee (↔tester)

普通, -ee 名詞は動詞の原形に -ee を付けて作られるが, 動詞の原形の1部を切り取った後の形に -ee を付けて作られるものもある. たとえば, 原形が接辞 -ate で終わっている動詞 (amputate, nominate, evacuate) に -ee を付ける場合には, -ate を取って -ee を付ける (amputee (切断手術を受けた人), nominee (選挙の候補者に指名された人), evacuee (避難民)).

mentee (弟子) と benefactee (恩恵を受ける人) と captee (捕えられている人) は, 名詞の mentor (師) と benefactor (恩恵を施す人) と captor (捕える人) の -or を取って -ee を付けたものである. 近年, donor (臓器提供者) と donee (臓器提供を受ける人) がよく使われるが, donee は, donate の -ate を取って -ee を付けたと考えるより, donor から -or を取り去り, -ee を付けたと考えるほうが意味的にはわかりやすい.

-ee 名詞の中には, employee, examinee, interviewee, trainee のように, 使用頻度が高く, 辞書に採録されているものもたくさんあるが, 書き手がその場で即興的に作り出すものもある. 次の (2)–(4) の例を見てみよう.

(2) Clearly, the typical scenario for kissing someone is to move toward the kissee, then contact him or her, and then initiate the kiss.　　　　　　　　　　　　　　　　　　(Pinker, 1989, p. 108)
(3) Tips for Improving a Supportive Helper-Helpee Relationship
(Retrieved August 27, 2016 from http://coping.us/images/Tips_for_Improving_a_Supportive_Helper-Helpee_Relationship.pdf)
(4) I am sometimes the ignorer, and sometimes the ignoree (if there is such a word).
(Retrieved August 25, 2016 from http://www.problempages.co.uk/viewtopic.php?f = 18&t = 5435)

(4) の例では, ignoree の直後に「このような語があればだが」という注釈が入っている. 書き手は, 読み手がこれらの -ee 語になじみがないことを

承知の上で使うので，通例，-ee 名詞の前に -er 名詞や元になる動詞を出し，-ee 名詞の露払いをさせる．

　今まで，他動詞に -ee を付けて「行為を受ける人」を意味する名詞を作ることを見てきたが，自動詞に -ee を付けて「行為を行う人」を意味する名詞を作ることもある．たとえば，escapee（脱獄囚），retiree（退職者），returnee（帰国子女），standee（立見客）は，いずれも「行為を行う人」を意味する．ただし，escapee, retiree, returnee が完了の意味（例：an escapee = someone who has escaped from somewhere [LDOCE]）をもち，standee が進行の意味（a person who is standing, for example in a bus or at a concert [OALD]）をもつという違いもある．

　attendee は他動詞 attend に -ee を付けたものだが，「会議などの出席者」(a person who attends a meeting, etc.) という能動の意味を含む．laughee（笑い物）は自動詞 laugh に -ee が付加されてできた語であるが，laugh at の受動態の意味 (a person who is laughed at) を含んでいる．

　形容詞や名詞から作られる -ee 名詞もある．次の (5) に例をあげる．

(5) absentee (←absent); asylee (←asylum), refugee (←refuge), patentee (←patent), biographee (←biography)

　-ee 付加規則は豊かな新語創造力をもっているが，この規則によって作られるすべての派生名詞が定着する（辞書に採録される）わけではない．しかし，アメリカ英語の形式ばらない (informal) 文章や簡潔を尊ぶ新聞・雑誌の記事の中で -ee 名詞が多用されている現状を踏まえると，学習者に -ee 付加規則を教えておく意義は少なくない．

2.2　「動詞＋副詞」からなる句動詞に付加される派生接辞 -er

　「〜する」という意味の動詞に派生接辞の -er を付けると，「〜する人」「〜するための道具」という意味の派生名詞ができる（例：teach（教える）→ teacher（教える人），cook（料理する）→ cooker（料理道具））ことは高校生にもよく知られている．しかし，「動詞＋副詞」からなる句動詞に -er を付けるとすればどこに付けるかを知っている学生はほとんどいない．

　「動詞＋副詞」からなる句動詞に派生接辞 -er を付ける方法は 3 つある．1 つの方法は，動詞のほうに -er を付ける方法である．この方法で作られる派

生名詞には，stand by → stander-by（傍観者），look on → looker-on（見物人），pass by → passer-by（通行人），run up → runner-up（2位の者），chuck out（人をある場所から追い出す）→ chucker-out（ナイトクラブなどの用心棒），wash up → washer-up（食器洗い係）などがある．ただし，stander-by，looker-on よりは bystander，onlooker が使われることのほうが多い．Quirk et al. (1985, p. 1550) は washer-up と chucker-out に触れ，それらが形式ばらない英語で使われると述べている．

　2つ目の方法は，副詞のほうに -er を付ける方法である．「レポーターが現場に立って（stand up）カメラに向かって行うテレビのニュース報道」のことを stand-upper という（Retrieved August 28, 2016 from https://en.wiktionary.org/wiki/standupper）が，副詞のほうに -er を付けて派生名詞を作る例は，stand-upper 以外にはほとんど見当たらない．

　一番よく使われるのが，動詞と副詞の双方に冗語（pleonasm）的に接辞 -er を付ける方法である（岡田，2012b, July 24）．washer-up や chucker-out や stand-upper や passer-by のほかに washer-upper や chucker-outer や stander-upper（立ち上がる赤ちゃん）や passer-byer もある．次の (6) はオバマ大統領が 2012 年 4 月 28 日に開かれたホワイトハウス記者会主催の夕食会で行ったスピーチの一部だが，会場のヒルトンホテルの大舞踏室も（資産家の）ミット・ロムニー氏に言わせれば改築を要するボロ家だろうと言って聴衆を沸かせた場面である．

(6) Anyway, it's great to be here this evening in the vast, magnificent Hilton ballroom—or what Mitt Romney would call a little fixer-upper. (Laughter and applause.)

　fixer-upper には「よろず修繕屋」という動作主の意味もあるが，(6) では「安値で売買される改築を要するボロ家」の意味で使われている．一般に，接辞 -er には，「〜する人」「〜するための道具」のほかに，「〜される（べき）もの」という意味がある．read（読む）が reader になると，「読む人」「読み取り機」という意味のほかに「読本」という意味をもつ．reader が「読本」を表すのと同様に，(6) の fixer-upper は fix up されるべきものを表す．

　「動詞 er + 副詞 er」という冗語構造をもつ派生名詞は北米の形式ばらない英語で使われることが多い．*MWALED* が fixer-upper を US, informal と標

示し，*OALD* が NAmE（北米英語），informal と標示していることに照らすと，上の (6) の fixer-upper は典型的な場面での使用例である．fixer-upper という語は辞書にも採録されているが，この語の歴史は古くない．この意味で使われ出したのは 1977 年ごろである（Retrieved August 27, 2016 from http://www.merriam-webster.com/dictionary/fixer-upper）．

　派生接辞の -er や -ee を付加して新語を作る方法は，「〜する人」「〜するための道具」「〜される人」を表現する複雑な文法構文を知らない，思い出せない，手間がかかるので使いたくない場合や，それらの意味を表す単語が存在しない場合に重宝する．たとえば，うつぶせに寝かせてもすぐに寝返ってあおむきになってしまう赤ちゃんは turner-overer，物事を先延ばししがちな人（procrastinator）は putter-offer，ものを調べる人は looker-upper，ものを捨ててしまう人は thrower-awayer，ものを壊す人は breaker-downer，降参する人は giver-inner，体力や士気を高めるものは builder-upper となる．また，まだ複合語の pancake turner（パンケーキ返し）を習得していない子どもが turner-overer という語を作り出すこともある．モダン・ホラー作家のスティーブン・キングはある著作の中で次の (7) の英語を使っている．

　　(7)　[S]ome writers are taker-outers; I'm afraid I've always been a natural putter-inner.　　　　　　　　　　　　（King, 2002, p. 225）

ここでは「前の草稿を削って次の草稿を作る人」を taker-outers，「前の草稿に書き加えて次の草稿を作る人」を putter-inner と表現している．

　他動詞として働く「動詞＋副詞」の句動詞を「動詞 er ＋副詞 er」の派生名詞に変えると，目的語を表現しなくてもよくなる．目的語を表現する必要があれば，前置詞 of を使って the taker-outer of the trash（ゴミ出し係）と表現すればよい．複合語にして the trash-taker-outer と表現してもよい．

　日本には，教室の内外を問わず，英語で会話する場がほとんどなかったこともあり，口語より文語に重きを置いて教えてきたきらいがあるが，近年は，学習者が形式ばらない英語会話やそれを書き写した文章に触れる機会が増えてきているので「動詞 er ＋副詞 er」の派生名詞形もぜひ教えておきたい．

3 直接話法で用いられる伝達形式

直接話法の伝達形式である go, be like, is all の3つは，特に若い人によって形式ばらない会話の中で頻繁に用いられている．本節ではこの3つの表現を取り上げ，その特徴を明らかにする．

学校では，通例，文語体，口語体のいずれでも使われる表現，形式ばった文体と形式ばらない文体のどちらでも使われる表現，言い換えると，汎用性の高い表現を優先して教える．たとえば，直接話法で使われる伝達動詞としては，まず，動詞 say を教える．しかし，形式ばらない会話では，go, be like, is all が動詞 say の代わりに多用されている．次の (8)-(13) に英米の辞書があげているこれらの例をあげる．

(8) I asked, "How much?" and he goes, "Fifty" and I go, "Fifty? You must be joking!" (*OALD*)

(9) I asked her what she meant and she just went, "Don't ask!" (*LDOCE*)

(10) I asked Dave if he wanted to go, and he's like, no way! (*LDOCE*)

(11) She was like, "Are you sure you want to do this?" and I was like "Yeah, why not?" [= she said, "Are you sure you want to do this?" and I said, "Yeah, why not?"] (*MWALED*)

(12) He drove me home, and he was all, "I love this car … it's like a rocket." (*LDOCE*)

(13) He was all, "I'm not doing that." (*CED*)

go, be like, is all には次の3つの共通点がある（岡田，2013, January 15）．

(14) i. 直接話法で用いられ，間接話法では用いられない．
　　ii. 形式ばらない英語，主に会話で用いられる．
　　iii. 史的現在 (historical present) 時制で用いられることが多い．

一方，この3つの形式には重要な相違点もある．go は，say 同様，実際の発話を伝達するのに使われる．be like は，実際の発話だけでなく，思ったことを伝達するのにも使われる．Carter et al. (2011, p. 270) は，be like について，It can be used to report what someone said or what someone thought. と述べ，次の (15) の例を，また，*MWALED* は，見出し語 like の Usage の中で In very informal speech in U.S. English, it is used with the verb *be* to say what someone thinks, says, etc. と述べ，次の (16) の例をあげている．

(15) Jason was like "I'm not going to Alma's party because Chris is going to be there" and I'm like "he's so afraid of Chris." (in the first use of *like*, it means "he said," but in the second use it means "I thought")

(16) She was telling me what to do and I was like [= I was thinking], "Mind your own business."

また，Birner (n.d.) は，次の (17) と (18) を対比し，go は Karen の発話を逐語的に伝達するが，is like は，基本的に元の発話の内容を保持していれば，実際に発話された語と異なる語を使ってもよいと指摘している．

(17) So Karen goes, "Wow—I wish I'd been there!"
(18) So Karen is like, "Wow—I wish I'd been there!"

(18) の被伝達文の中では，本来，主節の中だけで用いられる間投詞 wow が使われている．また，一人称代名詞 I が Karen を指す代名詞として使われている．この2つは直接話法の被伝達文の特徴である．(18) の被伝達文の中で Karen が実際に言ったのと異なる語を使ってもよいというのは，(be) like がもつ「～のような」という近似的な意味（断定を和らげる働き）が影響していると思われる．(18) は，So Karen said something like, "Wow—I wish I'd been there!" (そしたらカレンが「ワーォ，私もその場にいたかったなぁ」みたいなこと，言ったのよ) のような意味で使われているのだろう．

CED は，be all を used for emphasis when introducing direct speech or nonverbal communication と定義している．Birner (n.d.) は，be like と be all の違いを次の面白い状況を設定して説明している．Karen が時刻を淡々と述べていれば，She's like, "It's five o'clock." と伝達しても何の問題もないが，今5時であることに聞き手を興奮させる何かがないかぎり，She's all, "It's five o'clock." と伝達するのは奇妙に響くだろうと述べている．

英語を読む力はある程度習得していると思われる学生でも，英語を聞く

力，話す力はそれほどでもないと思われることが時々ある．本節で取り上げた go, be like, be all は形式ばらない会話（あるいはそれを書き写した文章）の中で頻繁に使われる．学習者にはこれらの卑近な表現もぜひ習得してほしい．

4　1つのものを指す複数の表現

英語では，ある1つのものを指すのに同じ1つの表現を一貫して使うこともちろんあるが，対象をいろいろな角度から見て，そのものが見せるいろいろな相を異なる意味をもつ別の形式で表現することも多い．

同じもの・ことが異なる形式で表現されている例をいくつか見てみよう（岡田，2016）．次の (19) では，太陽系外縁天体のクアオアーとイクシオンとヴァルナの直径が3つの異なる動詞句（二重下線部）で，「発見される」が3つの異なる動詞（一重下線部）で表現されている．

(19) In recent years, astronomical work has thrown up several big objects. Quaoar, found in 2002, is about 1,200km (745 miles) across. Ixion, discovered in 2001, is 1,065 km (660 miles) wide. Varuna, detected in 2000, has a diameter of approximately 900 km (560 miles).　　　　　(Retrieved August 26, 2016 from http://news.bbc.co.uk/2/hi/science/nature/3511678.stm)

次の (20) の be on the mound はピッチャーがマウンドに上がることを，pitch はピッチャーが投球することを表す．be on the mound と pitch の意味は同じではないが，ピッチャーがボールを投げるには，まず，マウンドに上がらなければならない．野球を多少とも知っている読み手であれば，「マウンドに上がる」から「ボールを投げる」を容易に推論することができる．

(20) Game 2 of the best-of-five series will be Thursday night. Chad Billingsley will be on the mound for the Dodgers, while Carlos Zambrano pitches for Chicago.　(Retrieved August 27, 2016 from http://www.nbcchicago.com/news/sports/National_League_Game_Summary_-_Los_Angeles_at_Chicago_23908.html)

次の (21) は，ジョン・マケイン（2008 年米大統領選共和党大統領候補）のテレビ出演が約 1200 万人の視聴者を集めた（drew a rough estimate of 12 million viewers）ことと，サラ・ペイリン（同大統領選共和党副大統領候補）のテレビ出演が 1500 万人を超える人に視聴された（was watched by more than 15 million）ことを述べているが，異なる動詞（draw と watch）と異なる文法構文（能動態と受動態）が使われている．

(21) McCain's appearance <u>drew a rough estimate of 12 million viewers</u> Saturday night, while Palin's appearance <u>was watched by more than 15 million</u> when she appeared on Oct. 18.
（Retrieved August 26, 2016 from http://www.nydailynews.com/entertainment/tv-movies/sarah-palin-bests-john-mccain-saturday-night-live-ratings-article-1.335062）

書き手は，順次，異なる表現を用いることによって，1 つのもののさまざまな属性を積み重ねていく．読み手が，異なる形式が同じもの・ことを指しているということに気がつくには，文法力と常識と多少の知的推論が必要になる．書き手が 1 つのものを複数の異なる形式で表現するのは，読み手にそれらが同じもの・ことを指すことを理解する力がそなわっていることを前提にしているからであり，読み手はそのことが理解できれば一種の喜びや知的満足感を得ることができる．書き手と読み手が一種のゲームを楽しんでいると見てもよい．1 つのものを複数の形式で表現する談話構成上のテクニックも学習者にぜひ心得ておいてもらいたい．

5 おわりに

伝統的な学習文法がそれなりの成果を上げてきたことは確かであるし，これにそっくり取って代わる新しい学習文法が用意されているわけでもない．しかし，現行の学習文法がいろいろな問題を抱えていることも確かである．

また，本稿では触れることができなかったが，文法指導法にも改善を要する点がある．その 1 つは形式至上主義（form fetishism）である（岡田, 2008, pp. 182-183）．これは，文の表面的な形にだけこだわり，意味を軽視，極端な場合には無視する指導法である．形式至上主義指導法の最たるも

のは 2 つの構文の機械的・公式的な書き換えである．文法が意味と形のカップリングであるという原点に立つと，意味を軽視・無視する指導法は不完全である．

　また，単文・短文主義の問題もある（岡田，2008, p. 184）．これは，たとえばある構文を教えるときに，それがどのような場面でどのような意図で使われるかを示す前後の文脈を添えることなく，1 つの文だけを提示する指導法である．単文・短文主義はその文が適切に使われる場面や文脈を示さないので，その文の正確な意味が学習者に伝わりにくいという欠陥を抱えている．

　グローバル化が進んだ今日，学習英文法の内容とその指導法の改善が急務である．どのような方法で英文法を教えるにしても，その内容に不備や欠陥があれば，大きな効果を期待することは難しい．英語学の近年の研究成果のうち，どれをどのように料理して食卓に出せば，学習者が食べてくれるか，英知を集めて検討することが望まれるゆえんである．

引用文献

Birner, B. (n.d.). Is English changing? Retrieved August 14, 2016 from http://www.linguisticsociety.org/content/english-changing

Huddleston, R., & Pullum, G. K. (2002). *The Cambridge grammar of the English language*. Cambridge: Cambridge University Press.

King, S. (2002). *On writing: A memoir of the craft.* New York, NY: Pocket Books.

岡田伸夫 (2008).「学習英文法の内容と指導法の改善」木村健治・金崎春幸（編）『言語文化学への招待』177–190. 大阪大学出版会．

岡田伸夫 (2009, August 6).「-er（〜する人）と -ee（〜される人）」*The Daily Yomiuri*, No. 21151, 15.

岡田伸夫 (2010).「教育・学習英文法の内容と指導法の改善」岡田伸夫・南出康世・梅咲敦子（編）『英語研究と英語教育——ことばの研究を教育に活かす』（英語教育学大系第 8 巻）22–39. 大修館書店．

岡田伸夫 (2012a).「学習英文法の内容と指導法——語と文法と談話」大津由紀雄（編）『学習英文法を見直したい』106–119. 研究社．

岡田伸夫 (2012b, July 24).「『動詞＋副詞』からなる句動詞への接尾辞 -er のつけ方」*The Daily Yomiuri*, No. 22204, 15.

岡田伸夫 (2013, January 15).「発話をそのまま伝える go と like」*The Daily Yomiuri*, No. 22374, 13.

岡田伸夫 (2016, March 25).「同じもの・ことを違う表現で表すのはなぜ？」*The Japan News*, No. 23509, 8.

Pinker, S. (1989). *Learnability and cognition: The acquisition of argument structure*. Cambridge, MA: MIT Press.

Quirk, R., Greenbaum, S., Leech, G., & Svartvik, J. (1985). *A comprehensive grammar of the English language*. London: Longman.

辞　書

Collins English Dictionary (12th ed.). (2014). Glasgow: Collins. [*CED*]

Longman Dictionary of Contemporary English (6th ed.). (2014). Harlow, Essex: Pearson Education. [*LDOCE*]

Merriam-Webster's Advanced Learner's English Dictionary. (2008). Springfield, MA: Merriam-Webster. [*MWALED*]

Oxford Advanced Learner's Dictionary (9th ed.). (2015). Oxford: Oxford University Press. [*OALD*]

【より深い理解のために】

◎岡田伸夫・南出康世・梅咲敦子編『英語研究と英語教育――ことばの研究を教育に活かす』（英語教育学大系第 8 巻）大修館書店，2010 年．
　本書は，英語学の諸分野の研究と英語教育の間に架橋することを意図したものである．音声学，生成文法，意味論，語用論，文体論，英語史，関連性理論，認知言語学，辞書学，辞書指導，文学研究，文学教材論など，多岐にわたる研究分野の成果の中から英語教育に活かせる内容を選び出している．

◎太田朗『私の遍歴――英語の研究と教育をめぐって』大修館書店，1997 年．
　本書は，構造言語学から生成文法へと変遷してきた英語学と，オーラルアプローチからコミュニカティブアプローチへと変遷してきた英語教育の最前線で活躍してきた著者の 40 年にわたる論文・エッセイを集録したものである．どの論文・エッセイも啓発的であり，多くの知見を与えてくれる．

◎大津由紀雄編『学習英文法を見直したい』研究社，2012 年．
　本書は，英語を外国語として学ぶ日本人が英語コミュニケーション能力を習得するには，英文法の知識が不可欠であるという前提に立ち，伝統的な学習英文法を見直し，日本人にとって理想的な学習英文法の姿を探るものである．学習英文法の意義，内容，指導法に幅広い視点から考察を加えている．

英語語法の調べ方・考え方

八木　克正
関西学院大学名誉教授

1　はじめに

　ある程度英語の学習が進むと，学習者は否応なしにいろいろな疑問にぶつかる．例えば，なぜ代名詞は複雑な格変化をするのか，代名詞の I だけどうして大文字にするのか，というようなことである．指導する英語教員の側はできるだけ簡潔に疑問に答えられることが望ましい．同じような質問と回答が繰り返されてきた歴史を考えると，英和辞典や英文法書，語法書などのどこかに回答が書かれている可能性がある．まずは，質問に対する回答が書かれている可能性がある本や辞書などを知っておく必要がある．これは，調べるための道具立てを整えるということである．道具立てを第 2 節で紹介する．

　次に，疑問の数は無限で，どこにも論じられていない疑問があっても不思議ではない．また，複数の文献にあたると，同じ問題について違うことが書いてある場合も少なくない．このような場合は，何が正しいか，自分で考えるか，同僚に相談するか，英語ネイティブに聞くか，などいろいろな方法がある．最近ではネットで公開されたコーパスで調べるという可能性も開かれている．そのさまざまな方法を知っておく必要がある．これは第 3 節で考える．

　どこかに答えが書いてあるような問題をここで再録してもおもしろくないので，あまり知られていない具体的な問題を第 4 節で取り上げる．

2 道具立て

　疑問にぶつかったときに，英和辞典を最初に見て，そこになければあきらめるのではなく，いろいろな辞書や参考文献があることを知っておきたい．
　まず英々辞典の代表的なものを，**初版発刊年順**にあげておく．

(1) OALD[9]: *Oxford Advanced Learner's Dictionary of Current English*, 9th ed. 2015. Oxford: Oxford University Press.
(2) LDOCE[6]: *Longman Dictionary of Contemporary English*, 6th ed. 2014. Essex: Pearson.
(3) COBUILD[8]: *Collins COBUILD English Dictionary*, 8th ed. 2014. Glasgow: HarperCollins.
(4) CALD[4]: *Cambridge Advanced Learner's Dictionary*, 4th ed. 2013. Cambridge University Press.
(5) MED[2]: *Macmillan English Dictionary*, 2nd ed. 2007. Oxford: Macmillan Education.

　歴史が古いのは OALD である．初版に当たる *Idiomatic and Syntactic English Dictionary* (ISED, 1942) はホーンビーなど4人による共著で，英語学習者のために日本で出版された，世界で最初の学習英々辞典である．それがオックスフォード社に版元が移って，改訂が重ねられた．LDOCE は，最初はイギリスの言語学者クワークなどの編になり，語法や文法の解説が充実している．COBUILD はバーミンガム大学とコリンズ社が提携した現代英語のコーパス構築プロジェクト（**C**ollins **B**irmingham **U**niversity **I**nternational **L**anguage **D**atabase）から生まれた辞書である．コーパスを駆使して収集した生き生きとした用例が特徴である．MED は，分りやすい解説が持ち味で，多義語には最初に語の意味と機能を総合的に解説して理解を助けている．CALD は最初 *Cambridge International Dictionary of English* (CIDE) として世に出たが，かなり記述性が高く，内容が高度であった．それが CALD になってからは，学習者向けの性格を強めた．語義ごとに別の見出し語にしているので，慣れるまで使いこなすことが難しいだろう．
　近年は辞書が相互に参照して良い点をまねるので，内容が似通ってきている．どれを選択してもそれほど大差はない．これらのうちどれか1冊は机

上に置いて，折に触れ引いてみると，思わぬ発見があるかもしれない．
　次に，疑問に答えてくれる語法書をあげておこう．個人ですべてそろえることは無理としても，学校や図書館で揃えておくべきものである．

- (6) 『現代英語語法辞典』（三省堂，2006）
  伝統ある語法辞典の改訂第3版である．海外の研究をまとめた性格の強かった2版までの記述を改め，日本での研究成果が盛り込まれている．
- (7) 『英語表現辞典』第2版（研究社，1985）
  新しい文法観に基づく「表現のための辞典」の改訂版．この日本語は英語で何というかという観点は，他の辞書にはない特徴である．
- (8) 『英語語法大事典』（大修館書店，1966），『続・英語語法大事典』(1976)，『英語語法大事典　第3集』(1981)，『英語語法大事典　第4集』(1995)

　雑誌『英語教育』の「クエスチョン・ボックス」の集大成である．シリーズものであるので，すべてそろえておくことが望ましい．特に第1冊目は素朴な良い疑問と回答がたくさんあるので，参考になることが多い．ただし，ここ20年間の成果を収録したものはない．

- (9) 『英語前置詞活用辞典』（大修館書店，1974），『英語基本動詞辞典』（研究社，1980．以下同じ），『英語基本形容詞・副詞辞典』(1989)，『英語基本名詞辞典』(2001)

　これらはすべて小西友七の編になり，品詞ごとのシリーズで，独自に収集した用例を駆使し，新しい言語理論に基づく研究成果も採り入れているので，基本語を調べるのに必須の文献である．
　次に，語法研究書もいくつかあげておこう．

- (10) 『世界に通用しない英語-あなたの教室英語，大丈夫？』（開拓社，2007，2013）

　この本は，いわゆる受験英語の正体を明らかにし，それらは100年以上前の著作から多くを引き継いでいること，後期近代英語（1700-1900）の文法や語法が記述されていること，従って，今の英語とはかなりかけ離れた内

容になっていること，しかもそれが今でも教室や受験参考書に受け継がれていることを，英学・英語学の歴史と英和辞典の歴史，それに具体的問題を通じて明らかにしている．

(11)『英語の疑問　新解決法　伝統文法と言語理論を統合して』（三省堂，2011）

英語についてのいろいろな疑問に答えるための手段と方法，考え方を具体的な例をあげながら解説している．

(12)『英語教育に役立つ　英語の基礎知識 Q & A』（開拓社，2011）

英語に関する疑問は，大きく分ければ，歴史的な考察が必要な問題と，論理的な説明が必要な問題がある．例えば，なぜ人称代名詞や be 動詞が複雑な変化形を持っているのか，なぜ不定冠詞は a と an があるのか，10 o'clock の ' は何を表しているのか，というような問題は英語の歴史の中でしか考えることができない．一方，I like apples. は総称になって「リンゴが好きだ」の意味になるのに，なぜ I like an apple. は総称の意味にならないのか，ということは論理的な説明が必要である．このような観点から，多様な問題を取り上げて解説している．今の英語教育のあり方，問題点についても論じている．これらはいずれも私の著書である．

最後に，Brigham Young University が提供しているコーパスを 2 つ紹介しておく．British National Corpus，通称 BNC は約 1 億語のイギリス英語コーパスである．そして，Corpus of Contemporary American English，通称 COCA は，約 5 億 2 千万語のアメリカ英語コーパスである．これらはインターネットでアクセスでき，無料だが，寄付を求められる．これらのコーパスをうまく使うと，単語がどのように使われるかを簡単に知ることができる．

また，Google も上手に使うと，語法の研究に役立つ．日本語では，「リンカンは合衆国第 16 代大統領だ」のように現在形を使うが，英語では Lincoln **is/was** the sixteenth president of the United States. のどちらを使うのだろうか．Google で検索してみると，is が 17,000 件，was が 37,300 件で，どちらでもよさそうだが，実際の例を見ると，その違いが明らかになる．

(13) Abraham Lincoln **is** the sixteenth president of the United States. Very soon he **gets** interested in politics and **becomes** a member of the Whig party and ….

(14) Abraham Lincoln **was** the sixteenth President of the United States (1861-1865). He **was** born on February 12, 1809 in a log cabin in Kentucky.

(13) では is を使って，歴史的事実を今のことのように語る歴史的現在で，一方，(14) は過去の人物であるリンカンを語るために過去形が使われている．つまり，一般的には過去形が良いということがわかる．

3 考え方

まず具体的な問題をとりあげて，文法書の記述の実情を見てみよう．ある高校入試の問題集を見ると，次のような例が目立つ．

(15) John got married **the earliest** of the three brothers.
(16) My father gets up **the earliest** of us all.
(17) My brother likes basketball **(the) (best)** (of) all sports.
(18) Which do you like **the best** of all these cars?

これらの文中には，共通して the を伴った副詞の最上級が使われている．(17) は穴埋め問題で，「副詞の最上級に the が必要である」という前提にたった問題である．では，日本で使われている英文法書はどう書いているのだろうか．いくつか引用してみよう．太字は私が加えた（以下同じ）．

(a) 安井 (1996, p. 355)
副詞の最上級の前には，定冠詞はつけない．限定的な句が続く場合には，（中略）特にアメリカ英語では **the** がつくことが多い．

(b) 江川 (1991, p. 180)
the をつけることもあり，《米》ではつける方が多い．

(c) 中村 (2009, p. 254)
副詞の最上級には通例 **the** をつけません．

(d) 宮川・林（編）(2010, p. 337)

副詞の最上級には **the** をつけないこともある．ただし，最近は特に**口語**で **the** をつける傾向がある．
- (e) 安藤 (2005, p. 572)
  〈略式体〉では **the** は随意的である．
- (f) 大西・マクベイ (2011, p. 310)
  最上級にはふつう **the** が伴うことに注意しましょう．(中略) この **the** は感覚的なものであるだけに，気軽な会話や文体では**省略されること**も多いことを覚えておきましょう．(中略) もちろん，私たちは「**常に the を付ける**」ことを心掛けておけば間違いはありません．
- (g) 『学研パーフェクトコース中学英語』(p. 187)
  I like math **(the) best** of all subjects.
  What sports do you like **(the) best**?

このように，「副詞の最上級に the をつけるのかつけないのか」という初歩的な問題でも，かなりまちまちの見解があることがわかる．(g) は用例をあげているだけで説明はない．どの見解が正しいかは簡単には言えないが，the を付けるのが基本という見解と，つけないのが基本という見解があることがわかる．また，英米の差，口語と文語の差（口語で the をつけるという見解が (d)，口語で the を省くという見解が (f)）であるという見解があることもわかる．

そこで，コーパスで調べてみよう．「副詞の最上級に the をつけるのか，つけないのか」を検索することはできないので，具体的な例を調べることにする．単純に like best / like the best で検索すると，動詞の like 以外のものも拾ってくるので，you like best / you like the best で検索すると，COCA では 107/7，BNC では 20/5 であった．the を付けないことが圧倒的に多いし，英米の違いも大きくないし，アメリカ英語でも the がない例の方が多い．

you like (the) best 以外の具体例で調べるとまた数字の違いが出てくる可能性がある．そうすると，(17) のような穴埋めに the を入れさせるという問題は避けた方が良いとことは明らかであろう．

更には，COCA コーパスでは run（変化形を含む）+ fastest は 9, run（変

化形を含む）＋the＋fastest は 11，BNC では 0 対 2 である．こうなると，実情は複雑で，上にあげた文法書の区々の記述も仕方ないとも言える．結局，結論は，the は任意であると考えて良い．

　言葉の使用基準は明確なものがあるわけではなく，正誤の判断は極めて難しい．このような事実から考えても，1, 2 人のインフォーマントに聞いたことで正誤の判断をすることの危険性も分かるであろう．

4　具体的問題に取り組む

4.1　名詞の反復を避ける代名詞 that の用法

「中国の人口は日本より多い」に対応する英語は（19）のように，2 つ目の population を繰り返さず，that に置き換えて（20）のようにできる．

(19)　**The population** of China is larger than **the population** of Japan.

(20)　**The population** of China is larger than **that** of Japan.

一方，(21) の 2 つ目の number を that に換えて (22) のようにすることはできないというネイティブ・スピーカーがいる．

(21)　**The number** of people who speak Chinese is larger than **the number** of people speaking any other language.

(22)　?**The number** of people who speak Chinese is larger than **that** of people speaking any other language.

(19)(20) と (21)(22) はどこが違うのだろうか．まず，いくつか文法書があげている用例をみてみよう．

(23)　**The population** of China is larger than **that**（＝the population） of India. 　　　　　　　　　　　　　　　　　（江川，2002, p. 56）

(24)　Hawaiian **discos** are different from **those**（＝discos） in Japan. 　　　　　　　　　　　　　　　　　　　　　　（江川，2002, p. 56）

(25)　**The incidence** of asthma in rural children was similar to **that** of children raised in urban environments. 　　　　　　　　　　　　　　　　　（宮川・林（編），2010, p. 192）

(26) Are imported **goods** better than **those** made in our own country?
(宮川・林（編），2010, p. 192)
(27) **The climate** here is just like **that** (=the climate) of England.
(安井，1996, p. 104)
(28) **The ears** of a rabbit are longer than **those** of a cat.
(安井，1996, p. 104)

文法書の中では，that や those に置き換えることができる例は挙げられているが，置き換えることができない例についての記述はない．つまり，今のところ，本節の問いに答える文法書はないということである．

この問題は，コーパスの検索で分かるものではなく，論理的に考えるしかない．鍵は，[the N_1 of N_2]$_{NP}$ という構造にある．N は名詞（N_1 と N_2 は異なる名詞）で，NP は名詞句である．この構造には A, B 2 つのタイプがある．

A タイプ：**the roof of the house**
B タイプ：**the cup of coffee**

A タイプは「家の屋根」のタイプで，この名詞句は N_2 の「屋根」が中心である．名詞句の中心になる名詞をヘッドと呼ぶ．それに対して，B タイプは「その 1 杯のコーヒー」で，「コーヒー」がヘッドで，the cup of は coffee を修飾する限定詞である．この限定詞の一部の N_1 の coffee を A タイプと同じように that で置き換えると，かなり不自然な文になる．

(29) a. The cup of coffee I had this morning was terrible.
　　b. *The cup of coffee I had this morning was better than **that** of coffee I was served at the coffee shop.

B タイプの NP 全体を that に置き換えた (30) は自然な文である．

(30) The cup of coffee I had this morning was better than **that** (=the cup of coffee/ the coffee) I was served at the coffee shop.

では，最初の問題の文に戻ってみよう．(22) の問題の部分だけを取り出すと [the number of people who speak Chinese] / [the number of people speaking any other language] のようになり，動詞が is で受けていることでわかるように，これらの NP のヘッドは N_1 の the number である．ということは，A タイプだから，2 つめの the number を that で受けても良いはずだが，容認しないネイティブ・スピーカーがいる．これはなぜか．

　考えられることは，類似の表現の [a number of people] は「ある人数の人達」の意味であり，a number of は限定詞の役割をしている．the number of ではヘッドだが，ヘッドでない a number of の類推から，the number of も限定詞のように感じて，(22) が不自然だと感じるのだろう．

　言葉の正誤の判断は実際には，このように一筋縄ではいかないことが多い．言語は厳格なルールが支配しているとか，文法書に書かれたルールに違反してはいけないなどという前提で文法や語法を考えない方が良い．むしろ，実際の言語使用は，ルールとされるものに違反することがあるからこそ，語法や文法の疑問が生じるといった側面がある．社会規範として確立した，卑猥な言語や，不快感を起こさせる言語，あるいは誤解を招く使い方は別にして，言語のルールは極めて緩く，自由なものなものと考えた方が良い．だから，本来，用法の正誤を問うような試験問題はコミュニケーションを主体とする英語教育とは相いれないものなのである．

4.2　who か whom か

　藤井哲郎『音読で身につく！ TOEIC テスト英単語』（桐原書店，2012，p. 268）に次の文があり，（　）に 4 つの他動詞から declined を選択させる設問がある．

(31)　The applicant, **whom** the personnel committee felt was by far the best qualified for the position, courteously (　) the offer.

　この whom は who にしなくていいのだろうか．私は，『英語教育』誌の 2007 年 11 月号「クエスチョン・ボックス」欄でも，また上に (11) としてあげた小著（pp. 160ff.）の中でも述べてきたが，文法規則としては who とすべきものである．なぜならば，was の主語だからである．90 年前のイギリスの語法書 Fowler (1926) の **who, whom** の項においても，この文法違反はシェイクスピアの作品にも見られるもので，*Tempest* III. iii. 92 にある Young Ferdinand, **whom** they suppose is drown'd ... というセリフがある

ことが紹介されている．この場合，is の主語だから who とすべきところである．Fowler の時代の新聞などでもいたるところで見られる誤りであるらしい．

以前私が使っていた大学用教科書にも (32) の例がある．

(32) ..., she now has taken on the role of rescuer to a dying boy **whom** experts believed was not suited for any service dog.

このような問題は氷山の一角であって，英語を学習する我々が守っているけれども，英語のネイティブ・スピーカーはまったく気にせず自由に使っているというようなことがよくある．

4.3. it's (high, about) time (that) 〜 に続く動詞の形

古くて新しい問題に，it's (high, about) time (that) の後に来る動詞の形は何かという問題がある．この問には，基本的には仮定法過去が来ると答えることで十分である．それは，英々辞典があげる用例で知ることができる．

(33) a. **Isn't it time** the children **went** to bed? (MED^2)
      b. **It's time** we **were** leaving. (MED^2)
      c. **It's about time** you **cleaned** your room! (OALD^8)
      d. **It's time** (that) I **was** leaving. (CALD^4)
      e. **It's time** I **fed** the dog. (LDOCE^6)

だが，問題はここでは終わらない．(33d) では I was となっているが，主語が 1・3 人称単数の時に現れるのは was でなければならないのか，それとも were も可能なのかについて，例によって，文献の記述がまちまちなのである．ここで文献から引用する余裕はないが，他の問題と同様，was でなければならない，いや，were も可能であるというところで意見が分かれる．

そもそも仮定法過去における 1・3 人称単数主語の場合に were を使うという習慣がすでに廃れている．I wish I were a bird. のように，I wish の後や if I were you のような固定化した場合を除いて，if I was とすることはごく自然なことである．だから，it's (high, about) time の後で，1・3 人称単数主語に呼応して was が来ることは何も不思議ではないし，仮に were

がきてもそれは問題ではないが，was が圧倒的に優勢になってきていると
いうことは事実である．これは，仮定法過去全体の趨勢であって，今問題に
している構文だけの問題ではない．この問題は，いわば文法のための文法，
語法のための語法であって，このような議論は，専門家に任せておけば良
い．実は，言葉はもっともっと自由である．次の例をみてみよう．

(34) **It is high time** that Congress **be** held accountable to the laws it
is sworn to protect.　　　　　　　　　　　　　　　　(COCA)

(35) **It is** therefore **high time** that beadwork **is** recognized as a prima-
ry medium both in Nguni art and within the broader context of
African art.　　　　　　　　　　　　　　　　　　　(COCA)

訳は省くが，(34) では原形，(35) では直説法現在がきている．発話者の
意図によって，it is high time の後でも，いろいろな形が可能であることが
わかる．(34) のように原形を使う場合は，命令形との連想から，緊急的未
来を表し，「...すべきだ」の意味を，(35) のように直接法現在では「当然の
事態」，「そうしていておかしくない」という意図があるように思える．

4.4　表現のための語法・文法

言語は厳格な文法規則に縛られているというのは幻想である．言葉は実に
自由である．そのことは，意図することを英語で伝える方法が実に多様であ
るということにも反映している．

駅のプラットフォームに入ってくる列車の情報を伝えるアナウンス「この
列車はホーム中央寄りに停車します」を英語で表現する方法を考えてみよう．
(36)-(39) はいずれも英語のネイティブ・スピーカーが，その状況を描写
するために作った表現である．

(36) The inbound train will be stopping at the center of the platform.
(37) The incoming train is limited to the middle portion of the train
platform.
(38) The train will stop around the center of the platform.
(39) The next train will stop at the center of the platform.

「この列車」を this train とした人はいない．それは，すでに停車している列

車を指すことになるからだろう．今ホームに入っている列車であるから，the inbound train, the incoming train, the train, the next train など表すことになる．英語のコミュニケーション能力のうち，発信能力を高めるためには，このような微妙な違いを知ることが必要である．

　新幹線の駅のアナウンスを聞いてみよう．

(40) a.　こだま 768 号は，各駅に止まります．
　　 b.　Super Express KODAMA 768 **is stopping** at all stations.

なぜ進行形が使われているのだろうか．進行形には言葉を「丁寧」にする働きがある．stops at とするとただ事実を述べているだけで，公共アナウンスとしては丁寧さに欠ける．

　もうひとつ，新幹線の車内アナウンスを例に考えてみよう．

(41) a.　この列車の停車駅は，名古屋，新横浜，品川です．
　　 b.　We **will be stopping** at Nagoya, Shin-Yokohama and Shinagawa stations before arriving at Tokyo terminal.

車内アナウンスであるからか，さらに丁寧に，will＋進行形になっている．will にも表現を丁寧にする働きがある．その will の機能を使って，さらに丁寧にした表現である．

5　おわりに

　文法的な正誤判断を迷うような場合は，学習英々辞典の用例に倣うことにしよう．それ以外に可能性がないのか，という問いに対しては，今はこの表現法で満足しておこうと答えるのが良いだろう．

　表現のための語法・文法も同じで，意図に一番近い表現を探し出すことが一番の解決方である．昔「英借文」という言い方があった．できるだけ表現法をストック（自身の頭の中，そして，メモとして）しておいてそれを必要に応じて使うという方法だ．問題は，それだけの勉強と用例収集という下地が必要になる．文法よりも英借文が基本である．

参考文献

安藤貞雄 (2005).『現代英文法講義』開拓社.

江川泰一郎 (1991).『英文法解説　改訂三版』金子書房.

H. W. Fowler (1926). *A Dictionary of Modern English Usage*. Oxford: Oxford University Press.

宮川幸久・林龍次郎（編）(2010).『要点解明　アルファ英文法』研究社.

中村捷 (2009).『実例解説英文法』開拓社.

大西泰斗・ポール，マクベイ (2011).『一億人の英文法』東進ブックス.

安井稔 (1996).『英文法総覧　改訂版』開拓社.

【より深い理解のために】

第 2 節の文献紹介を参照されたい.

生成文法から英語教育へ*

宮本　陽一
大阪大学大学院言語文化研究科

1　はじめに

　生成文法理論は，人間の持つ言語能力を解明することを目的としている．ここで言語能力と呼ばれるものは，3歳になるまでに自然に身に付く我々の母語に関する能力をさす．この点を考えると，生成文法理論を外国語教育と直接，関連付けることはできない．生成文法理論において，ある英語の現象をもとに，ある原理が提唱されたからといって，その原理を直接，英語教授法に反映させることを示唆するものではないのである．しかしながら，生成文法理論研究において明らかにされてきた「一般化」は，外国語学習者の間違いの要因を明らかにする際に有益であると考える．本章では，2節でまず，英語の Yes/No 疑問文に関する観察から「構造」をもとに文が成り立っていることを示す．続いて3節では，生成文法理論で広く研究されてきた himself, each other のような照応形に焦点を当て，関連する原理を簡略化したかたちで紹介し，「構造」の重要性を説く．さらに4節では，この原理が中学，高校，大学の英語教育を通して頻繁に出される照応形に関する問題を解く際のヒントになることを紹介する．5節では，照応形の先行詞を推測する際に日本語もしくは他の英語の文から考えると間違えてしまう例を2つ挙げる．6節が結語である．

---

　*　本章執筆にあたり，小野創氏，瀧田健介氏，牧秀樹氏から貴重な意見をいただいた．ここに深く感謝する．

2　構造の重要性

　文は単語の羅列からなってはいるが，生成文法理論では，そこに「構造」が存在すると考える．(1a) の文を Yes/No 疑問文にすると (1b) になる (Chomsky, 1968, 1971, 1975, 1986)．

(1) a.　John is tall.
　　b.　Is John tall?

(2a) の文では，(2b) となり，(2c) にはならない．[1]

(2) a.　The man who is happy is tall.
　　b.　Is the man who is happy tall?
　　c.　*Is the man who happy is tall?

自明なことと思うかもしれないが，Yes/No 疑問文では，関係節内の is ではなく，主節の is を文頭で発音しなければいけないことを (2b) と (2c) の差は示している．では，我々はどのように主節の is を見つけ出しているのであろうか．「前から数えて」ということでは，(1b) と (2b) を統一的に説明できない．語順に基づいて線形的に考えるのではなく，我々はどれが主語で，どれが主節の is であるかを構造的に見極めているのである．[2] 主語を構成する単語の羅列に後続する is と考えれば，(1a) と (2a) は (3a, b) の「構造」を持つことになり，2 つの疑問文を統一的に説明することができる．

(3) a.　[John] is tall.
　　b.　[The man who is happy] is tall.

図式化すれば，(3a, b) は (4a, b) のように表すことができ，二文の共通性はさらに明らかである．

---

[1] 「*」は，その文が非文であることを示す．
[2] Crain and Nakayama (1987) は，英語を母語として獲得する子供も 3 歳までには正しく Yes/No 疑問文が生成できることを実験から確かめ，子供の文法においても統語規則が構造に依存していることを明らかにした．

(4)

(4a, b) のような図を生成文法理論では樹形図と呼ぶ.[3]

この樹形図を用いて「構造」を考えてみると，要素間の関係を正しく読み取ることができ，統語現象の神髄が見えてくるのである．次節からhimself, each other のような照応形の解釈における「構造」の重要性を見ていくことにする.

3 照応形の解釈における構造の重要性

生成文法理論初期の頃から扱われてきたトピックの1つに照応形の認可条件がある．たとえば，(5a-c) の例文で考えてみよう (Chomsky, 1981).

(5) a. John praised himself.
b. *Himself praised John.
c. Himself, John praised.

(5a) と (5b) の違いは，先行詞 (*John*) と照応形 (*himself*) の位置が逆になっていることのみである．そして，この対比から照応形は先行詞に線形的に先行することができないと考える読者がいるかもしれない．ところが，(5b) 同様，照応形が先行詞に先行する (5c) では，*himself* を John として解釈することに何の問題もない．ここで，単なる単語の先行関係ではなく「構造」に目を向けると，(5a) と (5c) の共通点が見えてくる．(5c) は，(5a) をもとに目的語にあたる照応形を話題化するために文頭で発音したものである．この「文頭で発音する」ということを生成文法では，*himself* が目的語の位置から文頭に「移動」したと考える．さらに，この移動の際に元位置に痕跡 (t) を残すと考える．これを図式化すると，以下のようになる.

---

[3] (4a, b) は簡略化した樹形図である．正確には，範疇，品詞等の情報を付け加えることになる.

(6) Himself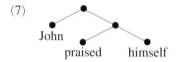

ここで網掛けの部分に注目すると，元位置の目的語が痕跡ではあるが，(5a) との共通性が読み取れる．よって，(5a) で照応形が正しく解釈できるのであるから，(5c) において痕跡を通して照応形が正しく解釈できても驚きではない．

では，この照応形の解釈を「構造」の観点からもう少し詳しく考えてみよう．生成文法では，(5a) の構造は (7) のように考える．

(7)
```
        ●
      /   \
     ●     ●
    / \   / \
 John praised himself
```

数々の証拠に基づき，(7) の構造が提唱されているわけであるが，他動詞文において，kick the bucket (= die) のように熟語が動詞と目的語を対象にしたものしかないことを考えても，動詞と目的語がまず結びつき，それ (= 動詞句) に主語が結びつくことは直感的にも納得していただけるのではないだろうか．

この樹形図をもとに (5a) と (5b) の対比を考えると，(8) の一般化が成り立つことがわかる．

(8) 先行詞が構造的に照応形よりも高い位置にこなければならない．

(5c) の構造が (6) であれば，網掛けの部分において先行詞が照応形の痕跡よりも高い位置にきている．よって，(5a) と (5c) の平行性は正しく捉えられるのである．

さらに，(8) の一般化は非常に限られた環境で満たされなければならない．次の例文を見ていただきたい．

(9) Bill said that John praised himself.

この例文において himself は，Bill を指すことはできず，John として解釈されなければいけない．この事実を踏まえると，(8) の一般化は，(10) に示したように節に関する条件を付け加えなければならない．

(10) 同一節内において先行詞が構造的に照応形よりも高い位置にこなければならない．

この制約は，生成文法において束縛原理と呼ばれるものの1つを簡略化して表記したものである．生成文法理論研究においては，この原理をより一般化された原理から導き出すことを目標にするのであるが，この制約は英語学習者が実際に問題を解く際にも役に立つことを次の節では見ていこう．

4　教科書にみる照応形の問題

照応形に関する問題は中学，高校，大学の英語教育を通して頻繁に出されるものであるが，次の例は大学教養科目の「英語」で使用されている教科書からの抜粋である．

> Critical thinkers also realize that critical thinking doesn't come overnight. They know that it is a skill that is acquired gradually through trial and error, that it is a habit of mind that builds on itself over the course of a lifetime.　　(*Topics and Tactics for the TOEFL Test*: 9)

下線部 *itself* の先行詞が何であるかを問う問題であるが，段落の流れからして *critical thinking* という答えが思い浮かぶかもしれない．また，そう解釈したとしても，内容は十分に理解できるように思う．しかし，これは正解ではない．

では，ここで *itself* を含んだ関係節の構造を見てみよう．この関係節の主語は関係節主要部である *a habit of mind* なので，この関係節は (11) の文と同一であると考えても差し支えないであろう．

(11)　A habit of mind builds on itself (over the course of a lifetime)

(11) において (10) を満たしているのは，*a habit of mind* のみである．よって，答えは *a habit of mind* しかあり得ないのである．このように (10) の制約は，内容がある程度理解できるからこそ間違った答えを選んでしまう可能性がある問題の場合にイエローフラッグを上げるものである．

5　照応形の解釈と移動

　ここまでは，照応形の解釈について痕跡の存在を踏まえながら概観してきたが，本節ではさらに，英語学習者が躓きやすい照応形が含まれた文を2タイプ見ていくことにする．まず，(12a, b) の非文性を考えてほしい．

(12)　a. *Brothers of each other praised John and Bill.
　　　b. *John and Bill, brothers of each other praised t.

(12b) では，(12a) の目的語である *John and Bill* を文頭に「移動」させたのだが，(13) で示した網掛けの部分において (10) を満たしていないので非文になると考える．

(13)　John and Bill brothers of each other praised t
　　　　　　　↑_____|

では，(12a, b) を日本語に訳してみよう．

(14)　a. *お互いの兄弟がジョンとビルを誉めた（こと）
　　　b. 　ジョンとビルをお互いの兄弟が t 誉めた（こと）

Saito (1992) において，(12b) とは異なり，(14b) では「お互いの兄弟」をジョンとビルの兄弟として正しく解釈できることが指摘されている．(14b) が容認されることから，日本語の目的語の文頭への「移動」は (15) のように網掛けの部分内への移動であることがわかる．

(15)　ジョンとビルを　お互いの兄弟が t 誉めた
　　　　↑_____|

(15) において (10) の条件は満たされており，日本語では (14b) が適格な文になる．[4] (12b) と (14b) の対比からわかるように，日英語における「移動」は性質が異なる場合があるので要注意である．日本人英語学習者が母語の知識をもとに先行詞を見つけようとすると間違える一例である．

　最後に，(10) の反例にあたるように見える例文を見ておくことにする．

---

[4] 生成文法理論の枠組みにおいて Saito (1992) は，(12b) と (14b) の対比からスクランブリングと呼ばれる日本語の語順変換に係わる操作の性質を明らかにした．

(16) Pictures of each other pleased John and Bill.

この文では *pictures of each other* が主語であるため，照応形が先行詞にあたる *John and Bill* よりも明らかに構造的に高い位置にあり，(12a) 同様，(10) の条件に違反しているように見える．それにもかかわらず，(16) は適格な文である．(10) の条件が正しいとすると，(16) の構造は見た目どおりに考えてはいけないことになる．この種の反例は，Belletti and Rizzi (1988) が指摘するように please, annoy 等の心理動詞によって構成される．

生成文法理論 (Belletti and Rizzi, 1988) では，(17) に図示したように *pictures of each other* が，まず t で示した痕跡の位置に生成され，矢印で示した主語位置への移動を経て (16) の語順になると考えられている．

(17)
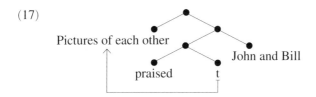

(17) の構造では，先行詞にあたる *John and Bill* が構造的に *each other* の痕跡よりも高い位置にきているため，(10) の条件を満たしているのである．

(16) のような心理動詞を用いた文は，見た目と実際の構造が一致せず，主語が目的語のような振る舞いをすることには注意が必要である．(12a) のような例文をもとに考えると間違えてしまう例である．

6　結語

本章では，生成文法理論の観点から「構造」を踏まえ，照応形の振る舞いについて概観した．たとえ簡略化した形であっても，照応形に関する原理を意識することで，先行詞を見つける際の間違いは減るように思う．また，日本語に訳して考えると誤ってしまう「移動」を含む文には注意する必要がある．さらに，他の英語の例から考えただけでは構造を明らかにすることが難しい，心理動詞を含む文の，特に主語の例外的な振る舞いにも気を付けたい．本章では，紙面制限の関係上，照応形に係わる数例を紹介しただけであるが，このような言語学の知見が，より効果的な英語教育のための指針にな

れば何よりである．

参考文献

Belletti, A., and L. Rizzi (1988). Psych-verbs and θ-criterion. *Natural Language and Linguistic Theory*, 6, 291–352.
Chomsky, N. (1968). *Language and Mind*. New York: Harcourt Brace Jovanovich.
Chomsky, N. (1971). *Problems of Knowledge and Freedom*. New York: Pantheon.
Chomsky, N. (1975). *Reflections on Language*. New York: Pantheon.
Chomsky, N. (1981). *Lectures on Government and Binding*. Dordrecht: Foris.
Chomsky, N. (1986). *Knowledge of Language*. New York: Praeger.
Crain, S., and M. Nakayama (1987). Structure dependence in grammar formation. *Language*, 63, 522–543.
Saito, M. (1992). Long distance scrambling. *Journal of East Asian Linguistics*, 1, 69–118.

教科書

Topics and Tactics for the TOEFL Test，南雲堂，2008．

【より深い理解のために】

◎大津由紀雄・嶋田珠巳編『英語の学び方』ひつじ書房，2016年．
　第2章の「構造を知ることは役に立つ」（瀧田健介著）では，生成文法理論の枠組みのもとで代名詞の解釈について説明がなされている．照応形同様，代名詞も統語的な制約に従うことが分かる．

◎白畑知彦『第二言語習得における束縛原理：その利用可能性』くろしお出版，2006年．
　本書は，第二言語習得における照応形「自分」の習得過程について生成文法理論の枠組みのもとで説明を試みたものである．母語の影響の問題，言語習得における臨界期（critical period）仮説の問題等，幅広く議論されている．

形が違えば意味も違う
―認知言語学的アプローチから見る総称文―

小薬　哲哉

大阪大学大学院言語文化研究科

1　はじめに

　認知言語学（Cognitive Linguistics）では，一見同じような意味を表す表現でも，形式が異なれば，話者の捉え方が異なると考える．つまり，「形が違えば意味が違う」のである．本稿では，4つの形式の総称文における英語母語話者の捉え方の違いを検討する．その後で，認知言語学的アプローチ，特にイメージ・スキーマを用いた英文法指導について考えてみたい．[1]

2　認知言語学的アプローチに基づく総称文の意味分析

　(1) の文はどれもトラの生態について述べた，いわゆる「総称文（generic sentence）」である．

(1) a.　A tiger hunts by night.
　　b.　Tigers hunt by night.
　　c.　The tiger hunts by night.
　　d.　?The tigers hunt by night.

同じような意味を表すように見える (1) の文は，それぞれ話者の捉え方が異なっており，それによって微妙な用法の違いが生じる．以下では，Radden & Dirven (2007)（以下 R&D）の分析に基づき，その違いを考察しよう．

---

[1] 認知言語学的知見の英作文指導への応用については，早瀬（本書）を参照されたい．

2.1 不定冠詞＋単数形名詞

まず，主語が「不定冠詞＋単数形名詞」形式の (1a) の意味について見てみよう．R&D (2007, p. 108) によると，このタイプの総称文は，「トラ」という集合内の任意の要素1つをイメージし，その特徴を述べる文だとされる．取り出された任意のトラがもつ特徴は，集合の「どのトラにも当てはまる」と解釈される．つまり，「一頭のトラが夜狩りをする」という特徴を述べ，それが集合のどのトラにも当てはまると解釈される．従って，ここでの a は，意味的に "any" に等しい．

この分析から，(2) の違いを説明できる．(2a) は，任意の「バリ島のトラ」1頭を取り出し，それが「絶滅した」と述べているため容認されない．絶滅したと言うためには，必ず複数のトラを想起しなければならないからだ．従って，(2b) の「裸複数名詞」形式のみが容認される (R&D, 2007, p. 108)．

(2) a. *A Balinese tiger has been extinct for 50 years.
    b. Balinese tigers have been extinct for 50 years.

また，「不定冠詞＋単数形名詞」形式で述べられた特徴は，集合全体にとって本質的なものと見なされる．例えば，ことわざ (*A rolling stone* gathers no moss. など) や，(3) のような集合の定義に使われる．

(3) a. A bird has a beak, wings and feathers.　(R&D, 2007, p. 108)
    b. *An American* is one who was born in the United States of America. An immigrant is one who applies to become a citizen of our nation.　(Web 検索)

以上，「不定冠詞＋単数形名詞」形式の総称文がもつ意味を考察した．認知言語学では，言葉の意味や話者の捉え方を分かりやすく図で示して分析する．(1a) の意味は，図1のようになろう．(R&D, 2007 の図を基に，詳細を変更)．図1は，太線の要素（＝トラ）が，取り上げられた任意の要素であり，それが円内の集合全体に当てはまることを表している．

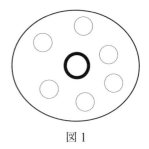

図1

2.2 裸複数名詞

次に，「裸複数名詞」形式の総称文 (1b) Tigers hunt by night. の意味を見よう．この形式では，「トラ」という集合内で複数の要素をイメージし，その特徴を述べる働きをする (R&D, 2007, pp. 108-109)．つまり，図2のように，複数の要素を取り出し，それが集合の「多数」を占めると捉え，その特徴を述べることで集合全体の特徴と解釈する．この時，複数の要素に注目する一方で，特徴が当てはまらない例外の存在も暗に想定される．

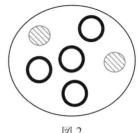

図2

さらに別の例を見てみよう (R&D, 2007, p. 108)．

(4) The large majority of Italians are Roman Catholics and for centuries, this has affected their art. *Italians* are proud of their artistic heritage.

(4) の第2文の Italians は，第1文の the large majority of Italians と同義である．裸複数形が「集合で多数を占める要素」と解釈されることが分かる．

「裸複数名詞」形式は，総称文として最も一般的に用いられる形式である．これは，文が述べる特徴が当てはまらない例外の存在も認めるので，曖昧な印象を与えたり，個人的な評価を述べたりする時にも使えるからである．例えば，「イタリア人は子供好きだ」と言う場合，(5a) は「子供好きでないイタリア人」という例外を想定できるので，自然な文となる．一方，(5b)「不定冠詞＋単数名詞」は「どんなイタリア人も必ず子供好きだ」という解釈となり，不自然に聞こえるのである (R&D, 2007, p. 108)．[2]

(5) a. *Italians* are fond of children.
　　b. ?*An Italian* is fond of children.

---

[2] R&D によると，(5a) は個人的な評価として発話された印象を与えるため，仮に話者が「子供好きなイタリア人」にほんの数人しか会ったことがなくても容易に使えるとされている．

2.3 定冠詞＋単数名詞

続いて，「定冠詞＋単数名詞」形式の総称文，(1c) The tiger hunts by night. の意味について見よう．この形式では，「トラ」という集合内の要素1つをイメージし，それを集合の代表（プロトタイプ）として捉える．また，特定の要素1つを取り上げることは，他の要素との対比も同時に含意する (R&D, 2007, p. 109)．従って，集合の代表は，他の集合と対立するものと解釈される（図3）．例えば，(1c) では，特定のトラ一頭をイメージし，それをトラ全体の代表と捉える．そして，そのトラという集合は，「ライオン」や「ヒョウ」といった他の対立する集合と暗に対比されるのである．

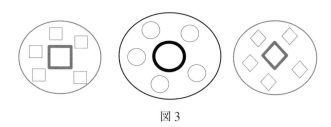

図3

また，(6) は *Oxford Dictionary of Proverbs* から引用したことわざである．ここでは，「妻」などの他の家族との対比の意味合いで，the が使われている．また，この文の意味として，*A deceived spouse* is the last person to get to know about *a partner*'s infidelity ... (p. 159) とある．「不定冠詞＋単数名詞」形式を使って，「任意の裏切られた配偶者」という別の捉え方で (6) の意味を説明していて，とても興味深い．

(6) The husband is always the last to know.
　　（知らぬは亭主ばかりなり）

2.4 定冠詞＋複数名詞

最後に，(1d) ?The tigers hunt by night. という「定冠詞＋複数名詞」形式の総称文を考察しよう．従来，この形式は具体的なモノを指す一般用法（例えば Can you open the windows?）が基本とされ，総称文としての用法は，文献であまり取り上げられてこなかった．ジーニアス英和辞典第5版でも，「定冠詞＋複数名詞」形式の総称文についての記述がなく，定冠詞の

総称用法は「名詞の単数形の前で」とだけ指摘されている．
　しかし，R&Dによると，(7)のように人間の特徴を述べる場合には，「定冠詞＋複数名詞」が適格となるという（R&D, 2007, p. 110 より，一部変更）．

(7) Football is the main national sport and *the Italians* are well known for their passion for this sport.

この形式では，図4のように，複数の要素を取り出し，集合の代表として解釈する．複数形を使用することから，(1b) 同様，例外の存在も許容する．また，取り出された集合は，(1c)「定冠詞＋単数名詞」同様，他の集合と対比される含意が生じる．こうした働きをもつ「定冠詞＋複数名詞」形式は，全体をまとまりのあるグループや種（species）として特徴づける場合，特に，人種の特徴を述べる場合によく用いられるという．(1d) は人種ではなく動物の特徴を述べた文であるから，不自然な文と判断される．

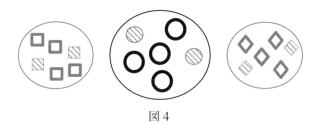

図4

　しかし，R&Dの分析に反して，実は人以外にも用いられる例がある．(8a) は複数の要素を一まとまりとして他の候補と対比する場合，(8b) は専門家の発話で，やはり全体をまとまったグループとして特定する場合である．

(8) a. Where do you spend the summer—by the sea or in *the mountains*?　　　　　　　　　　　　　　　　　　（織田，2002, p. 110）
　　b. Next term we're going to study *the metals* in detail.
　　　　　　　　　　　　　　　　　　　　　　　　（Swan, 2005, p. 69）

このような例から，「定冠詞＋複数名詞」形式を総称文として使うためには，主語が複数の要素に代表され，他と対比される「まとまりのあるグループ」

として認識できるかどうかこそが，重要なのだと考えられる．

3 おわりに――認知言語学的知見を活用した英文法指導に向けて

　以上，R&D の分析を基に，似たような形式をもつ 4 つの総称文の意味を考察してきた．同じような意味を表すように見えても，英語母語話者はこれらの形式がもたらす意味の微妙な違いを直感的に理解しているのである．

　最後に，本論で紹介したような認知言語学による研究成果を英語教育，特に英文法指導に生かすためのポイントを考えてみたい．認知言語学から教室での英文法指導で役立つ点として一つ挙げるとすれば，イメージを用いた英文法指導である．本論では，総称文の意味の違い，英語母語話者がもつイメージを，図を使って説明してきた．このような図式は「イメージ・スキーマ」と呼ばれ，母語話者の捉え方の違いを示す際に，認知言語学で多用される分析手法である．文法事項の中心的な意味や用法を，こうした図を添えて説明することは，英文法指導において効果的であると考えられる．

　実際，イメージ・スキーマを英語教育に取り入れる試みは，近年活発に行われてきている．例えば，長 (2016) では，前置詞のイメージ・スキーマを利用した教授法と教材が提案され，その効果を検証している．また，認知言語学の知見を採用しつつ，学習者や教育者にとって使いやすい新たな学習英文法を新たに構築する試みも盛んである（佐藤・田中，2009; 今井，2010 など）．

　認知言語学の知見を英語教育に生かす研究は，まだまだ始まったばかりである．今後，文法指導に認知言語学の知見を応用する試みが活発になれば，英語教育・認知言語学の双方にとってさらなる貢献が可能となるだろう．

参考文献

長加奈子 (2016).『認知言語学を英語教育に生かす』金星堂.
今井隆夫 (2010).『イメージで捉える感覚英文法――認知文法を参照した英語学習法』開拓社.
織田稔 (2002).『英語冠詞の世界：英語の「もの」の見方と示し方』研究社.
Radden, G., & Dirven, R. (2007). *Cognitive English Grammar*. Amsterdam: John Benjamins Publishing Company.

佐藤芳明・田中茂範 (2009).『レキシカル・グラマーへの招待――新しい教育英文法への招待』開拓社.

Swan, M. (2005). *Practical English Usage*. Oxford; New York: Oxford University Press.

【より深い理解のために】

◎Radden, G. & Dirven, R. (2007) *Cognitive English Grammar*. Amsterdam: John Benjamins Publishing Company.

　認知文法の枠組みから英文法を分析した本．英語母語話者がもつ捉え方を分かりやすい図と豊富な事例を基に説明している．英語も読みやすい．

事態把握から見たことば
―認知言語学から英語教育への貢献―

早瀬　尚子

大阪大学大学院言語文化研究科

1　はじめに

認知言語学 (Cognitive Linguistics) は「我々が場面や世界をどう捉えたかが言語表現に反映される」と考える，言語学の一派である．その主要なテーゼの中には，英語教育にも直接的に有効に働くと思われるものがある．本論ではその中から「形式が異なればとらえ方が異なる」「言語によって好まれる認知のパターンが異なる」という2つの考え方を具体例と共に取り上げ，この精神を実際の英語授業にどう生かせるかを考えたい．

2　書き換えと文の意味の等価性―構文文法的見地から

英語教育の現場で行われる書き換えの一例として，5文型におけるSVOC構造の単文を，that節補文を用いた複文形式と対応させるケースをみよう．

(1) a.　John believes that Mary is honest.
　　b.　John believes Mary honest.

この2つの文形式を書き換えさせるということは，2つの意味が等価であることを暗黙の前提とする．意味はどちらも「メアリーが正直だと考える」で，単文か複文かという形式だけが異なると見なされていることになる．だからこそ，単文と複文という形式を移し替える発想が生まれてくるのである．

しかしもう少し広い文脈で考えてみると，これらのペアに等価が成立するとは必ずしも言えないことがわかる．

(2) a. *In the paper, we noticed the store closed.
　　b. In the paper, we noticed that the store was closed.
(3) a. I find Mary terribly amusing, although others do not think so.
　　b. *I find that Mary is terribly amusing, although others do not think so.
　　　　　　　　　　　　　　　　　　　　(Borkin, 1973, p. 47)

In the paper（新聞で）という客観的な情報源を示す文脈で（a）の複文構造は自然に後続するが，（b）の単文構造はなじまない．一方 others do not think so（他の人は異なる意見だが）という表現が後続できるのは（a）の単文構造の方であり，（b）の複文構造では両立しない．このように，具体的な文脈で用いると，それぞれの形式が異なる意味を表しているとわかる．つまりこの場面で（2a/b）や（3a/b）の書き換えは厳密には成立しないのである．

　また（2）（3）の対比から，（a）の単文構造が主観的・個人的な意見陳述に適するのに対し，（b）の複文構造は比較的客観性が高く，誰もがそのことの正しさを確認できる状況に適する，ということがうかがえる．以下は類例である．

(4) a. Do you find me short?（ドラマ「アリーに首ったけ」First Season）
　　b. Do you find that I am short?

(4a) は，背が低いことを気にする男性が，背の高い新しい恋人とつきあい始めるにあたり，昔からの友人である主人公女性に「ボクって背が低い（と思う）？」と意見を尋ねるときの発言である．この場面で（4b）を発言すると，意味合いは全く変わる．I am short（背が低い）ことは事実として提示され，「ボクが背の低い人間だという事実が，あなたにはわかったか」と尋ねることになる．しかしこれは，お互い旧知の同僚の発言としてはおかしな文となる．つまりこの場面で使用できるのは（4a）でなければならないのである．

　以上に共通するのは，いわゆる SVOC による単文構造が個人的・主観的な解釈を，逆に that 節を用いた複文構造が事実を踏まえてどう反応するかという客観性の高い解釈を，それぞれ好むことである．つまり，主観的か客観的かという異なった事態把握がそれぞれの形式に一貫してみられ，それが

文脈状況と合致しない場合，書き換えは成立しなくなるのである．

このように，形式が異なればその事態把握も何らかの側面で異なる．それぞれの表現形式にふさわしい事態把握のパターンが存在し，重なりはあっても異なる側面も多々ある．同じ事態でもその捉え方が異なると，結果的にはその認知パターンにふさわしい構文を選択することにつながるのである．

さて，構文に特有の事態のとらえ方がある，のであれば，「書き換え」作業とは意味を無視した単なる機械的な記号操作にすぎなくなる．はたして「書き換え」は意味がない操作だったのだろうか．

認知言語学の立場からは，書き換えにも意義付けが可能である．すなわち書き換えを1つの事態状況への様々なものの見方をとるための練習だととらえるのである．書き換え文のペアとなる表現形式（構文）は，複数ありうるとらえ方の可能性の1つを言語化した鋳型，と考えられる．ならば，書き換えとは異なった事態把握を試みることと理解できる．「書き換えとは単なる記号操作ではなく事態把握のレベルにおける発想の転換なのだ」ということを，指導の際に肝に銘じておくことが求められるだろう．[1]

3 好まれる描写の視点と言語差

日本語は一人称主語を明示せず，また情景描写が好まれる傾向にある．英語が常に主語を一貫させて明示し，その行為描写を好むのとは対照的である．

(5) ドアを開けると見知らぬ女性が窓のそばに立っていた
(6) When I opened the door, a strange woman was standing by the window. （日本語話者の作例）
(7) a. When I opened the door, I saw a strange woman standing by the window. （模範解答例）
　　b. I opened the door to find a strange woman standing by the window. （模範解答例）

---

[1]「形式が違えば意味が違う」というテーゼを体現している他の言語現象については，第4部4章の小薬論文における総称文の項も参照のこと．

(5) の解答として学生の多くが (6) を産出するが，模範例としては (7a/b) が挙げられる．旧大阪外国語大学の英語専攻 1 年生 20 名に英作を課したところ，(7a) では下線部 I saw という行為が抜ける傾向にあり，(7b) の解答に至っては，to find という行為を描写する発想がそもそも欠如しているためか，ほぼ皆無であった．また対応する日本語で主体が非明示であることにも影響されるようだ．英語では主体者 I の観点を一貫させて節ごとに明示化することが求められるが，「私がドアを開けると私は見知らぬ女性が立っているのを見た」と，第二文で「私」という主語を明記すれば逆に不自然だし，文末も「… 立っているのを見た」よりは「… 立っているのが見えた」の方が自然である．この傾向は日本語で頻出し，(8) のように絵本でも多用される．

(8) （あきが）いそいでいってみると，ドアのところに（きつねの）こんが，おべんとうをもってたっていました．（『こんとあき』林明子）

このことから (5) (8) のように「主体およびその認識行為は明示せず，見えたままの情景を語る」というのは，少なくとも現代の日本語母語話者が幼少時より慣れ親しんでいる事態連鎖の描写パターンと言える．しかしそのままその発想を英語にすると，(6) のように不自然な文となってしまう．

この問題を解決するには「英作文では常に主語を一致させてその行為を述べよ」とすればよいように思われる．ただ，実は英語でも (5) や (8) に相当する，主語一致させない例がそれなりに用いられている．

(9) a. Entering the monastery, the ticket office is on the left.
b. Walking upstream, the finest aspect of Ben Nevis is revealed.
c. Returning now to the context of a church planting team, it will not be such national pronouncements that are being sought.
d. Looking back on the twenty-five years of fostering children, is there any one memory that stands out for you? （早瀬, 2009）

教育現場での分詞構文は，分詞句と主節の主語を一致させることが求められ，不一致の場合は分詞の主語を明示化せよと指導される．しかし現実に (9) のような不一致の実例は言語コーパス上でも多々見つかる．ではこの指導は誤っているのだろうか．英語で主語が一致している場合としていない場

合との差は何なのだろうか.

　この現象は，単に主語が一致しているか否かという表面的問題にとどまるものではなく，そもそも事態をどうとらえて言語表現化するかという事態把握のあり方と関わっている．早瀬 (2009) で調査した結果，この不一致例の主節には共通した傾向が見られ，1) 70％ が状態を表し，かつ 2) 65％ が現在時制であった．1) の傾向からは主節の事態を「話者の観察対象」だと補って解釈する必要が示唆される．(9a) での主節が描写するのはチケット売り場の単なる存在ではなく，修道院（monastery）に入ったら左側に存在することを「認識・発見」できることである．この認識プロセスはまさに (7) の I saw/to find で明示化されていたものである．このプロセスが非明示になる例は，2) の現在時制が多いという特徴から，事態を発話と同時に生起するものとして描く際に集中している．(8a) では「修道院に入る」という疑似体験を今この発話の場で聞き手と共に仮想的に行っていることを示唆する．つまり (9) のような主語不一致のタイプが典型的に使用されるのは，<u>話者が自ら現場に没入し，そこから見える事態（典型的には状態）の描写を聞き手と共有する，発話現場に密着した場面没入型の状況なのである</u>．[2] 没入した視点から語るゆえに自らの存在は見えないため，主節での知覚主体は明示化されない．まさにこれは (5) (8) で見た，日本語話者に深いなじみのある描写パターンと言える．

　これに対し，英語で規範とされる主語一致の分詞構文 (10) は冷静で客観的な描写をしている．

(10) a. Arriving at the park, he saw a strange woman sitting on the bench.
　　 b. Going back inside the railway hotel, I ordered a pot of tea.

---

[2] なお，(i) のように主節事態が過去時制を表す主語不一致事例も 30％ あるが，それは小説や物語などのジャンルで語り手が登場人物の視点を借りて臨場感あふれる状況描写をする場合に多用される．
　(i) a. Arriving at the park office, things looked grim at first.
　　　b. Going back inside the house, the room was dark.
物語のため時制は過去時を指示しているものの，「着いてみると最初は暗く見えた」のように，一人称小説における語り手の立場からの見え方を描くか，登場人物である主人公の立場からの状況描写をしている点で，(9) と同じとらえ方をしている．

(10a)は彼の到着後彼が目撃したことを，彼とは別の第三者的観察者の視点から描写している．主語が一人称（(10b)）でも同じで，自らの存在・行為を客観視する形で事態の連続を表現している．このパターンが英語で規範と見なされることから，英語では客観的な視点からの描写が好まれる傾向にある．つまり英語的発想で英文を書こうとすると，場面没入型の日本語的発想を意識して転換し，客観的な視点をとるよう構えを変える必要があることになる．

　このように，主語が明示化されるか否か，主語の認識行為を明示化するかどうかという問題は，事態把握の違いに還元される．各言語が好む認知パターンの違いに着目することは，英語教育現場で自然な英作文への指導に有益であろう．自然な英語を書くためには「客観的な観察者の立場から出来事を描く」という事態把握が必要で，その構えを整えるためには日本語母語話者は自ら慣れ親しんだ主観的な場面没入型のものの見方を意識的に脱却し，出来事を俯瞰して見る構えをとる必要がある．両方の言語の事態把握を並行して理解しておくことは，さまざまな英作文を作成する際に有効に働く．日頃から意識せず使用し知らないうちに縛られているものの見方の枠からあえて自由になり，客観的・主観的視点どちらも操れるようになることは，言語学習の醍醐味であろう．英語教育はそのような大局的な俯瞰への第一歩を担っている．[3]

4　おわりに

　本章では，認知言語学的視点から英語教育に示唆できる事柄について，事態把握という観点から紹介した．構文とは1つの場面に対する複数のものの見方を言語的鋳型として提供するものであり，書き換えとはこの事態把握の交替現象であること，また日英それぞれが好む事態把握の違いを理解することで，自然な作文へと広く応用できる可能性を示した．英語教育の現場に応用できるヒントが少しでも提供できていたら幸いである．

---

[3] ここで見た事態把握のパターンと言語差については，本書第5部の井元論文によるフランス語との対比についても参照されたい．

参考文献

Borkin, A. (1974). To be and not to be, *Chicago Linguistic Society*, 9, 44-56.
早瀬尚子 (2006).「認知言語学と英語教育——学問的知見をどう活かすか」『EX ORIENTE』13, 27-57. 大阪外国語大学言語社会学会.
早瀬尚子 (2009).「懸垂分詞構文を動機づける内の視点」『「内」と「外」の言語学』坪本篤朗・早瀬尚子・和田尚明 (編著) 55-98. 開拓社.

【より深い理解のために】

◎池上嘉彦『日本語と日本語論』筑摩書房, 2007年.
　日本語と英語の発想や着眼点の違いを詳細に解説しており, 本章で扱った2つの事態把握のあり方についても述べられている.

ことば学とコミュニケーション*

沖田　知子
大阪大学大学院言語文化研究科

1　はじめに

　コミュニケーション能力の養成は喫緊の課題であるが，発信と受信の双方がかかわる点も忘れてはならない．本章では，ことばと心の関係を総合的かつ立体的にとらえることば学の観点から考えてみたい．

2　ことば学の射程

　コミュニケーションを考えるにあたり，まず3点押さえておきたい．
　発話には，伝える命題に対して話し手の命題態度（it-is-so）や発話態度（I-say-so）が付加されるという階層性がある（Lyons, 1977）．語用論的にいえば，命題に対する話し手の判断であるモダリティをつけたものが主張されることになる（毛利, 1980）．基本的には命題を発話すること自体が主張となるが，明示的に発話動詞により発語内の力が詳述されたり，使われるモダリティの程度が加減されたりする．また命題部においても話し手の意識が反映されたことば遣いが含まれたりする．線条的に使われることばの表象にはこれらのレベルが混在しており，立体的にとらえる必要がある．
　次に言語的意味の確定度不十分性である．発話の言語的意味に話し手の意図するところは十分含まれないので，まともに読み取るために聞き手はそれを元に推論することになる（Sperber & Wilson, 1995）．推論を使う語用論的解釈プロセスを扱う心の理論においては「他者が思っていることを推しは

---

*　本研究はJSPS科研費JP15K02598の助成を受けたものである．

かる能力」(内田, 2013) としてのメタ表象能力が求められる.

　さらにコミュニケーションは相互行為である．基本的には最小の労力で最大の効果をあげられるよう，話し手はできるだけ聞き手に伝わりやすいよう工夫し，聞き手は話し手の意図をできるだけくみ取ろうとする．また話し手自身の発話のみならず，聞き手としても相手の発話との意識的な調整や談話の切り盛りも行い，それが相互に反映されていく．コンテクストと連動したやりとりにおける協働関係であると考えられる．

　このようにコミュニケーションでは，相互のことば遣いに対するメタ語用論的意識が欠かせないことは明らかであり，この点でことば学の射程に入ることとなる．話し手のことばの選択やコンテクストなども含め，なぜこのような言い方で何を伝えようとしているのかなどをメタ語用論的に意識して，その心を読み取ることが求められる．発話をなす言語的意味の補充のみならず，命題の一部の取り立て，話し手の評価や態度，働きかけの主張や証拠といった，情報の修整はたえず行われており，対人関係や情報管理をも意識した総合的な観点から，立体的にとらえる必要がある．

　ことば学はメタ語用論として，総合的かつ立体的にことばと心の関係を読み解く試みである．ことばには，話し手が意図的に語，視点や構図を選択してその心を織り込んだりする一方で，聞き手はこのような発信に潜む仕掛けも意識し，コンテクストや自らの立場なども勘案しつつ心を撚り出し反応しようとする．話し手が「見せる」ことばを手がかりに，聞き手は推論してそこに含まれる心を「見なす」のである．つまり，ことばの表象及びそのメタ表象としての心のやりとりを相互に反映させながら扱う謎解きのプロセスといえよう．ことば学では，使われることばを原資にする点で音韻論，統語論，意味論，その使い方を扱う点で語用論や文体論，またそれらを支える認知，心理や社会といった隣接する研究分野などにわたる幅広い総合的な視界から，使われたことばと心の関係を扱う．その意味で文学作品を題材にした場合には，そのやり取りを俯瞰しデザインする作者がいることでより大きな枠，高次レベルのメタ表象をも対象とすることになる．

3　ことば学の実践

　ことば学の観点から，見せることばから推論でどのようにどのような心を

見なし，やりとりしていくのかをみたい．そのために，どうしてそのような読みや評価が喚起されるのかの説明（Chapman & Clark, 2014）が求められる．具体的にメタ語用論的意識を明示的に表す指標（Culpeper & Haugh, 2014）が重層的に使われている例や，一見簡単そうに見えるやりとりに潜むからくりを立体的に読み解いてみたい．

3.1 メタ語用論的意識の指標

　語用論的標識，伝達法，メタ語用論的表明，社会言説の4種（Culpeper & Haugh, 2014）を手掛かりに，メタ語用論的意識の表れをみてみたい．

　語用論的標識は，談話の流れ，心（what is meant）の認識や論拠，ことば（what is said）の詳細に関連し，発話の各層での情報の修整を示す．

(1) LEONARD. (*Nervously.*) I am. I am, really, but it seems—well, I mean it seems so much like a bad dream. I mean that it could be happening to me. Murder. It's a thing you read about in books or newspapers, but you can't believe it's a thing that could ever happen to you, or touch you in any way. I suppose that's why I keep trying to make a joke of it, but it isn't a joke, really.　　　　　(Christie, *Witness for the Prosecution*)[1]

(1)では，but や well を使って談話の流れを管理しつつ，心に関しては法助動詞以外に really, seem, mean や suppose，ことばに関して so much, ever や sort of などによる修整を加えている．これらの重層的使用は，殺人事件に巻き込まれて戸惑うレナードの心を印象づける効果をあげている．

　また誰の思考を誰の声で誰が語るのかという伝達法では，相手の発話（の一部）を繰り返すエコー発話にも話し手の心を読み取ることができる．

(2) 10TH JUROR. Did or didn't the old man see the kid running out of the house at twelve ten? Well, did he or didn't he?
　　11TH JUROR. He says he did.
　　10TH JUROR. Says he did! (To the others) Boy-oh-boy!

---

[1] 例文中の下線は語用論的標識，波線は伝達法，二重下線はメタ語用論的表明，点線は社会言説を示す．またエコー発話の元となるものには網をかける．

How do you like that? (*To the 11th Juror*) Well, did or didn't the woman across the street see the kid kill his father? She says she did. You're makin' out like it don't [*sic*] matter what people say. . . . (Rose, *Twelve Angry Men*)

(2) は殺人事件の目撃証言をめぐる議論である．証人が目撃したではないかと詰め寄る第 10 番陪審員に，第 11 番は He says he did. と間接話法で答える．第 10 番は，その一部を Says he did! とエコーして，さらに別の女性証人についても She says she did. と言うのだろうと先取りのエコー発話で第 11 番をあざけり，証言をないがしろにしていると非難する．第 11 番の要点は，証言したという事実はあっても，証言内容自体が事実とは限らないということである．あくまで証人のことばにすぎないことを第 11 番は間接話法によって指摘するが，第 10 番はそれが理解できずにエコー発話による揶揄を繰り返す．ここで作者は，発話の行為と内容の峻別という引用をめぐる問題を露呈させ，証言の信憑性についての伏線をはっているといえよう．

さらにコンテクストを踏まえた見解や評価のメタ語用論的表明には，ことばを選択して遣う際の話し手の心が反映される．たとえば，発話動詞，態度表明，感情的・認識的状態を表すメタ言語的記述の使用にもみられる．

(3) MYERS. I put it to you, you were pretty desperate for money?
LEONARD. Not desperate. I—well, I felt a bit worried.
(Christie, *Witness for the Prosecution*)

(3) のレナードの発話は，相手の発話態度の表明に続く命題部のメタ語用論的表明の desperate をエコーして否定し，well でことばを濁しながらも worried と言い換える．語用論的標識 pretty をより軽度の a bit に変え，相手が pretty desperate と決めつけた評価を felt a bit worried と弱く言い換える．作者は，語用論的標識とメタ語用論的表明の相乗効果を利用して，問題の矮小化による言い逃れの発話に仕立て上げているといえよう．

より明示的には，何をどう呼ぶかというレッテルの選択にも現れる．

(4) 11TH JUROR. I don't have to defend my decision to you. I have a reasonable doubt in my mind.
3RD JUROR. What reasonable doubt? That's nothing but words.

(*He pulls out the switch-knife from the table and holds it up*) Here, look at this. The kid you just decided isn't guilty was seen ramming this thing into his father. Well, look at it, <u>Mr Reasonable Doubt</u>. (Rose, *Twelve Angry Men*)

(4) では,第11番陪審員が評決を変えた理由の a reasonable doubt ということばを聞きつけ,第3番がエコーして反論する.第3番は,これでもわからないのかとばかりに凶器と同じナイフを振りかざしてみせ,第11番に対し Mr Reasonable Doubt とレッテルで呼んで揶揄する.このレッテル貼りでは,合理的疑義があれば無罪という評決の基本を第3番が理解していないことを皮肉にも露呈させることになる.

社会言説は当然視されることが多く,根強い解釈の枠組みとしてメタ語用論的表明にもなる.

(5)　KELLER: *And* the suitcase—
　　ANNIE [PLEASANTLY]: I'll take the suitcase, thanks.
　　KELLER: Not at all, I have it, Miss Sullivan.
　　ANNIE: I'd like it.
　　KELLER [GALLANTLY]: I couldn't think of it, Miss Sullivan. <u>You'll find in the south we</u>—
　　ANNIE: Let me.
　　KELLER: <u>—view women as the flowers of civiliza</u>—
　　ANNIE [IMPATIENTLY]: I've got something in it for Helen!
　　(*She tugs it free*; KELLAR *stares.*)
　　　　　　　　　　　　　　　　　(Gibson, *The Miracle Worker*)

(5)は,家庭教師として着任したアニー・サリバンの旅行鞄をめぐるケラー大佐とのやりとりである.女性に重い鞄など持たせることはできない社会言説を踏まえて,ケラーが運ぶことを申し出るとアニーが謝絶する.なおもケラーは(アニーがいた北部はいざ知らず)南部ではと社会言説を明示的に持ち出し説得を図るが,またもや拒絶されて驚愕する.作者は,この鞄をめぐる二人の短いやりとりに社会言説を取り込んでその違いを際立たせている.

3.2 立体的解釈による謎解き

(6) の簡単に終わったやりとりのからくりをみよう．

> (6)　'Are their heads off?' shouted the Queen.
>
> 　　'Their heads are gone, if it please your Majesty!' the soldiers shouted in reply.
>
> 　　'That's right!' shouted the Queen.
>
> 　　　　　　　　　　　　(Carroll, *Alice's Adventures in Wonderland*)

兵士たちは，クイーンの処刑宣告（Off with their heads!）を受けた庭師たちを取り逃してしまい，Q Are their heads off? に対し A Their heads are gone. と答える．yes/no と言わず，their heads を繰り返し，off を gone にした答えに，クイーンは That's right. と満足する．(7) の答え方をみよう．

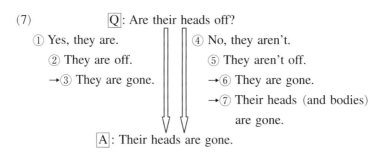

yes-no 疑問 Q は，クイーン自ら発した処刑命令のもと応答への期待が yes に大きく傾いたもので，端的に求められる応答は ① である．しかし実際には処刑していないので，本来ならば ④ となるはずである．なお yes-no 疑問は，必ずしも yes/no と言質を与えずに他の発言で代用し，相手に推論させることも可能である．そこでおうむ返しの ② や ⑤ なども可能となる．

次に Q と A では off が gone に替わっている．off には「（あるべき所から）はずれて」以外に「離れた所に（いる）」の意味があり，gone には「行ってしまった」に加え，本来状態からの逸脱で「死んだ」も婉曲に表す．② off（首を切って）は ③ gone（死んだ）と言い換えが可能となる一方で，⑤ not off（首を切っていない）も ⑥ gone（行ってしまった）と言い換え可能となる．このように一部重なる意味をもった語の代用は，形式上は同じ ③ と ⑥ に含まれる心が結果的に違うことにもなる．

それを助長させるのが their heads である．Qでは端的に切るべき対象の庭師たちの首をさすが，メトニミー（換喩）用法では「首」と言って身体全体を表すことができる．このメトニミー用法と gone が組み合わされると，首を切らずに首もろとも身体が行ってしまったという〈生〉が可能となる．⑤ を ⑥ ⑦ と経由させることで，② と ⑤ という肯否が逆のものさえ字面上では同じ A へと収束させることが可能になる．うがった見方をすれば，クイーンが望むものは切るべき首以外の何物でもないからこそ，あえて兵士たちは代名詞化をせず their heads を意識的に使ったとも考えられる．さらに A には if it please your Majesty!（御意）という語用論的標識が続き，クイーンの思い込みを誘う．A を解釈するのは聞き手のクイーンであり，自分の命令は絶対とばかりに首を切った〈死〉と推論し満足する．

「首は切ってない」が「首は切って，無い」と「（身体ごと行ってしまったので）首は，切ってない」になる原因は，双方にある．まずクイーンの心がわかりながら，率直に答えず事態を回避しようとした兵士たちのレトリックに仕掛けられたトリックである．次に少し注意をすれば気づくはずなのに，兵士たちの応答を自分の期待通りに解釈したクイーンの無作為である．ことばのやりとりは（8）の黒矢印のように行われているが，双方の見せることばと見なす心にずれが生じ，クイーンや兵士たちは実は白矢印のように完全な平行線のままである．それぞれのコンテクストの中で解釈した結果，双方に都合の良いように会話が進んでいくことになる．メタ語用論的意識をあやつる作者キャロルの筆が冴える．

(8) Q: Are their heads off?

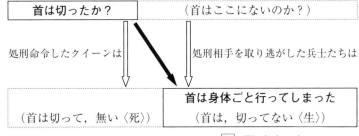

A: Their heads are gone.

4 おわりに

　コミュニケーションではとかく「よく話す」に焦点があてられるが,「よく聞く」や「よく返す」も欠かせない．その意味で，ことば学はメタ語用論的意識により立体的に解釈を試みる謎解きの視点を提供する．ことば学は，不十分でありながらもことばが伝える多様な心とその効果を解明することにより，ことばやことば遣いのおもしろさへの気づき，さらには適切なコミュニケーションの原動力となりうるといえよう．

参考文献

Chapman, S., & Clark, B. (2014). *Pragmatic literary stylistics.* London: Palgrave Macmillan.
Culpeper, J., & Haugh, M. (2014). *Pragmatics and the English language.* London: Palgrave Macmillan.
Lyons, J. (1977). *Semantics.* Cambridge: Cambridge University Press.
Sperber, D., & Wilson, D. (1995). *Relevance: Communication and cognition* (2nd ed.). Oxford: Blackwell.

【より深い理解のために】

◎毛利可信『英語の語用論』大修館書店，1980 年．
　この本は，日本の語用論研究の魁による専門書で，英語における語用論の普遍性と多様性を先駆的に論じ，同時にことば学の礎を築いたものである．

◎内田聖二『ことばを読む，心を読む——認知語用論入門』開拓社，2013 年．
　この本は，認知語用論である関連性理論の日本での第一人者による入門書で，ことばと心の関係をわかりやすく論じたものである．

◎稲木昭子・沖田知子『アリスのことば学——不思議のプリズム』大阪大学出版会，2015 年．
　この本は，ことばと論理の仕掛けにあふれたルイス・キャロルの『不思議の国のアリス』を題材に，ことば学の実践を試みたものである．

第5部
「英語」を外から眺める
― これくらいは知っておきたい ―

教室で役立つ英語史の知識

尾崎　久男

大阪大学大学院言語文化研究科

1　はじめに

　本論の目的は，資格試験で点数を獲得するためだけに実践的な英語が重要視される昨今の風潮にあってさえ，現代英語を正しく理解するためには，英語の歴史に関する知識が不可欠だと示すことである．実際に，現代英語の知識だけでは到底説明できない現象が，文法の中には散見される．以下では，まず，動詞の原形，不定冠詞，動詞の目的語に焦点を当てて，学校で教えられている文法の問題点を指摘してみたい．さらに，英語学習者に闇雲に知識を付けさせるのではなく，好奇心をかき立てるような興味深い話題を提供する．特に，音の変化に関しては，通時的視座から理論付けて説明したい．

2　英語学習者を惑わす学校文法における問題点

2.1　「動詞の原形」の怪：定形と不定詞の混同

　アメリカ英語では order, insist, suggest などに続く that 節の中で動詞は「原形」を使う，と教えられる．この「原形」という文法用語は単に -s, -ed, -ing, -en などの語尾を持たない形を指しているに過ぎないが，一般には「不定詞」を意味することが多い．他方，イギリス英語では，この that 節の中で助動詞 should が用いられるため，(1) にあるように，便宜上，しばしば he (should) leave と表記される．

　　(1)　We suggested to him that **he (should) leave** earlier.

しかし，このような書き方は非常に紛らわしいため，学習者の誤解を招きや

すい．should が落ちた結果，不定詞 leave がそのまま残ったと捉えてしまうからだ．したがって，(should) leave と併記するのは止めるべきである．この「原形」の正体が「仮定法現在形」だと教えなければ，(2) にあるように，さらに祈願を表す「原形」の場合も，助動詞 may が落ちて不定詞 bless が残ったと解釈する学習者が出て来るであろう．

 (2) **(May)** God **bless** you!

ところが，(1) と (2) に現れる should と may は，本来，脱落したのではなく，後の時代になってから挿入されたのである．このような事情は通時的な研究によって初めて明らかになる．

 節が成立するためには絶対条件として主語と動詞が備わっていることが挙げられるが，時制を持たない不定詞にはその資格がない．というのは，そもそも，不定詞の起源が「名詞」だからである（ゲルマン語であるドイツ語では，現代でも中性名詞扱いである）．その証拠として，古英語（450-1100年）では原形不定詞が使われる時は主格および対格（＝直接目的格）で，to 不定詞の時は前置詞 to の目的語として与格（＝間接目的格）で現れた．なお，多くの場合，前者は -an, 後者は -enne という語尾を持っていた（例えば，singan に対して to singennne のように）．

 動詞の「原形」という用語は非常に広い範囲で使われており，しばしば命令文に関する記述の中でも現れる．結果として，(3) にあるような「命令形」（正しくは，命令法現在形）を誤って「不定詞」と見なしてしまう恐れも生まれてくる．

 (3) My mother said to me, "**Be** careful when you cross the street."

しかしながら，両者は現代英語でたまたま同じ形になっただけであり，古英語の頃には，命令形が beo, そして不定詞が beon というように，明確な区別が存在していた．したがって，この場合も，命令文は動詞の「命令形」で始まると教えるのが，本来正しいのである．

 この「不定詞」という文法用語も学習者にとっては実に厄介である．というのは，共起する主語が何であれ，不定詞は常に「定形」だと解釈すれば，あたかも正反対のように感じられるからだ．もちろん，infinitive を日本語に直訳したに過ぎないので，日本における英語教育が犯した過ちではない．

これは動詞の「定形」に関する知識が不足しているために起きる問題である．動詞とは，本来，主語に対応する定まった形，つまり「定形」で使われるものである．例えば，be 動詞の場合，一人称単数の主語には am が，（古くは二人称単数には art が，）三人称単数には is が，二人称複数には are が対応している．古英語の頃は，現代のドイツ語と同じように，be 動詞のみならず，一般動詞に関しても「定形」が認識できていた．例えば，動詞 singan の場合，以下の通りである：一人称単数 singe，二人称単数 singest，三人称単数 singeth，全人称複数 singath．

2.2 「不定冠詞」の怪：不定冠詞と前置詞の混同 I

不定冠詞はどうだろうか．ちなみに，日本ではしばしば「不定冠詞 a は続く語が母音で始まる場合，-n を加えて an とする」と教えられる．子音で始まる語と母音で始まる語を比較すると，前者が生起数で圧倒的に優勢であるため後者が例外と見なされた結果，このような説明が行われてきたのであろう．しかし，通時的に見れば正反対である．正しくは「不定冠詞 an は続く語が子音で始まる場合，-n を落として a とする」である．不定冠詞は数詞 one の強勢がない形から発達したので，-n を保持しているのであり，「1」を表している訳である．ところが，その形態の類似から誤解が生じてしまった場合がある．それは前置詞 on との混同である．例えば，(4) にあるように，「～につき」を表す不定冠詞の用法である．

(4) She usually goes to swimming pool twice **a week**.

これは「一週間につき」と訳され，あたかも不定冠詞の用法の 1 つとして数えられるが，実際には前置詞 on の強勢がない形である：on＞an＞a．そもそも古英語 on には「中で」という意味もあったため，「週において」と訳すのが適当であろう．このような知識がなければ，「二週間につき一度」という作文で *once two weeks という解答も現れかねない．

この前置詞の強勢がない形 a に名詞が融合した形も見られる．つまり，abed, aboard, afoot などの副詞や alive, asleep, awake などの形容詞である（ちなみに，alive は古英語 on + lífe（与格）の名残と考えられる）．前者には融合型と分離型の両方が存在するものもあり，abed : in bed, aboard : on board, afoot : on foot と併記すれば，同義であることがいっそ

う明確になる．後者の場合，The student is **asleep**（＜古英語 on slaepe）は，(5) のような場所を規定する前置詞句を伴った第 1 文型と構造上まったく同じであるため，

(5) The student is **in the room**.

当然のように，連結詞の補語として用いられる叙述用法でしか用いられないのである．

2.3 「動詞の目的語」の怪：不定冠詞と前置詞の混同 II

現代英語には「同族目的語」という語法がある．本来，目的語を取らないはずの自動詞が，あたかも他動詞であるかのように目的語を従えるのである．例えば，(6) にあるように，その多くの場合，動詞と目的語が同根（あるいは同意）であるため，このような文法用語で呼ばれてきた．

(6) She **lived a** free and comfortable **life** in the US.

しばしば同族目的語の特異性として挙げられることだが，(6) の例文を答えとして導くのに，疑問詞は what でなく how が選ばれる．すなわち，**How** did she live in the US? である．したがって，形式的には第 3 文型のようだが，意味的には第 1 文型に近いと予想される．同様に，同族目的語は，定義上，目的語と呼ばれながらも，それを主語とした受動文が現れにくい．例えば，***A** happy **death** was **died** by him. は非文法的になってしまう（もちろん，第 3 文型の中には受動文を欠くものも少なくない）．

そこで，通時的研究の助けを借りて，例を交えながらこの構文の発達過程を観察してみたい．現代英語 die は古ノルド語からの借用語であり，古英語では sweltan「死ぬ」という動詞が代わりとして使われていた．したがって，He **died a** ... **death**. に相当する古英語は，He **sweat** ... **deathe**. であった（この deathe は death の与格形だが，「〜で」という道具を表す用法である）．ところが，古英語後期から中英語（1100–1500 年）にかけて活用語尾が消失し，格を区別するのが難しくなった．その欠点を補うために前置詞が発達したと言われている．すなわち，与格形 deathe から前置詞＋death へ移行していった訳である．多くの場合，前置詞には of（フランス語 de の影響か？）や on が採用されており，今から約 400 年前にイギリスで発行された『欽定

訳聖書』の「エレミヤ書」16章4節には，以下の用例がある：

(7) They shal **die of** grieuous **deaths**.

このように，現代英語における同族目的語のルーツは同族与格であり，それが同族目的「句」となり，最終的に同族目的「語」となった．つまり，die ... deathe＞die **of/on** ... death＞die **a** ... death という変化を遂げてきたのである．したがって，理論上では動詞 die のみならず，形容詞 dead と a death を用いて同族目的語構文を成立させることも可能であり，(8) にあるように，古英語で実際の使用例が見つかる：

(8) Se **bith dead** ecum **deathe** 'He is dead with an eternal death'

同族目的語を含む能動文には，それに対応する受動文が出現しにくい．これは，前述のように，その起源が目的語でないことに起因する．ところが，実際には，(9) から (13) にあるように，英米を問わず用例が散見される：

(9) W. Saroyan, *Dear Baby* (1944)
 The beginning I mean is when you come out of the **dream being dreamed** by the universe ...
(10) D. Lawrence, *Sons & Lovers* (1913)
 His last **fight was fought** in that home.
(11) S. Anderson, *Winesburg, Ohio* (1919)
 Thoughtful books will have to be written and thoughtful **lives lived** by people about them.
(12) W. Maugham, *The Summing Up* (1938)
 But for me the **race** now **is** nearly **run** and ...
(13) P. Roberts, *Understanding Grammar* (1954: 128)
 A hearty **laugh was laughed**.

このように，通時的研究において目的語ではないと証明されるこの語法も，20世紀以降の英語では目的語と見なされているため，それを主語とした受動化も盛んに見られる．

3 教室で興味深く英語を学習するために：音の変化と意味の変化

　学習者の立場から考えると「教室で役立つ英語史の知識」から何が得られるのだろうか．英語の語彙を増やすのに，単語の語源を利用する方法は以前からあった．例えば，ラテン語 portare「運ぶ」という動詞を語根にして，接頭辞を入れ替えて ex-port「外へ運ぶ」, im-port（＜*in-port）「中へ運ぶ」, sup-port（＜*sub-port）「下で運ぶ」, trans-port「横切って運ぶ」, de-port「離れて運ぶ」, re-port「運んで戻る」など，次から次へと覚えてゆくのである．ところが，このパターンには数に限りがあったり，語源と意味を無理矢理こじつけようとする嫌いがあるのも事実である．もともと「教育」というものは e-duc-ate「能力を導き出す」ものであって，決して in-duce「するよう導き入れる」ものではない（ラテン語 ducere「導く」を参照）．まさに理屈抜きに詰め込まれた知識は，時間が経てば自然と忘れ去られてしまうものである．

　そこで，これ以外に英語史の知識が貢献できる方法を紹介したい．もちろん，これらは資格試験の点数が上がるなどの即効性があるものではない．あくまでも学習者の関心を引くための手段だが，筋道を立てて理論的に説明するために，日本語における類似例を示すのも良策と言える．

3.1 音の変化

　通時言語学で必ず言及される項目に「グリムの法則」と呼ばれるものがある．これは『グリム童話集』で有名な言語学者グリム兄弟が体系化した音韻法則で，印欧語族におけるゲルマン語派の特異性に注目したものである．紙面の都合で詳しく述べるのは避けるが，ゲルマン語派に属している英語では印欧語の破裂音 p, t, k が同じ調音点を持つ摩擦音 f, th, h として現れる特徴がある．他方，非ゲルマン語であるギリシア語やラテン語は印欧語の破裂音 p, t, k をそのまま保持していた．幸運なことに，英語の中にはギリシア語やラテン語から入った借用語が豊富に存在するため，借用語と本来語の間にこれらの音の対応を見ることができる．例えば，一連の熟語として覚えてくる be **f**ull of, be **f**illed with, **p**lenty（＜ラテン語 plenus「いっぱいの」）of における対応関係，また **th**ree や **th**ird と **t**riangle（＜ラテン語 tres またはギリシア語 treis「3」）の関係や **h**undred と **c**entury（＜ラテン語 centum [kéntum]「100」）との関連性である．このように借用語と本来語の音の変化を知ることで，学習者の語彙習得への興味は，いっそう増すであろう．

　さらに，音の変化の代表として，「同化」，「異化」，「音位転換」，「異分析」などが挙げられる（詳細は中尾俊夫（1979）を参照）．例えば，「異化」の用例としてしばしば現れる pu**r**ple（＜ラテン語 pu**r**pu**r**a）は，同じ音 r の繰り返しを避けるために違う音 l を採用する訳だが，日本人が苦手とする r と l も実際には音的に近かった．また，one：first, two：second, three：third という序数を学ぶ時，first は fore の最上級（＝一番前），second はフランス語からの借用語，**thir**d（＜古英語 **thri**dda）は **three** から派生した「音位転換」によると説明する際も，日本語のサザンカ（＜山茶花「さんざか」）を例として引き合いに出せば説得力も増そう．「異分析」という現象（フランス語 **n**onper ＞中英語 **a n**oumpere ＞ **an** umpire）も日本語の「弁慶がな，ぎなたを持って」という「ぎなた読み」と併せて説明すれば，おそらく学習者の記憶にも残ろう．さらに，名詞の複数形を作ったり（tooth：teeth），名詞から動詞を派生させたり（food：feed）する際に話題に上るウムラウトという現象も，実は前母音に近づけようとする「同化」の1つだと分かれば，このような語の関連性も納得しやすいであろう．

3.2　意味の変化

　通時的に言語を研究する上で，興味深いのが意味の変化である．例えば，日本語の「貴様」は，良い意味で使われていたものが悪くなる「悪化」の例である．他にも，「良化」，「一般化」，「特殊化」など興味の尽きることがない．筆者は，一般的な「犬」を表していた hound や一般的な「鳥」を表していた fowl が「特殊化」された例を説明するのに日本語を利用する．つまり，同じゲルマン語で原義を保持するドイツ語のダックス**フント**やワンダー**フォーゲル**という例を日本語の語彙として援用するのである．また，boy の原義が「召使い」で girl が「（男女の別なく）子供」だと知った時，さらに **sad** と同語源の **satis**-fy がもともと「満たされた状態」を，**guest** と **host**-ile が「見知らぬ人」を表していた事実に触れた時，いつも見慣れている英語が違った姿で見えてきて新鮮ではなかろうか．

4 おわりに

　言語は「死語」の状態にならない限り，日常生活の中で脈々と生きているのである．17 世紀にイギリスからアメリカに渡ってたくましく生き続けた仮定法現在が，今度は逆輸入の形でイギリス英語に戻りつつある．また，高校生の頃，as if 節の中では仮定法が用いられると教わったが，現在では直説法を使うことも多くなっている．このような現象は英語を通時的に観察して初めて認識できるのであり，英語史を学ぶ意義があるという十分な根拠となり得るであろう．また，学習者に無味乾燥な記憶術ではなく，幅広い教養を提供できるのも英語史が持つ魅力ではなかろうか．

参考文献

中尾俊夫 (1979). 『英語発達史』篠崎書林.
Roberts, P. (1954). *Understanding Grammar*. New York: Harper.

【より深い理解のために】

◎中尾俊夫・寺島廸子『図説 英語史入門』大修館書店，1988 年.
　この本は，写真や図版が多く「今日的な」英語史の入門書である．入門レベルを終えた者には言語接触などの社会言語学的な話題も提供されている．また，本文とは別に用意されたコラムも非常に有意義である．

◎堀田隆一『英語史で解きほぐす英語の誤解 納得して英語を学ぶために』125 ライブラリー 005. 中央大学出版部，2011 年.
　この本は，世界共通語となった英語にまつわる「素朴な疑問」に，俗説や誤解を打破しながら，学生との間の問答であるかのように丹念に答えている．内容も内面史であれ外面史であれ，非常に多岐にわたっている．

◎保坂道雄『文法化する英語』開拓社 言語・文化選書 47. 開拓社，2014 年.
　この本は，英語における 13 項目の文法現象（冠詞，there，所有格，接続詞，関係代名詞，再帰代名詞，助動詞 do，法助動詞，不定詞，進行形，完了形，受動態，it) を「文法化」という新たな視点を通して考察している．

ヨーロッパ言語の中の英語
――ドイツ語の視点から――

渡辺　伸治
大阪大学大学院言語文化研究科

1 はじめに

　ドイツ語から見ると英語はどのように見えるだろうか．様々な観点があるが，基本語彙は book/Buch, sing/singen, young/jüng, often/oft, and/und など，英語はよく似ているものが多いという印象を受ける．これはもちろん系統が同じことによるが，これらの語彙であっても意味用法は大なり小なり異なるであろう．本稿は，その中でも go/come, gehen/kommen という基本語彙を取り上げ，その諸用法をダイクシスと関連させながら比較，考察するものである．なお，これらの動詞には具体的用法と抽象的用法があるが，本稿では具体的用法のみを考察する．それではダイクシスの説明から始めよう．

2　go/come と gehen/kommen のダイクシスに関する基本的使用条件

　Fillmore (1972) は go/come のダイクシスに関する基本的使用条件（以下，「D 条件」）を以下のように規定している．[1]

　go：　発話時に話し手が到着点にいない場合に使用できる
　come：　次の条件が最低限 1 つ満たされている場合に使用できる
　（1）発話時に話し手が到着点にいる　　（2）到着時に話し手が到着点にいる
　（3）発話時に聞き手が到着点にいる　　（4）到着時に聞き手が到着点にいる

---

[1] 本稿では，ダイクシスは語彙の解釈，使用が発話場面に依存している性質と捉える．詳しくは Fillmore (1997)，渡辺 (2012) を参照されたい．

すなわち，発話時に話し手が到着点にいる場合（come (1) が満たされている場合）には come のみ使用でき go は使用できない．Come here! / *Go here! ということである．その他の場合は基本的には go は使用でき，come は come (2)，(3)，(4) のどれか1つが最低限満たされている場合にのみ使用できるということである．ただし，この使用条件は基本的な使用条件であり，go の使用をさらに制限する，逆に，come の使用をさらに可能にする様々な補足的使用条件がある．[2] 例えば，電話での返事とする I'm coming. では come (3)，(4) が満たされているが，この状況では go は使用できない．

　以上，go/come の D 条件だが，この条件は基本的には gehen/kommen にもあてはまる．しかし，go/come, gehen/kommen には複数の用法があり，D 条件が適用される用法と，D 条件が適用されない用法がある．Fillmore (1972) は，暗黙の前提として D 条件が適用される go/come の用法のみを対象としていることになる．続けて，go/come, gehen/kommen の対照をおこなっている Rauh (1981) を見ていこう．

3　Rauh (1981)

　Rauh (1981) は，kommen は come と異なり文中で到着点が明示されると D 条件が適用されないとしている．例えば，Ich bin noch nie nach Japan gekommen. (Rauh, 1981, p. 60) という例を挙げ，I have never got to Japan. と英訳している．この文は，話し手，聞き手が日本にいたことがなくとも適格である．また，抽象的用法の gehen/kommen には意志性の対立がみられるとしている．例えば Ich komme zur Marine. (Rauh, 1981, p. 63) という例を挙げ，I'll join the navy. と英訳している．この文は，話し手は陸軍，海軍などどの軍に入隊するかを自身では決定できず，意志とは無関係に海軍に割り振られている状況を表すとしている．一方，この kommen を gehen に置き換えると，話し手はどの軍に入隊するか自身で決定できる状況を表すとしている．

　以上，Rauh (1981) は重要な指摘をおこなってはいるが，go/come, ge-

---
[2] 詳しくは大江 (1975) を参照されたい．

hen/kommen の用法が下位分類されていない，到着点が明示されている場合でも D 条件が適用される kommen がある，逆に，D 条件が適用されない come もあるなどいくつかの点で問題が残る．以下，これらの問題も含め go/gehen, come/kommen の諸用法をダイクシスとの関連で比較，考察する．[3]

4 go/gehen の諸用法

　第一の用法は go/gehen ともに持つ着点指向移動用法である．この用法は基本的には到着点が文中で明示化され，到着点を指向した移動が焦点化された用法であるが，D 条件が適用される用法である．例えば，Geh in dein Zimmer! / Go to your room! である．

　第二の用法は，移動主体が出発点を離れることが焦点化された出発用法である．この用法も go/gehen ともに持つ．例えば，DOGE (2005) の gehen の項には Sie können gehen. / You may go. という例が挙げられている．この用法は Fillmore (1972) は考察対象としていないが，D 条件が適用されない用法である．D 条件は，到着(点)が問題になる条件であるが，この用法では，話し手は到着(点)を意識していないため，到着(点)が問題になる使用条件を持つことはありえないからである．

　第三の用法は，gehen のみが持つ「歩行」という移動様態を表す用法である．例えば，DS (2010) では Das Kind kann noch nicht gehen.「その子供はまだ歩けない」という例が挙げられている．この用法も D 条件が適用されない用法である．

　以上，go の 2 つの用法，gehen の 3 つの用法を見たが，第一の用法は，gehen と go で大きく異なる点がある．すなわち，第一の用法の gehen であっても移動は第三の用法と同じく基本的には「歩行」によって生じるということである．そのため，Di Meola (1994, p. 75f.) は，gehen は移動の様態の意識が顕在化していることを表す mit dem Auto (by car) などの語句

---

[3] 以下の記述は，主に Watanabe (2002)，渡辺 (2012, 2016) にもとづいている．また，Rauh (1981) 以外に，gehen/kommen に関しては Di Meola (1994, 2003)，go/come に関しては Radden (1996)，山添 (2004) を参考にしている．なお，挙げている用法は網羅的な用法ではなく一部の用法である．

とは共起できないと指摘している．ただし，移動の様態の意識が潜在化したうえで，到着点がレストラン，事務所，ディスコなど人間の営みの場である場合にはこの限りではないとしている．例えば，Fast jeden Tag ist er ins Restaurant gegangen. (Di Meola 1994, p. 75) という例を挙げているが，この場合には彼がほとんど毎日レストランへ行ったことが問題になっているのであり，どのような移動手段でレストランへ行ったかは問題になっていない．そのため，事実として例えば車でレストランへ行っていてもかまわないということである．また，到着点での滞在が比較的長期間にわたる場合も同様である．例えば，DOGE (2005) は，gehen の例として到着点が地名で表示されている nach London/Mannheim gehen を挙げ，英訳として move to London/Mannheim を挙げている．ただし，ドイツ語では「引っ越す」に対応する語彙は umziehen であり，move という訳語は gehen の意味の広がりを捉えていない．以上，go/gehen の諸用法とダイクシスである．

5 come/kommen の諸用法

　第一の用法は，移動と到着が焦点化されている移動到着用法である．この用法は，come/kommen ともに持ち，D 条件が適用される用法である．例えば，Komm in mein Zimmer! / Come to my room! のような場合である．この用法は意志動詞用法であるが，D 条件の違いを除くと go/gehen の着点指向移動用法と類義関係にある．

　第二の用法は，移動が背景化し到着が焦点化されている到着用法である．この用法も come/kommen ともに持つが，D 条件が適用されない用法であり，arrive, get to, reach/gelangen, erreichen などと類義関係にある．この用法の come は，Radden (1996, p. 431) が By the time he came to the airport, the plane had already left. などの例を挙げ言及している．

　なお，到着用法の come と kommen には 2 つの違いがみられる．1 つは，ドイツ語小説の原文と英語訳を比較すると，原文の kommen が come ではなく get to などの類義語で訳されている場合が目立つことである．例えば，次の例である．

　　(1) a.　Als er nach Hause *gekommen* war, schrieb er in seinen alten

Pergamentband:
b. When he *got* home this is what he wrote in his old parchment-bound volume:　　　(Theodor Storm, Immensee)[4]

　もう1つは，come は kommen にはない制約を持つと考えられることである．すなわち，DOGE（2005）が kommen の例として挙げている Komme ich hier zum Bahnhof? / Can I get to the station this way?「ここを行けば駅に行けますか？」では get to を come で置き換えると不自然になるであろう．同様に，到着点が wohin（where）で表示されている Wohin komme ich, wenn ich diesen Weg gehe?「この道を行ったらどこにたどり着きますか？」(筆者による作例) でも Where will I come ...? と訳すと不自然であろう．このことは，到着用法の come は，移動主体が到着点へ移動することを聞き手がすでに知っていなければならないという制約を持つことを表していると考えられる．上の例が不自然になるのは，話し手が到着点へ移動することを知らない初対面の聞き手との会話に，最初から come を使用しているからだと考えられる．

　第三の用法は，kommen のみが持つ受身的用法である．この用法は，D条件が適用されない無意志動詞用法である．例えば，DS（2010）が irgendwo aufgenommen, untergebracht, eingestellt werden（どこかに収容される，入れられる，雇用される）とパラフレーズしている用法である．例としては，er kam ins Krankenhaus, in ein Heim, ins Gefängnis.（彼は病院，施設，刑務所に入れられた）などを挙げている．以上，come/kommen の諸用法とダイクシスである．

6　おわりに

　本稿では go/come, gehen/kommen の用法の違いをダイクシスとの関連で見てきたが，ドイツ語の gehen/kommen から見ると英語の go/come はどのように見えるだろうか．まとめると次の二点になる．1つは，go/come の用法はより限定されている点である．すなわち，go は gehen が持つ移動様

---

[4] 原文は http://gutenberg.spiegel.de/buch/immensee-3486/1 より，英語訳は http://www.gutenberg.org/cache/epub/6650/pg6650.html より収集．

態用法を持たない，come は kommen が持つ受身的用法を持たず，到着用法は kommen には見られない制約を持つ．もう1つは，これに関連して，go/come は gehen/kommen と比べて D 条件が適用される用法が優勢であり，ダイクシス性が強い点である．[5] go/come, gehen/kommen のように一見同じように見える語彙であっても細かく見ると以上のような違いが見えてくるのである．

参考文献

Di Meola, C. (1994). *Kommen und gehen*. Tübingen: Niemeyer.

Di Meola, C. (2003). Non-deictic uses of the deictic motion verbs *kommen* and *gehen* in German. In F. Lenz (Ed.), *Deictic Conceptualisation of Space, Time and Person*. (pp. 42-67). Amsterdam: John Benjamins.

DOGE (2005). Duden Oxford Großwörterbuch Englisch. Duden Verlag

Fillmore, C. J. (1972). How to know whether you're coming or going. *Descriptive and Applied Linguistics, 5*, 2-17.

Fillmore, C. J. (1997). *Lectures on Deixis*. Chicago: The University of Chicago Press.

大江三郎 (1975).『日英語の比較研究—主観性をめぐって』南雲堂.

Rauh, G. (1981). On *coming* and *going* in English and German. *Papers and Studiesin Contrastive Linguistics, 13*, 53-68.

Radden, G. (1996). Motion metaphorized: The case of *coming* and *going*. In E. H. Casad (Ed.), *Cognitive Linguistics in the Redwoods*. (pp. 423-458). Berlin: Mouton de Gruyter.

DS (2010). Duden 02. Das Stilwörterbuch. Mannheim: Bibliographisches Institut.

Watanabe, S. (2002). Zur Deixis *kommen, bringen* und *mitbringen*. *Zeitschrift für germanistische Linguistik, 30/3*, 342-355.

Watanabe, S. (2012). Zur Deixis von *gehen*. In: F. Gruzca, et al. (Eds.) *Akten des XII. internationalen Germanisitenkongresses Warschau 2010*, Vol. 15. (pp. 203-208). Frankfurt a. M: Peter Lang.

渡辺伸治 (2012).「直示とコンテクスト」澤田（編）『ひつじ意味論講座　意味とコンテクスト第 6 巻』(pp. 1-18). ひつじ書房.

---

[5] Radden (1996, p. 428) は，Rauh (1981) に言及しながら Das Klavier kommt in das Wohnzimmer. / 'The piano goes in the living-room.' などの例を挙げ，英語では come が使用されない点で come はダイクシス性を保持していると述べている．

渡辺伸治 (2016).「go/come のダイクシス用法と非ダイクシス用法——具体的用法の場合——」『言語文化研究』第 42 号, 219-239.

山添秀剛 (2004).『移動動詞 come/go の意味ネットワークならびに状態変化用法に関する認知言語学的考察』大阪市立大学博士論文.
　　(http://jairo.nii.ac.jp/0150/00001332 から入手)

【より深い理解のために】

◎大江三郎『日英語の比較研究——主観性をめぐって』南雲堂, 1975 年.
　この本は主に「行く／来る」go/come のダイクシス性を考察した古典的論考である. 考察対象は D 条件が適用される go の着点指向移動用法, come の移動到着用法であるが, D 条件が満たされていない状況であっても go/come の使用が適格になる補足的使用条件が詳細に考察されている.

ヨーロッパ言語の中の英語
——フランス語の視点から——

井元　秀剛

大阪大学大学院言語文化研究科

1　はじめに

　「英語」を外から眺める，という観点から，日本語やフランス語と比べることで明らかになる英語の特徴の一端を示してみたい．私の切り口は視点である．現象として誰から見た描写なのか，どのような時制で表現されるのか，という点に着目し，その現象の背景にある各言語の構造を論じるという方向で進めていく．大まかな結論をあらかじめ述べておくと，英語は出来事をその外側から描くのに対し，日本語では内側から描く，そしてフランス語は英語と日本語の中間的な視点をとる，ということになる．

2　誰からみた描写なのか

　早速具体的な事例に入っていこう．まず，有名な川端康成の『雪国』の冒頭部分をとりあげる．

　　（1）　国境の長いトンネルを抜けると雪国であった．夜の底が白くなった．信号所に汽車が止まった．

この箇所について，最初に英訳した Seidensticker 氏が方々の講演で，繰り返し述べていることがある．多くの人によって引用されているので，どこかで読んだことのある人も多いだろう．それによると日本語の原文は列車に乗っている人の視点をとって，列車の中から情景を描写しているように感じられるが，この視点の取り方を英語に移し替えるのはかなり難しいという．確かに，第一文の動詞「抜ける」の主語は，意味から考えて列車以外ではあ

りえない．この主語を英語は省略できないので，「列車が国境の長いトンネルを抜け出した」とやると，どうしても列車の外から列車の動きを描写するような語りになってしまう．実際氏の英訳をみると，

(2) The train came out of the long tunnel into the snow country. The earth lay white under the night sky. The train pulled up at a signal stop.
（Y. Kawabata, *Snow Country*, translated by Edward G. Seidensticker, Alfred A. Knopf, Inc, 1969, p. 3）

となっていて，原文から受ける印象とかなり違う．映画だと原文は列車の中にカメラが入り込んでいるのに対し，英訳は上空から列車がトンネルを抜け出す様子を映しているような感じがする．これは日本語では主語代名詞を省略してもよい，という文法的な性質が関与していると思われる．

ではフランス語はどうなのだろうか．英語同様主語代名詞を省略できないからやはり英訳のような形にならなくてはならないのか，というとそうでもない．フランス語には on という便利な代名詞がある．あえて英語でいうなら one とか they とかにあたり，主語を私達とか一般の人たちのような漠然とした対象をとるときに用いられる．たとえば「この国では英語が話されています」は英語だと受動態にして English is spoken in this country. とやるが，フランス語だとこの on を使って On parle l'anglais dans ce pays. となる．この on は英語と違って3人称に限らず1人称までとりこんだ代名詞で，文脈によって「彼ら」にも「私達」にもなる．要するに文脈が許す最大限の対象を主語とせよ，という印なので，日本語の主語省略と同じような働きができる．『雪国』の翻訳でも私が参照した二種類の訳はいずれもこの on を用いて，国境の長いトンネルの出口で，on が雪国の中にあった，というようにこの原文の視点を伝えることに成功している．1つだけ示すと，

(3) Au sortir du long tunnel de la frontière, on se trouvait au pays de neige. Le fond de la nuit avait blanchi.
（Cécile Sakai 訳 *Kawabata, le Clair-Obscur*, Presses Universitaires de France, 2001, p. 36）

である．こうしてみると，日本語とフランス語は物語の中に入り込んで登場

人物に寄り添った視点から出来事を描写しているのに対し，英語はあくまでも物語の外側にいる語り手が，出来事を記述しているという形になっているのである．

3　いかなる時制で表現されるか

　普段英語の文法を中心に教えていたりすると，過去のことは過去形を使って表現するというのが当たり前のように感じられるのだが，私達の母語の日本語は決してそうはなっていない．次の例はアガサクリスティの『火曜クラブ』からのもので，原文は英語で，日本語とフランス語は実際に出版された翻訳である．

(4) a. Moved by those forebodings, I ran up to his bedroom. It was empty, and, moreover, his bed had not been slept in.
　　b. 不吉な予感をおぼえて，ぼくはいきなり彼の寝室にかけあがって行きました．からっぽです．ベッドには，やすんだ形跡もありません．
　　c. Mû par mes pressentiments, je grimpai jusqu'à sa chambre. Elle était vide et, de plus, son lit n'avait pas été défait.

(山村，2006, p.258)

(4)は第1文が現在の位置から過去を回想する視点で述べられ，続く第2文がその過去の時点で知覚した内容の描写である．英語の原文は過去のことだからすべて過去形で書かれているが，(4b)の日本語は物語の中に入り込み，語り手の視点をとって語り手が知覚した内容をそのまま現在形で述べているのである．ここではもちろん原文の時制を尊重して「からっぽでした」「やすんだ形跡もありませんでした」と書いても問題はない．しかし，熟達した翻訳者はここであえて現在形を採用している．その方が日本語として自然だからである．日本語の小説の時制を調べた熊倉（2011）によれば，夕形で文が終止する小説の地の文の割合は平均で56.3%である．つまり過去形の文の中に現在形が混入するのが自然な日本語なのである．漱石の『明暗』のようにほとんど過去形で書かれた実験的な作品も存在するが，これは英語の影響を受けた漱石があえて過去のことは過去形で書くという原理をたてて書い

た特殊な試みであり，そのような試みは日本語の文体として定着していない．過去のことでありながら，その物語の中に入りこみ，あたかも今そこにいるかのように描写するのは，日本語として極めて自然な表現方法なのである．

　実はフランス語もこの内部の視点には敏感で，第1文に使われた grimpai は単純過去であるが，第2文の était は半過去形であり，n'avait pas été は半過去の複合形である大過去形である．半過去形は過去の状態や継続中の動作を表すものであるが，視点を過去に移したときの現在であると分析される．半過去は日本語の現在形のように，物語の中に入って，内部からその時の状態を描写するために用意された過去時制なのである．できごとを外側から描くことに特化した単純過去と，内側から描写するための半過去の2つの対立する過去形をもつ，というフランス語の構造は内側視点をとりうるフランス語の性格をあらわしていると言えよう．

　さらに，英語にもフランス語にも，過去のことをあたかも目の前で展開しているかのように描写するために用いられる「語りの現在」もしくは「歴史的現在」と呼ばれる用法があるが，その使用制約もフランス語と英語では異なっている．Chuquet (1994) によれば，歴史的現在の使用条件は英語の方がはるかに厳しく，英語の歴史的現在はほとんどフランス語の現在形に翻訳されるが，逆はかなり難しく，実際の翻訳も過去形になっているという．(5a) は新聞の記事だが，これをそのまま現在形に翻訳した (5b) は 75% 以上の母語話者が容認しないという．

(5) a. Voici vingt ans, à la fin de décembre 1971, les Britanniques achèvent le retrait de leurs forces stationnées "à l'est de Suez"
(*Le Monde*, in Chuquet 1994, p. 61)
b. ?Twenty years ago, at the end of December 1971, the British withdraw their last forces stationed East of Suez.

このように，時制の選択にあたっても，日本語は出来事の内部から，英語は外部から描く傾向が強く，フランス語はその中間である，ということが言えるのである．

4 中間構文

　このような視点の違いは，認知言語学の分野で中村（2004）などでIモードとDモードの違いとして理論化されている．Iモードとは Interactional mode of cognition の略で，主体が対象との直接的なかかわりの中で対象を認知するモードを表し，Dモードとは Displaced mode of cognition の略で，主体が対象との直接的なかかわりを離れて，客観的に対象を認知するモードを表す．高度な理論的説明は論文を参照してもらいたいが，簡単にいえば，Iモードとは本稿でいう「内側からできごとを描く視点」Dモードとは「事態の外側からできごとを描く視点」に対応している．中村（2004）では，言語現象としてIモード的な認知を表すかDモード的な認知を表すか，という指標を数多くあげ，日本語はすぐれてIモード的な言語であり，英語はDモード的な言語であるという結論を導いている．さらに春木（2011）はその基準をフランス語にあてはめ，フランス語は日本語と英語の中間であると述べている．

　これらの研究成果からみても，日本語は事態を内部から描き，英語は外部から，そしてフランス語はその中間の視点をとって出来事を描写する，ということがいえる．最後に中村（2004）春木（2011）があげる中間構文の例を紹介し，本稿をしめくくりたい．中間構文というのは This cloth washes well. のように，普通は目的語の位置にくる名詞を主語に立ててその物の性質を表すような文のことである．They wash this cloth. が能動，This cloth is washed. が受動で，受動と能動の中間の態を表す構文ということでこの名が付いている．英語だと他動詞として使われる動詞がそのまま自動詞としても用いられるので個々の動詞の用法の問題なのだが，フランス語だと it-self に相当する再帰代名詞 se を目的語にとるという純粋に文法操作に基づく構文の問題になる．この例だと Ce tissu se nettoie bien. となる．英語もフランス語もその主語になっているモノの性質を表すのだが，表すことのできる範囲がフランス語の方が広い．そしてやはり内側から描くのである．内側からというのは日本語の例を考えてほしい「この布はよく洗える」というと，日本語だと実際に自分で洗ってみた経験に基づいた記述のような感じだが，英語だとそのような経験とは無関係に布の性質の描写になるらしい．そしてフランス語は日本語に近い．この例だけならなんとも言えないが，

(6) Le vin blanc se boit frappé.
　　　the wine white Refl. drink iced
　　　白ワインは冷やして飲むものだ．

のように，扱う人間の態度を拘束するような規範的な読み方はフランス語の中間構文独特のものだろう．さらに，

(7) Ce livre se lit avec plaisir.
　　　this book Refl. read with plaisure
　　　この本は楽しく読める　　　　　　　　　　　　　（春木，2011, p. 66）

のような話し手の主観に基づいた表現も英語だと言えない．フランス語は他動詞に se をつければどんな動詞でも原理上は中間構文にすることができるので，英語より幅広い用法をもつのは当たり前なのだが，英語は主観性が強くなると言えなくなるのである．

このように日本語やフランス語と比べると，英語は現象を外側から客観的に述べる傾向が強い言語であると言えるのである．

参考文献

Chuquet, H. (1994). *Le présent de narration en anglais et en français*. Paris: Ophrys.
春木仁孝 (2011)．「フランス語の認知モードについて」『言語文化共同研究プロジェクト 2010 言語における時空をめぐって IX』，61-70．
熊倉千之 (2011)．「日本語による文化情報処理について」
　　http://www.jsik.jp/?kumakura．
中村芳久 (2004)．「主観性の言語学：主観性と文法構造・構文」中村芳久（編）『認知文法論 II』大修館書店，74-82．
山村ひろみ (2006)．『日・英・仏・西語における対照研究——時制・アスペクトを中心にして』(平成 15 年度～平成 17 年度科学研究費補助金（基盤研究 C1）研究成果報告書)．

【より深い理解のために】

◎井元秀剛『メンタルスペース理論による日仏英時制研究』ひつじ書房，2010

年.
　本稿で述べた時制に関する内容を理論的に，時制構造の違いに依拠して述べている．日本語は英語やフランス語と本質的に異なる時制の仕組みを持っていることを主張している．

◎中村芳久「主観性の言語学：主観性と文法構造・構文」中村芳久編『認知文法論II』大修館書店，74-82, 2004年.
　本文でも上げたように，IモードとDモードの違いに対する専門的な記述がある．

第6部

文化の知識を英語教育に生かす

"There are seven words in this sentence." を日本語に訳すとどうなるか？
―翻訳をめぐる誤解とそこにある可能性―

木原　善彦

大阪大学大学院言語文化研究科

1　はじめに

　翻訳（あるいは単純に，訳）なんて簡単なものだ，と考える人もいるだろう．今時は日本の幼稚園児でも "Head, Shoulders, Knees and Toes" という体遊び歌を歌い，「（英語の）head ＝（日本語の）頭」という等式のようなものを身に着けているかもしれない．しかし，間もなく子供たちは英語と日本語がシンプルな一対一の対応でないことを学ぶ．head に「かしら，首領」や「（行列の）先頭」の意味があることを学んだ際には，日本語と似た比喩的な意味の拡張が英語にも見られることに新鮮な驚きを覚える子供もいるだろうし，「（ビール上部の）泡」という意味を知ったときには，もはや日本語の「頭」から連想されるものとは似ていないことに当惑を覚えるだろう．そうした経験の中から，人は「単語の意味は文脈で決まる」ことを学ぶ．

　複数の言語間で単語（やその意味）が一対一対応しないのが当然であるなら，単語が集まった句・節・文となれば訳の問題は一気に複雑になる．翻訳の現場にいる人間（職業翻訳者に限らず，外国語と自国語の行き来に日常的に関わる人も含め）は常にその複雑性と向き合っている．本章では，翻訳をめぐるいくつかの誤解を取り上げながら，そこから照らし出される重要なコミュニケーションの可能性について考えてみたい．[1]

---

[1] 翻訳に関する近年の文献で最も興味深いのがデイヴィッド・ベロス（David Bellos）の著作 *Is That a Fish in Your Ear?* だ．それゆえ，ここではベロスが取り上げているのと同じ例を主に参照する．議論の進め方はベロスと異なるが，結論は同じである．

2 「翻訳は意味がわかればいい」のか？

まずは，具体的な翻訳の例を見よう．

古池や蛙飛び込む水の音

Furu ike ya
kawazu tobikomu
mizu no oto

I
The old pond
A frog jumped in,
Kerplunk!

II
pond
　frog
　　plop!

III
A lonely pond in age-old stillness sleeps . . .
Apart, unstirred by sound or motion . . . till
Suddenly into it a lithe frog leaps.
(Bellos 292)[2]

　どれも，私たちがよく知る芭蕉の句を翻訳したものだ．III は最も説明的な訳に見えるが，英語の詩として 1 行 10 音節に仕上げられている．俳句らしい簡潔さが最も感じられるのは 1 行 1 単語 4 文字に仕上げられた II である．I は II と III の中間でバランスを取ろうとしているように感じられる．
　ところで，元の句をローマ字表記に変えただけの "Furu ike ya . . ." は「英訳」と呼べるだろうか．「違う」という答えがすぐに返ってきそうだが，そう断定する前に，別の例（マザーグースの翻訳）を見よう．英語の本歌（もとうた）の

---

[2] Bellos が参照している引用元は Sato．

冒頭は次の通り．

 Humpty Dumpty sat on a wall

この「ハンプティ・ダンプティ」の歌には有名なフランス語訳が存在する．

 Un petit d'un petit
 S'étonne aux Halles

意味はおおよそ「小柄な男の息子が市場で驚いた」ということで，ハンプティ・ダンプティは登場しない．しかし，このフランス語を口に出して発音すると，元の英詩に近い音が得られる．[3] つまり一種の音訳 (homophonic translation) である．音訳は異言語間で外来語を取り込む際には頻繁に用いられる歴とした翻訳の一種で，日本語においても，カタカナで取り込まれた無数の外来語がその便利さを示していると同時に，梵語からの「仏陀」や「菩薩」，ポルトガル語からの「更紗」や「合羽」，英語からの「倶楽部」など，歴史的にも深く根付いている．句のレベルでも，関西地方の子供たちの間には，「アブラカダブラ」を「油かーぶった」と音訳した呪文も存在している．

ここで芭蕉に話を戻すと，「蛙」の句の翻訳は無数に存在しうる．元の句を英語話者でも発音できるようにアルファベット表記に変えただけのものでさえ，日本語の原音を重視した「音訳」だと考えることが可能だし，他の訳はそれぞれに，元の俳句の簡潔さ，英詩としての形式など，言語表現の多様な側面のうちどこに注目するかで全く違う翻訳が生まれている．

次の英文を翻訳する場合を考えてみよう．

 There are seven words in this sentence.

この場合，文の意味も大事だが，そこで言明されている命題の正しさにも注意を払う必要がある．もしもドイツ語に翻訳するのなら，"Es gibt sieben Wörter in diesem Satz." という文でうまく処理できるが，フランス語だと "Il y a sept mots dans cette phrase." と8語になるのでまずい．[4] 日本語に

---

[3] 同じ発想で強引に「日本語音訳」を作るなら，「半分で，大分で，里女おる」とでもいったところか．

[4] 少し表現を変えて，"Cette phrase est constituée par sept mots."（このフレーズは7単語から成り立っている）とすることは可能．

訳すなら，まず「単語」の数の数え方が確定していなければならないが，助詞や助動詞にまで分解してカウントするのはあまりに込み入っていて，見た目で明らかな英語の場合と違いすぎる．だから思い切って「単語」を「文字」に換え，「この文の中には 14 文字がある」と訳すのも不当とは言えない．7 という数字を残すことにもこだわるべきだと考えるなら，「この文は 7 文字」と訳してはどうだろう．

要は，翻訳に際して私たちは，元の表現が持ついくつもの側面をその都度，文脈に応じて取捨しているということだ．翻訳に唯一の正解みたいなものが存在しないことは，翻訳の不条理さを示しているのではない．「翻訳は意味がわかればいい」という単純な発想とは正反対に，翻訳（という作業，そしてその産物）は言語の多様な側面を浮き彫りにし，人間の精神の柔軟性を私たちに見せてくれるのである．

3 「翻訳は原文の代用品にすぎない」のか？

それでもやはり，芭蕉の句は日本語がオリジナルで，英訳はあくまで派生的，従属的なまがい物にすぎない，と考える向きがあるかもしれない．しかし，これもそうとは断言できない．そもそも，「翻訳は原文の代用品にすぎない」というのは通常，原文（およびそれを記している外国語）に対する興味を掻き立てるための方便として使われる言い回しである．

いったい，私たちは自言語でオリジナルとして書かれた文章と，他言語から翻訳された文章を正しく峻別できるのか？ 例えば，文学史的には次のような有名な事例がある．スコットランドの翻訳家ジェイムズ・マクファーソン（James Macpherson, 1736-96）はケルト詩人オシアン（Ossian）のいくつかの作品を英語に翻訳して発表し，ヨーロッパ中で賞賛を博したが，作品は実は，マクファーソン自身が元々英語で創作したものだった．イギリスの小説家ホレス・ウォルポール（Horace Walpole, 1717-97）はイタリアで 1529 年に出版されたゴシック小説を英語に訳し，『オトラント城』（*The Castle of Otranto* [1764]）として出版して，ゴシック小説の流行をもたらした．ところが，これもまた，実はウォルポールが自ら書いたものだった．セルバンテス（Miguel de Cervantes Saavedra）の『ドン・キホーテ』（*El Ingenioso Hidalgo Don Quixote de la Mancha*, 前編 1605，後編 1615）も，

元々アラビア語で記録された物語をセルバンテスが編纂してスペイン語で発表したことになっているが，アラビア語の原資料が実在するとは考えにくい．歴史上，多くの作家が，検閲を逃れるため，別人格になりすますため，異国的な雰囲気を作るため，などさまざまな理由で翻訳を装って作品を上梓し，ほとんどの読者はそのからくりを見抜けなかった．

それは能力の問題ではない．実は，翻訳かオリジナルかを見抜く必要さえないのだ．アルバニア文学を代表する小説家イスマイル・カダレ (Ismail Kadare, 1936-) は，伯父にもらったアルバニア語版『マクベス』(*Macbeth*) を夢中で読んだことがきっかけで作家になったという．ところが，彼はそれが元々英語で書かれた作品だったことをずっと知らなかった．日本における海外文学（翻訳文学）の受容についても同じことが言える．それは実質的には，海外文学というジャンルの日本語作品として機能しているのである．

しかも翻訳は単に，標的言語[5]の中に自然に溶け込むのではない．翻訳は標的言語やその文化を（よく言えば）刺激し，（悪く言えば）掻き乱すことがある．

英語の小説では次のような表現はごく普通に見られる．

"It doesn't matter," he said calmly.

スウェーデン語文法でも，英語と同様に「〜と誰々が言った」という表現を後置するのは可能だが，calmly のような修飾語を伴う形は珍しい．ところが，スウェーデン語の探偵小説では，英語圏のハードボイルド小説の翻訳の影響を受けて，同種の表現が多く見られるようになった (Bellos 188)．

日本の小説家，村上春樹の文体も翻訳文学的だと指摘されることが多い．翻訳という作業は，起点言語を標的言語に置き換えるだけでもなければ，横のものを縦にするだけでもなく，時に，標的言語そのもの（語彙や文法）に大きな影響を与えるのである．

あるいは 1970 年代，キリスト教の伝道師がパプアニューギニアでボサヴィ族に聖書を紹介する際，メラネシア系のピジン英語 (Tok Pisin) 版の翻

---

[5] 例えば，英語を日本語に訳す場合，英語を起点言語 (source language)，日本語を標的言語 (target language) と呼ぶ．

訳を用い，その結果，現地の人々の間には以前存在しなかった「(精神的な)内面」を生み出した例をベロスは紹介している (190-92). これは，異言語との接触が，言葉に限らず，人の精神活動を根底から変えることを示す好例だ．

4 「不自然な直訳はだめ」なのか？

　昔から，翻訳の問題と言えばまず，「直訳か意訳か？」と問われることが多いが，しばしばこの問いは過度に単純化されている．例えば，次のロシア語表現 ("I have a big house." のロシア語訳) について考えてみよう．

　　У меня большой дом.

　ロシア語には定冠詞・不定冠詞に当たるものがなく，形容詞は修飾する名詞と数・性・格が一致し，こうした表現の際には動詞が用いられず，人称代名詞の前に置かれた前置詞が所有を表す．したがって，これは，基本的な文法的特徴を残した形で英語に置換するなら，"at-me-big-house" となる．これは翻訳，あるいは直訳だろうか．

　これはにわかには翻訳とは呼びがたい．しかし，英語話者がロシア語を学習するときに，"at-me-big-house" という中間段階を想定することは，異言語の発想 (構文に反映される世界観) を習得する上で非常に有益だ．同様の意味において，中高生が学ぶ英語表現で頻繁に取り上げられるのは，無生物を主語とする構文だろう．おそらく現代の日本では，「ジェダイの帰還が銀河に新たな平和をもたらした」という (無生物主語を用いた) 表現は既に不自然ではなくなっているものの，次のような英文を目にした中高生はやはりその意味をのみ込むのに苦労するだろう．

　　The 18th century saw the American Revolution.[6]
　　(18 世紀には米国独立戦争が起こった)

　なぜなら日本人は普通，「ある時代に～が起きた」という事態を理解するときに，「時代が～を目撃する」という認知的枠組みを使うことがないから

---

[6] 『ジーニアス英和大辞典』(電子辞書, 2001-08) の例文 (see[1] 7).

だ．だからこそ，"at-me-big-house" 的な中間段階が必要とされる．

　日本人の英語学習者はしばしば，brother/sister といった語に年上か年下かの区別がないことに驚く．アラビア語では，ヒツジとヤギを区別せずに，ghanam と呼ぶ．これらの事象は，各言語が世界をどのように切り分けているかを如実に示しているが，単語のレベルばかりでなく，文のレベルでも，世界のとらえ方が言語間で異なること，そしてそれをわかりやすく実感するには，超直訳とも言える "at-me-big-house" の段階を置くことも1つの重要な選択肢なのだ．

5　おわりに

　本稿がずっと参照してきたベロスにならって，ジェイムズ・キャメロン監督の映画『アバター』を引き合いに出して話を締めくくろう．

　映画の主人公ジェイク・サリーは資源開発会社に雇われて，パンドラという星に住む先住民ナヴィとの接触を試みる．そこで用いられるのが，地球人とナヴィの DNA を掛け合わせて作られた "アバター" という生命体だ．ジェイクはアバターと神経を接続し（アバターを分身のように使って），ナヴィの共同体に仲間入りする．会社が資源の埋もれている土地から先住民を強制的に立ち退かせようとするとき，ジェイクはナヴィの側につく．

　ここで問いたいのは，彼らの側につくことを選んだジェイクは，基本的な部分でまだ人間なのか，あるいは人間であることをやめて彼らの仲間となったのか，という点だ．この物語を翻訳の寓話として解釈するなら，問題は，（アバターのように）異形のものに変貌したメッセージはいかにして，基本的な部分で元と同じでいられるのか，ということである．つまり，なぜ翻訳は可能なのか．

　翻訳が可能であるためには2つの前提条件が整っていなければならない，とベロスは結論する．その1つは，私たちは皆違うということ．そしてもう1つは，それと矛盾するようだが，私たちは皆同じなのだということ．当たり前のようなこれらの事実が，実は，異言語間の翻訳に限らず，あらゆるコミュニケーションの根底にあることを，翻訳という作業は感じさせてくれる．

引用文献

Bellos, David. *Is That a Fish in Your Ear?: The Amazing Adventure of Translation.* London: Penguin, 2011. Print.

Sato, Hiroaki. *One Hundred Frogs: From Matsuo Basho to Allen Ginsberg.* Boston, MA: Shambhala, 1995. Print.

キャメロン，ジェイムズ（監督）『アバター』ライトストーム・エンターテインメント，20世紀フォックス，2009．映画．

【より深い理解のために】

◎川本皓嗣，井上健編『翻訳の方法』東京大学出版会，1997年．
　翻訳家や翻訳研究者ら22名による翻訳論集．翻訳理論，翻訳の実例，訳読による英語学習法など，広範な問題を扱っている．翻訳に関する上質な入門書．

◎斎藤兆史『翻訳の作法』東京大学出版会，2007年．
　この本は文芸翻訳の入門書だが，文学，語学，翻訳理論の基本となる内容にも触れている．随所にActivityやExerciseも用意されていて，能動的に学べる．"東大駒場の「翻訳論」講義"（帯の惹句より）．

◎ジェレミー・マンデイ著，鳥飼玖美子監訳『翻訳学入門』みすず書房，2009年．
　この本は翻訳学全般の概説書で，文芸に限らない翻訳分野（聖書，文学作品，詩，映画，欧州連合やユネスコの文書，旅行パンフレットなど）の主要研究がわかりやすく解説・紹介されている．

伝統文化とアイデンティティ，そしてダイバーシティ

ジェリー・ヨコタ
大阪大学大学院言語文化研究科

1 はじめに

　文部科学省の『グローバル化に対応した英語教育改革実施計画』に，「日本人としてのアイデンティティに関する教育の充実について」の記述がある (7)．その中で，「東京オリンピック・パラリンピックが開催される 2020 年を一つのターゲットとして，我が国の歴史，伝統文化，国語に関する教育を推進」することが提唱されている．このことは一見，英語教育と関係ないと思われるかも知れない．

　しかし，考えてみると，大いに関係がある．同じ 7 頁に，「日本人としてのアイデンティティの育成に関する検討の実施」の趣旨として，「グローバル化が進む中，国際社会に生きる日本人としての自覚を育むため，日本人としてのアイデンティティを育成するための教育のあり方について検討し，その成果を次期学習指導要綱改訂に反映させる」と述べられている．

　この章では，国際社会に生きるために，まず教員も保護者も含む大人自身がどのように伝統文化を理解し，どのように生徒（子ども）に教えるべきかについて，一緒に模索したいと思う．特に英語教員にとって，日本の伝統文化を外国人に英語で紹介するアクティビティを計画する機会があることを想定し論をすすめる．その際，どのようなことに注意し，どのような問題意識をもつべきかについて，一緒に考えよう．

　筆者は日本人ではない．日系三世アメリカ人だが，学位は日本学，能楽研究で博士号をとった経歴がある．大阪大学大学院言語文化研究科の現代超域文化論講座に所属しており，国際交流のメディアとしての能楽の役割というのが主な研究テーマである．能の海外公演への関与，留学生のために英語で

行われる日本古典文学の授業の担当及び謡曲の原作と英訳の比較レトリック研究をおこなっている．日本の若者が外国人と交流する場では，能はあまり人気を集める話題ではないという印象を受けるかも知れない．しかし，ここで一度是非，そのような先入観を捨てて検討してほしいと思う．私は日本人ではないが，日系アメリカ人として，学生時代に自分自身のアイデンティティに悩んだ時，拠り所を日本伝統文化に求めた経験がある．その個人的な体験から，ヒントが得られるかも知れないと思ってみていただきたい．

2 「人生は旅」：認知言語学的なアプローチ

なぜ能が国際交流のメディアとして有効だと思われるか．それは一言でいうと，神話と同じように，普遍的なイメージやシンボルで世界の人々の深層心理に響く力があるからだと私は思っている．小学生だったら，昔話や地元の「ゆるキャラ」について外国人に英語で説明するアクティビティが効果的だと評価されている（Kadota and Kawaguchi, 2016）．紙芝居も今，外国で効果的な教育手段として認められている（McGowan, 2010）．特に高校生にとって，そして教員自身にとって，生徒のアイデンティティ形成と伝統文化の関係について考える際，能は特に効果的だと思われる．実は，能にも昔話に似たようなテーマが沢山あるので，題材が違っても，ここで述べる教育理念が低学年の指導にも参考になると考える．

殆どの謡曲は旅で始まる．自分の将来について真剣に考えている高校生の心にも響くテーマではないだろうか．

私は大阪大学で共通教育の英語科目も担当しているが，アカデミック・ライティングの授業で「人生は旅」というような単純なテーマを与えただけでも，その言葉は実に学生の豊かな想像力を喚起させる力がある．授業で課題を説明して反応をみると，まず「ドラゴンクエスト」と「モンスター・ハンター」のようなゲーム，「西遊記」のようなテレビ番組，つまりポピュラー・カルチャーの例が出てくるが，そのうち，手塚治虫の『ブッダ』やアーサー王伝説が描かれている「Fate/Zero」のような，古典的な内容のマンガやアニメも出てくる．そこで私は「日本の古典は？」と提案すると，最終的に日本文学作品をとりあげる学生が多い．

認知言語学では「人生は旅」というような表現は概念メタファーという．

『レトリックと人生』では，共著者のジョージ・レイコフとマーク・ジョンソンは次のように述べている．

> メタファー（隠喩）と言えば，たいていの人にとっては，詩的空想力が生み出す言葉の綾のことであり，修辞的な文飾の技巧のことである．（中略）ところが，われわれ筆者に言わせれば，それどころか，言語活動のみならず思考や行動にいたるまで，日常の営みのあらゆるところにメタファーは浸透しているのである．われわれが普段，ものを考えたり行動したりする際に基づいている概念大系の本質は，根本的にメタファーによって成り立っているのである．(3)

それでは，能で使われるような伝統的メタファーを調べてみよう．具体例として，一曲の謡曲を紹介する．演能時間は 90 分から 2 時間が基本であるが，囃子や舞もかなりの時間を割くので，分量としては一曲の謡いはそれほど長くない．ここで紹介する「老松」という謡曲は，全文で約 1500 字になる．

なぜこの作品を選んだか，様々な理由がある．まず，外国の人に日本といわれたらどんなイメージを連想するかと聞くと，多くの人は「桜」と答える．だけど実際桜が日本の伝統的な象徴として認識されるようになったのはいつか，また，なぜだろうか．勅撰集に桜を題とした和歌が沢山あるが，能では割りと少ない．この作品を通じて，「伝統」というものはどれだけ不動なもので，どれだけ流動的なものなのかについて，まず考えたいと思う．伝統文化をアイデンティティの拠り所にするのであれば，これは重要な問題だと考える．

3 謡曲体系について

能の伝統的な番立ては五番立てである．これも実は割りと新しい伝統で，江戸時代以降に成立したものだ．徳川将軍が社会秩序の象徴として，大衆向けの歌舞伎や人形浄瑠璃と違って，能を将軍の「式楽」として独占して，その品格を保持するために，公の場における演能を厳しく規制した．現在の現行曲はいずれもこの五番立てによって分類されるが，それぞれのグループの主なテーマを見ると，ある序列が見られる．

表1　能の五番立てと主なテーマ

一番目物	脇能	神々の世界
二番目物	修羅能	戦死した人の亡霊の世界
三番目物	鬘能	女主人公が多いが，動物・花・草木の精も
四番目物	雑能	夢幻より現在，人間葛藤の世界
五番目物	切能	鬼退治の世界

「老松」は一番目物，脇能に位置付けられる．この作品を題材として選んだもう一つの理由は，脇能は儀式性の強いジャンルであり，日本の神話の世界を描いているジャンルでだからである．レイコフとジョンソンはメタファーと儀式について次のように言及している．

- われわれの日常の営みを成り立たせているメタファーのあるものは，文化上のメタファーであれ個人的なメタファーであれ，儀式の中に保持されている．
- 文化上のメタファー，およびそれらのメタファーが含意する価値観は儀式によって広められる．
- 儀式は文化上のメタファー大系にとって欠くべからざる経験上の基盤となっている．儀式のない文化はあり得ない．(325)

次のセクションでは，「老松」という謡曲におけるメタファーと神話の関係を詳しく考察したい．

4　「老松」：あらすじと考察

「老松」は現在の演出では，シテ（主人公）は男体の神，神格化されて寺の末社として祀られた松の神霊．あらすじは次のとおり．

1. 都の男が夢の告げに従い，大宰府の安楽寺に参詣する．
2. そこに老人と若い男が現れる．
3. 老人は旅人の問いに応えて境内にある梅と松の木の謂れを語る．
4. 老人は梅と松の木について更に詳しく伝説を語る．
5. 間狂言で近所の男が現れ，旅人が先刻出会った二人がきっと神の化身に違いないという．

6. 旅人は奇跡が起こる気がして夜そこに留まることにする．
7. 神が出現し歌を歌い，舞を舞う．
8. 神が旅人に祝福を与える．

あらすじは極めてシンプルだが，このシンプルな物語を，伝統とアイデンティティというテーマを意識して丁寧に読むと，どんな発見があるだろうか．小段ごと考察してみよう．

第一段（道行）
「何事も，心にかなふ此時の，ためしもありや日の本の，
国豊なる秋津洲の，波も音なき四つの海，高麗唐も残なき，
御調の道の末ここに，安楽寺にも着きにけり」

脇能は純粋に日本の神々の世界を描くと思いがちだが，実はそうではない．「老松」はもともと人間だった菅原道真が神格化して天神になって久しいという設定になっているが，冒頭から大陸文化も出てくる．第四段で更に詳しい中国の伝説が語られる．他にも中国を舞台にする脇能（「東方朔」，「輪蔵」，「鶴亀」，「西王母」）または，日本に訪れるあるいは滞在する中国人を主人公とする脇能（「白楽天」，「呉服」）もある．

ここで注目したいのは，旅の境界性のことである．スタンフォード大学のスティーヴン・マーフィ重松教授はこのような境界性を教室に導入することにより，ディスオリエンティング・ジレンマを起こすためだという．「つまり自分の予測と合致しなかったり，自分にとって意味をなさないような体験だ．これを解決するには，自らの世界観を変えなくてはならない」(5-6)．

また，もう1つ注目したいのは，マインドフルネスのことである．2014年の『タイム』紙にあったように，マインドフルネス（念）は人間の幸福と健康だけではなく，社会的競争力に役立つ集中力にも繋がるということが，最近の脳科学により実証されてきている．多くの教育者は，今まで勘でそう感じていたとしても，科学的に実証されない限り主張しにくかったが，最近教育現場で広く認められるようになり，マーフィ重松教授も授業の最初の15分瞑想に当てている．

ハーフとして日本で生まれてアメリカで育ったマーフィ重松教授が，ハーバード大学で心理学博士号を取得した後来日して，東京大学で15年間留学

生相談室に勤めてからアメリカに戻った．今はスタンフォード大学で「学びの統合」（身体的・感情的・知的・霊的側面の統合的学習）を実践しようとして有名になっているが，日本の伝統文化から多くの示唆を得ているという．このような指導法こそ，国際社会に生きる人に欠かせないダイバーシティ（多様性）感覚を育む効果があり，英語を使う動機付けにも有効ではないだろうか．

　　第二段
　　「松が根の，岩間をつたふ苔莚，
　　敷島の道までもげに末ありや此山の，
　　天ぎる雪の古枝をも．惜まるゝ花盛」

　能はテンポが遅いことが特徴だが，長い時間の流れの中では実にダイナミックな言葉が凝縮されている．松の根と枝，天と地，老若を象徴する深い緑の松と鮮やかな赤の梅が対照をなす．岩間をつたって広がる苔も目に見えないレベルで動いていることに気付くように，様々なメタファーを使って誘導する．そして伝統についても，松の根が深く，一見その木が不動に見えるかも知れないが，敷島の道，つまり和歌文学の道が静的なものではなく，苔と同じように動的に発展するものとして描かれているところに注目したい．

　　第三段
　　「遅くも心得給ふものかな」

　旅人が花盛りの梅だけに魅了されているところ，老人は地味な松にも注目するように促す．そして無視してしまうと恐ろしい祟りがあるかも知れないとほのめかす．ここも，伝統についても，アイデンティティについても，何を示唆しているかという問いを念頭に置きながら読み続けたい．

　　第四段
　　「けにや心なき草木なりと申せども，かかる浮世の理をば知るべし」

　第三段では旅人は既に飛梅の伝説を知っているということを老人に伝えていたが，この段では老人は旅人に梅と松に関する中国の伝説を聞かせる．境内に祀られている梅は「紅梅殿」と名付けられているが，紅梅殿が，主を慕って大宰府まで飛んだ理由は，道真が文学を大事にしたことと関係がある

ことを述べている．その関連で，中国にも文学が盛んな時代には梅は花の色が深くなるが，文学が大事にされない時は梅の色も香も薄くなるということから梅のことを「好文木」と呼ぶ伝説について語る．また，普段「老松」と表記される松も，天神伝説では主の帰りを待ちわびて老いた松がやがて「追松」として飛梅に続いて大宰府まで飛んだ木として知られているが，中国にも小松が帝を雨から守るために俄かに大木となったという伝説も述べる．

どんな国にも大事にされる伝統はあるが，一人ひとりどの伝統を大事にするか，それはなぜかについて考えさせる場面である．そして中国文化の偉大さへの尊敬を注目したいと思う．

第五段は間狂言で謡曲の本文と扱いが違うため，ここでは割愛する．

第六段（待謡）
「嬉しきかなやいざさらば，此松蔭に旅居して，
風も嘯く寅の時，神の告をも待ちて見ん」

英語のリスニング教育では表面的な言葉の意味を聞き取る力が強調されるが，このような「聴く力」はリーディングの授業で育成されることを期待したいと思う．私も昔から「一期一会」という言葉を大事にしてきたつもりだが，マーフィ重松教授は毎年初回の授業で明示的に受講者に次のように伝えているとの話を聞いて改めてこの言葉の力に感心したものである．

「私はこれからの一回一回の授業を生涯一度きりの機会だと思うようにするので，皆もそうしてほしい」(51)

第七段
「如何に紅梅殿．今夜の客人（まれびと）をば何とか慰め給ふべき」

上であらすじを紹介した時，現在の演出では，この曲の主人公は男体の松の神霊だと述べたが，この台詞で明らかにわかるように，もともと梅と松の神霊がペアで現れるように創られた．今でも特別演出として，ペアで出る小書（こがき）がある．

なぜ紅梅殿がカットされただろうか．理由はわからない．調べようと思っても答えは出ないだろう．現行曲（現在の謡曲体系）に，このように編集さ

れた痕跡が残る作品が沢山ある．

なぜ編集されたか，聞いても仕方ないかも知れない．だけど，編集した結果，何が変わったか，聞く価値はあると思われる．

現行曲に 200 曲以上あるので，ここで全部の編集追跡調査を述べるのに紙面は足りないが，まず脇能について調べたら，明らかな傾向が見えてくる．

それは女体の神をカットする傾向．

次の表をご覧ください．

表 2　脇能のシテの男体女体の割合（Yokota, 1997, p. 217 より）

舞事	曲数	男体女体の割合（曲数）	男体女体の割合（％）
神舞	9 曲	男体 8 曲／女体 1 曲	（男 88％／女 12％）
働	12 曲	男体 12 曲／女体 0 曲	（男 100％／女 0％）
楽	9 曲	男体 8 曲／女体 1 曲	（男 88％／女 12％）*
真ノ序ノ舞	4 曲	男体 3 曲／女体 1 曲	（男 75％／女 25％）
中ノ舞	3 曲	男体 0 曲／女体 3 曲	（男 0％／女 100％）
合計	37 曲	男体 31 曲／女体 6 曲	（男 84％／女 16 ％

＊楽グループにはもう 1 曲（「鶴亀」）あるが，シテは性不明の動物なので，この計算から省く．

現行曲の脇能は 38 曲あるが，この表で示されているとおり，37 曲の内，31 曲に男体の神が主人公になっている．そして五番立ての分類と同じように，脇能の副分類にも序列の傾向が見られる．神舞はもっとも位が高い．位の低い中ノ舞の副分類はもっとも女体の神が多い．

そしてこれは脇能の現行曲として残った曲だけについていえることである．しかし実は，他にも，もともと女体神能として創られた作品が編集されて他の分類に下ろされたり，廃曲（番外曲）にされたものが多い．

早稲田大学の竹本幹夫教授が「天女舞の研究」という論文で，この傾向を実証した．能楽界で大きな反響を呼び，その捨てられた作品を復活させる活動が始まった．

次の表をご覧いただきたい．

表3　脇能神舞に分類されない女体神能（Yokota, 2013, p. 55 より）

曲名	現在の分類	曲名	現在の分類
呉服	脇能　中舞	竜田	四番目物
西王母	脇能　中舞	当麻	五番目物
右近	脇能　中舞	布留	番外曲
葛城	四番目物	箱崎	番外曲
三輪	四番目物	鵜羽	番外曲
室君	四番目物		

　この表では，脇能に関する調査結果を纏めている．つまり，もともと女体の神が主人公で現行の神舞と同じ高い位として重んじられた作品は編集されたり，他の分類に下ろされたり，または廃止された．このリストの中に，世阿弥の作品も数曲含まれている．

　このことを指摘する理由は，意図的に女性を排除していると告発するためではない．注目したいのは，伝統は静的で不動なものではなくて，流動的なものだと理解することにより，アイデンティティを誤った認識で捉えた伝統文化に基づくリスクを意識する必要があると考えるからである．

　上述したように，こういう廃曲になった作品一曲ずつについて，なぜ捨てられたかという問いに対して答えが出ないとしても，捨てられた結果，私達の「日本の伝統」についての印象にどれだけ影響を受けたかについては考える価値があるのではないだろうか．

　少なくとも，今の現行曲体系では，創立者の世阿弥がどれだけ女体の神を大事にしていたかわからないといわざるを得ない．

　能楽界では，この偏りを修正するように今まで，小書の特別演出を見直すだけではなく，廃曲を復活させる活動に力を入れてきた．「布留」は1984年（橋の会主催），「鵜羽」は1991年（能の会主催），そして「箱崎」は2003年（観世流の家元，観世清和氏主演）に復曲上演された．この活動に大いに敬意を表したい．

5　おわりに：「初心不可忘」（しょしんわするべからず）

　最後に，世阿弥の伝書「花鏡」（かきょう）に記されている言葉の意味に

ついて考えたいと思う．

　旅の特徴の一つは，沢山の新しい経験をすることである．そして旅というのは，必ずしも遠い国に行くという意味には限らない．国際交流のような経験をするために，東京オリンピック・パラリンピックまで待つ必要もない．外国にルーツをもつ人が日本にいっぱいいる．「国際交流」というのは一時的に来日した人との交流，あるいは自分が他国に行って現地の人達と交流する場合では相応しい表現かも知れないが，日本に永住している人と英語でコミュニケーションをとることについてはどうだろうか．多文化共生という表現もあるが，今日本社会にもっとも求められているのは，色々な意味でダイバーシティを肯定的に尊重することではないだろうか．

　「老松」の第七段で，老松が紅梅殿に声をかけ，オリンピック招致の演説で滝川クリステル氏が世界にアピールしたような「おもてなし」を推める．マレビトは珍しい贈り物をもってきてくれる．その贈り物というのはモノではなく，お互い新しい目で自分の伝統文化を見つめなおす機会，そして対等な人間として共感を覚える機会と考えたい．

　能鑑賞もマーフィ重松教授が提案しているディスオリエンティング・ジレンマを起こす効果により，ダイバーシティに心を開く可能性があると考える．

　以前，大槻能楽堂（大阪）の大槻文蔵氏が復曲公演を主催した時，当日のプログラムに次のような挨拶文を掲載した．

> このように，私たちの仕事の意味づけ・評価は，歴史がやってくれるといえるでしょう．しかしその歴史を創るのはまぎれもなく今を生きる私たち一人一人であります．たんに歴史の判断を待つのではなく，上演そして再演の機会があるごとに，私たちはその時代にあった新しい能を創る努力を続けなければなりません．そんな努力・行為の一つ一つの積み重ねがまさに歴史を生むのであることを，私たちは決して忘れてはならないでしょう．(5)

　伝統についても同じことがいえるだろう．

　能楽師は，古枝に新しい花を咲かせるように，常にチャレンジを続けている．私達もそれに学ぶべきではないだろうか．伝統文化を不安な自分を支える杖として，自信のない自分を守る硬い盾として使うものではなく，心と心

の間にかける橋として捉えてみていただきたい．感性と共感性を磨くための貴重な機会として考えれば，きっとコミュニケーション能力に自信がついてくる．

　日本の学校の教員と生徒が一緒にダイバーシティに開いた心を育むことにより，国際社会に生きるための大いなる才能を伸ばすことになるであろう．

引用文献

Kadota, Linda, and Laura Kawaguchi. "Integrating Elements of Local Identity into Communication Activities."『松山東雲女子大学人文科学部紀要』24（2016）: 153-63, Print.

レイコフ，ジョージ；マーク・ジョンソン『レトリックと人生』渡部昇一，楠瀬淳三，下谷和幸訳，大修館書店，1986 年．

McGowan, Tara M. *The Kamishibai Classroom: Engaging Multiple Literacies through the Art of "Paper Theater."* Santa Barbara: Libraries Unlimited, 2010. Print.

マーフィ重松，スティーヴン『スタンフォード大学マインドフルネス教室』坂井純子訳，講談社，2016 年．

文部科学省『グローバル化に対応した英語教育改革実施計画』<http://www.mext.go.jp/a_menu/kokusai/gaikokugo/__icsFiles/afieldfile/2014/01/31/1343704_01.pdf>

大槻文蔵「挨拶文」『復曲 多度津の左衛門』（公演プログラム）．1989 年，4-5．

竹本幹夫「天女舞の研究」『能楽研究』4（1978），93-158．

Yokota, Gerry (Yokota-Murakami, Gerry). *The Formation of the Canon of Nō: The Literary Tradition of Divine Authority*（謡曲大系の形成：文学で伝搬される神威）．大阪大学出版会，1997 年．

Yokota, Gerry. "Noh and the Rhetoric of Tradition: Gender, Cultural Capital, and the Economics of Scarcity."『レトリックの伝統と伝搬』言語文化共同研究プロジェクト 2012，大阪大学大学院言語文化研究科，2013 年，55-62．

【より深い理解のために】

◎天野文雄編著『世阿弥を学び，世阿弥に学ぶ』大阪大学出版会，2016 年．
　この本は，世阿弥生誕 650 年を記念に企画された講演や対談のシリーズを採録したもので，研究者の最新の知見のみならず，能楽師の舞台体験についてのトークも興味深い．

◎多田富雄『多田富雄新作能全集』藤原書店，2012年．
　新作能も「伝統」について考えさせてくれる．東京大学付属病院の医師であった故多田富雄氏は能の創作活動を通じて脳死や原爆など，様々な現代の社会問題を探究した．付録に全曲の英訳も付いている．

エコロジーのテクストを読む

小口　一郎

大阪大学大学院言語文化研究科

1　はじめに

　教室は技能の訓練の場であることはもちろん，知識を深め見識を高める，広い意味での教育的空間でもある．日本の英語教育は，最近までこうしたフィロソフィに基づいて展開されてきたように思われる．テクストを精読し読解力を高めながら，思考力を鍛え知を深めることが，高校や大学の英語の授業では行われていたからである．内容と言語スキルの統合——いささか読解にかたよってはいたものの，CLIL (Content and Language Integrated Learning) の理念を先どりした教育——これが伝統的な日本のスタイルであり，教員にも学習者にも自然なものと感じられる形態だった．

　もちろん現在ではコミュニケーション能力の育成など，新しい時代にふさわしい教育を追求すべきだろう．しかしその一方，世の中で生じつつあるさまざまな事象を正確にとらえ，建設的に議論できる力を育むことも学校が担う重要な役割である．若い世代が，言語や文化を異にする世界の人々と協力し，問題解決をしていくためにも，英語教育の中で現代的課題を取りあげることは意味ある実践となるだろう．

　このような問題意識を前提に，本章では環境問題やエコロジーを教室などの場で考えるためのテクストを紹介し，論点を解説したいと思う．環境問題は人類にとって最大の問題の1つであり，若い世代が取り組んでいかねばならない重い課題である．グローバル化した世界のこれからを担う若者たちが相互理解を実現しながら，よりよい未来を築きあげていくためにも，環境についての議論を英語で共有することには大きな意義があり，他の重要な課題に取り組むうえでのモデルケースともなるにちがいない．

以下では，まず文系の眼で環境を考える「環境批評」について触れ，続いてアメリカの環境思想家アルド・レオポルド（Aldo Leopold）とイギリスの自然詩人ウィリアム・ワーズワス（William Wordsworth）の作品を解説する．平明で明快な文章から，これからの世界市民の生き方の糧となる観点を学び，授業デザインのヒントとなればと願っている．

2　環境批評——エコクリティシズム

　文学や芸術の考察には，作品に対する価値判断や態度の表明がともなう．つまり「批評」（criticism）である．したがって，環境問題の観点から作品を考えることは「環境批評」（ecocriticism）ということになるだろう．20世紀の文学批評は，主にことばやイメージの「記号」としての側面に関心を払う営みであり，作品の象徴的な意味の解明に力を注ぎ，描かれているものごとの生々しい実体性から遊離する傾向があった．しかし，自然破壊が痛切に意識されるようになるにつれ，作品が表現する自然環境の意義を再評価しようという機運が高まり，1990年代には環境を明確に意識した研究が生み出されていく．「環境批評」ということばが登場したのもこの頃である．

　環境批評はすでに多くの成果をあげている．作家や芸術家が自然環境やその意義を作品の中に刻み込んでいたこと，自然の衰えについて古典古代の時代から懸念を表明していたこと，そして，人間以外の生き物に対して共感の眼差しを向けていたことなど，環境批評が明らかにしたことは枚挙にいとまがない．とりわけ，人間は生態系の一員に過ぎず，人間以外の生物も人間とのかかわりとは関係なく，それ自身の存在意義を持つことを，作品の読みを通して提起したことには大きな意味があった．私たちが陥りがちな「人間中心主義」を見直し，より深いエコロジーの思考に導いてくれたのである．

　環境との関係において私たちは当事者であり責任主体である．「批評」には考察する側の態度表明があるのだから，「環境批評」は，避けて通れない現代的課題に主体的な態度で向き合うことである．この意味で，環境批評を取り入れることは，CLILの1つのあり方として，外国語教育の中で重要な一角を占める可能性を持っていると言えよう．

3 アルド・レオポルドのエコロジーの眼差し

　この観点から，アルド・レオポルドは格好の素材である．レオポルドは 20 世紀前半に活躍し，『砂漠地方の暦』（*A Sand County Almanac*）（邦題『野生のうたが聞こえる』）をはじめ，環境保護思想に大きな影響を与えた著作を残している．ここでは同書から「山の身になって考える」（"Thinking like a Mountain"）と「土地の倫理」（"The Land Ethic"）の 2 章を見てみたい．

3.1　文学的エコロジー ──「山の身になって考える」

　「山の身になって考える」は，一見残酷な肉食動物が実は生態系の安定に貢献していたことを指摘し，ものを感じ・考える視点を人間から自然に移すことを提唱するエッセイである．冒頭，山の中に謎めいた「胸の奥からの叫び」(114) がこだまする．やがてこの叫びは，多くの生き物に死を意識させる狼のうなり声であることが明らかになる．そしてそこには「さらに深い意味」(114) があり，それは悠久の年月を生きてきた山だけが知る意味だという．この冒頭部分は，鹿やコヨーテなど多様な生き物が生態系を構成し，その頂点に狼という捕食動物が君臨することを述べ，さらに山が，まるで意識を持つ主体であるかのように状況に関与していることを示唆している．

　続いてレオポルドは自分自身の体験を引き合いに出し，自然に対する人間の思慮のなさと傲慢をあらわにしてみせる．かつて彼は原野を巡回する中で，狼の母子の一群と出会ったことがあった．谷川でたわむれる子狼たちとその母を目にし「発砲の衝動」(115) にかられ，この当時は「狼を殺すチャンスを見逃すなど聞いたこともなかった」(114) ので，ためらいなく狼に銃弾を浴びせた．息絶える母狼の眼にレオポルドが見たものは，まさに消えかかろうとしている「激しい緑の炎」(115) であった．その時彼は「それまで知らなかったこと，この狼と山だけが知っていること」(115) を悟ったという．

　レオポルドが学んだ内容は章の後半で明らかになっていく．母狼のエピソードがあった頃から，アメリカの各州では狼の駆除が始められ，天敵がなくなった鹿がいたるところで猛烈に繁殖を始めた．「狼がいなくなった山」(116) には鹿が無数のけもの道を刻み，エサとなった茂みや若芽は「まず衰

弱し見捨てられ，ついには死滅した」(116)．その鹿もやがて「あまりに多くなりすぎた自分たちを支えられず死を迎える」(116)．あの母狼の「激しい緑の炎」は，自然界のバランスを保ち，緑の大地を創る役割を担っていた自らの凶暴さへのプライドを表していたのだろうか．

　鹿は狼に「死の恐怖」(116)を感じるが，同様に山も鹿に対して「死の恐怖」を抱いていると，レオポルドは書く．だが恐怖の度合いは桁違いだ．たとえ狼に殺されても，鹿は数年で次の世代が育ってくるが，鹿が滅ぼした山の生態系がよみがえるにはその10倍の年月がかかるからだ．われわれ人間は山の身になって考えることを知らない．その無知の結果が，生態系の破壊による大規模な砂嵐の発生であり肥沃な土壌の流失なのだ．

　一見残酷に見える狼の捕食行為は，自然界のバランスの崩れがもたらすより大きな悲劇を回避する．これはレオポルドの時代の最新の科学的知見であった．また「山の身になって考える」ことは，人間よりも生態系の方が持続可能な生のサイクルについてより優れた英知を持つという主張である．21世紀の環境思想は，人間中心主義を脱しようと努力する中で，人間以外の生命体ばかりか無生物でさえ，生態系を支える能動的プレイヤーであるという哲学を生み出しつつある．現代のエコロジーを1世紀近く先どりしたこの章は，ぜひとも時間をかけて原文で味読したい．

3.2 「土地の倫理」の環境批評

　「山の身になって考える」は文学的味わいに富む章であった．対照的に「土地の倫理」は客観的論述であり，優れた論文を読む喜びをもたらしてくれる．この章自体が一つの「環境批評」の実践であると言ってもいいだろう．やや難解な部分もあるため，ここでは比較的明快に読めるセクションを紹介することで，環境思想の醍醐味を伝えたい．

　「土地の倫理」の冒頭の2節（序，「倫理の流れ」）は倫理思想の進化を語っている．古代ギリシャの詩人ホメロスの叙事詩『オデュッセイア』では，主人公オデュッセウスは良心の呵責を感じずに，平然と召使たちを処刑している．もちろんこれは現代では許されない．なぜなら「命を奪ってはいけない」という倫理は古代では特権的市民にしか適用されず，召使はその範囲に入らなかったが，現代では人間全体が対象となり，いかなる人間の命も奪ってはならないと私たちは了解しているからだ．倫理は時代を経るにつれ，その対

象を確実に拡大している．この流れを延長すれば，やがて倫理の対象は人間にとどまらず「土地，そして土地に住む動物と植物」(172) を含むことになるはずだ．このように，土地——自然環境——を，人間の都合で損なってはならないという倫理感が，歴史の中で必ず到来するとレオポルドは考える．人類の思想的進化の次なる段階こそ，エコロジーの倫理にほかならない．

第3節「コミュニティーの概念」では，倫理の拡大は「コミュニティー」概念の拡大でもあることを説く．コミュニティーは人間社会から「土，河川，湖沼，植物，動物」(172) を含む「土地」にまで広がり，その一員である人間は，この環境コミュニティーをリスペクトしなければならない．レオポルドはこの前提から，人間の歴史を環境の歴史としてとらえ直すことを提言する．すると，開拓者と先住民が繰り広げたかに思えるアメリカ史も新しい相貌を見せてくる．人間の手によって改変を受けた後，土地が安定した生態系を生み出したのか，それとも不安定となり肥沃な土壌が失われたのかなど，開発のインパクトに対する土地の反応が，開拓の成功と失敗，そしてアメリカの歴史を決定してきた．まさに人間の歴史は環境の歴史だったのだ．

第6節「土地のピラミッド構造」は生態系の構造の科学的解説である．生態系の基底部は土壌，その上に植物層，昆虫層，鳥とネズミ・リスの層などがピラミッド状に重なり，最上部には大型捕食動物の階層がくる．このモデルにおいて人間は王者ではなく，雑食動物としてビーバーやアライグマと同じ中間層に位置づけられる．純粋に科学的な観点から，人間中心ではない観点を提起していることは興味深い．生態系の進化とは，この階層構造が時間とともに複雑化していく過程である．ピラミッド構造には食物連鎖によるエネルギーの循環がともなうが，構造の複雑化は蓄えられるエネルギー量も増大させる．これが生態系の豊かさなのだ．しかしショッキングなことに，近現代の人間による自然破壊のため，この連鎖構造は「歴史上初めて，長くなるのではく，短くなっている」(182)．科学者レオポルドの眼差しは，環境における人間の位置づけとともに，その破壊的な性格を冷徹に見通していた．

「土地の倫理」は，若い学習者が読むには少々難しいかもしれない．しかしここで紹介した4節などは，論理的な読解力の育成とともに，環境についての思考を構築するきっかけとしてふさわしい教材となる可能性を持っている．最後に「展望」と題された最終節から，有名な一文を味わっておきた

い．"A thing is right when it tends to preserve the integrity, stability, and beauty of the biotic community. It is wrong when it tends otherwise" (188)．

4 環境詩人ワーズワス

　ウィリアム・ワーズワスは，環境批評がもっとも注目する詩人である．18世紀末から19世紀前半にかけて活躍したワーズワスは，自然との精神的な交流体験を詩に表し，近代西欧の自然観のあり方を決定づけた．この時代は，産業革命による自然破壊が顕著になった頃でもあり，彼の環境観は文明と自然の関係のモデルケースも提供している．以下では人間による自然破壊と，破壊された側の痛みを描いた「ハシバミ採り」（"Nutting"）の鑑賞のポイントを説明し，そして，人間中心主義を脱することを示唆する「眠りが私の心を閉ざした」（"A slumber did my spirit seal"）を読んでみたい．

4.1　傷つけられた自然の痛み――「ハシバミ採り」

　ワーズワスの「ハシバミ採り」は，説明のつかない衝動にかられハシバミの茂みを破壊した少年が，良心の呵責と自然からの無言の非難を感じるという内容の作品である．

　語り手は，森の一角におもむく少年時代の自分を振り返える．"I came to one dear nook / Unvisited, where not a broken bough / Drooped with its withered leaves, ungracious sign / Of devastation"（13-16）．（「訪れる人もいない，大切な森の一隅に私はやってきた．ここには葉がしおれ，折れてぶらりと垂れ下がる枝――見苦しい破壊の痕跡――はない．」）この豊かな茂みは"A virgin scene"（19）であり"The banquet"（23），すなわち少年の「快楽的」（"Voluptuous"［22］）欲望の対象である．このため攻撃的な性衝動のエピソードとして読まれることも多かった．

　しかし21世紀のエコロジーの読みは，動機はどうあれ少年が豊かな自然を破壊したという事実を問題視する．". . . up I rose, / And dragged to earth both branch and bough, with crash / And merciless ravage . . ."（41-43）．（「私は立ちあがり，小枝も大枝も地面に引きずり下ろした．すさまじい音と容赦のない破壊だ…．」）これに続く繊細な描写からは，この作品の自

然の痛みに寄り添う態度が理解できる．". . . the shady nook / Of hazels, and the green and mossy bower, / Deformed and sullied, patiently gave up / Their quiet being . . ."（43-46）．（「ハシバミの木陰も，緑の苔むした樹下の一隅も壊され汚され，もの言わぬまま，耐え忍びながら屈服した….」）

　このように，樹木——"silent trees"（51）——は破壊に対して声をあげることはできない．しかしこの詩は2つの希望を示唆している．1つは破壊者である少年自身が"a sense of pain"（50）を感じていること．エコロジカルで抑制的なライフスタイルは，人間の本性に根ざす後悔や反省によって実現するかもしれないのだ．2つ目は自然のメッセージである．詩の最後の部分で，自然は少年の破壊行為を「襲ってくる空」（"the intruding sky" [51]）の姿をとって告発する．レオポルドにとって，山は人間よりも優れたエコロジーの英知を持つものであったが，ワーズワスの自然は少年に改心を求め，積極的に働きかける存在となっている．人間の「エコ」な可能性と，自然を行為者としてとらえ，エンパワーしているという意味で，ワーズワスはレオポルドよりも，さらにラディカルなエコロジーを実践していたと言えるかもしれない．

4.2 「もの」の深みへ——人間中心主義を戒める

　ワーズワスは自然保護につながる多くの作品を書いている．「ティンターン修道院の詩」（"Tintern Abbey"）では "all that we behold / From this green earth"（105-06）の癒しの力をうたい，湖水地方の自然美を称えたガイドブックも著している．まさに近代英国の「緑の聖人」と言えるだろう．

　しかし同時に彼は，自然とは何者であるのかという根本的な問いを突きつめようとした詩人でもあった．「眠りが私の心を閉ざした」は，緑の自然美を超えた，より深いレベルの自然探求の作品である．2連8行しかない短い詩だが，その謎めいた内容からこれまでも注目を浴びてきた．

　"A slumber did my spirit seal" で始まる第1連，語り手は愛する女性の死を前にするが，眠りの魔力によって悲しみを感じない状態にある．しかし目覚めた第2連，死の事実が突きつけられる．"No motion has she now, no force; / She neither hears nor sees, / Rolled round in earth's diurnal course / With rocks and stones and trees."（5-8）女性には，もはや動きも力も知覚もない．命なき「もの」として岩や石や木々とともに，受動的に地球の自

転運動（"earth's diurnal course"）の一部となっているだけである．自然との一体感は，親しい人の死という人間の悲しみを癒してはくれない．「ティンターン修道院の詩」の "green earth" とはなんと異なることだろう．

　ワーズワスは自然の美を賞賛する詩人であったが，このように人間を救わない自然，人間に冷淡な自然も何度か描いている．自然の冷酷な側面を示唆することには，彼にとって重要な意味があったのだろう．ものを描くとき，人は対象を自分の思考の枠組みに取り込み，知らず知らずのうちに自分にとって都合のよい面ばかりを提示する傾向がある．癒しや救いをもたらす緑の自然は，どれほど深遠な思想や鋭い文学的感性によって認識・表現されても，やはり型にはめられ，人間の好む側面に光をあてられた自然に過ぎないのかもしれない．そうした人間中心の姿勢を打ち破ってくれるのが，ワーズワスの冷淡な自然なのだ．「緑」を超え，より深いレベルのエコロジーに向かう姿勢を見せるワーズワスは，やはり偉大な環境詩人なのだろう．

5　終わりに

　英語を通して何かを学ぶことは，かなりハードルが高い課題である．抽象的な思考力を要する文章ともなればなおさらだろう．しかし，グローバル化した 21 世紀であればこそ，一流のテクストに英語で触れることは重要である．エコロジーのように問題意識の基盤が共有されている分野ならば，この教育目標の達成はより現実的となるだろう．本章で選んだリーダブルだが内容の深いテクストが，英語教育に少しでも資するところがあれば幸いである．

引用文献

Leopold, Aldo. *A Sand County Almanac & Other Writings on Ecology and Conservation*. New York: Library of America, 2013. Print.

Wordsworth, William. *William Wordsworth*. The Oxford Authors. Oxford: Oxford UP, 1983. Print.

【より深い理解のために】

◎Leopold, Aldo. *A Sand County Almanac and Other Essays*. Ed. Kenji Noguchi and Jack Kimball. Tokyo: Eihosha, 1996. Print.
　レオポルドの代表的作品を収録した教科書版．詳しい注釈が読解の参考になる．

◎ワーズワス，ウィリアム『対訳ワーズワス詩集』山内久明編訳，岩波文庫，1998年．
　ワーズワスの代表的な詩を収録した作品集．原文と訳文が見開きで併記され，読みやすい．

◎小口一郎編著『ロマンティック・エコロジーの詩学――環境感受性の芽生えと展開』音羽書房鶴見書店，2015年．
　新しい環境批評の観点から書かれた論文集．エコロジーを考える上での現代的な論点が紹介されている．

「英語」を脱構築する
―オセアニア文学・文化の観点から―

小杉　世

大阪大学大学院言語文化研究科

1　はじめに

　オセアニアは長い間に人々が移動を繰り返し，形成してきた文化圏である．中国大陸南部から台湾を経て太平洋の中心部へと渡った人々が，いくつもの方向へわかれ，やがて現在のポリネシア，メラネシア，ミクロネシアの民族集団と言語文化圏を形成した．その先祖は，西洋の「大航海時代」がはじまる何世紀も前に，星と潮流，風，鳥をもとにきわめて正確に方角と距離をはかるすぐれた航海技術をもち，北はハワイ，南はニュージーランド，西はアフリカ東岸のマダガスカル島，東はチリのラパヌイ（イースター島）にわたる広大な距離を移動した．[1] その移動の軌跡は，言語や文化の類似相関性と多様性にみられる．

　植民地支配や独立後の状況から生まれたポストコロニアル文学や文化の特徴として，移動・移民・文化変容・雑種性といったことがあげられるが，オセアニア文化もそのような特性をそなえている．オセアニアはイギリス，フランス，ドイツなどのヨーロッパ諸国の植民地支配を受け，そのほとんどが20世紀後半に独立した現在，かつての宗主国であったヨーロッパ諸国と，アジア，アメリカとのはざまに位置し，複雑な地政学的関係を形成している．

---

[1] 南米産のサツマイモが西洋人到来以前にポリネシアの主食になっていることから，南米大陸まで往復していたことが推測されている．国立民族学博物館（編）『オセアニア――海の人類大移動』（昭和堂，2007）参照．オセアニアの言語に関しては，菊澤律子「オーストロネシア諸語の広がり（言語学からみた「オセアニア文化」）」が参考になる．
(http://www.r.minpaku.ac.jp/ritsuko/japanese/essays/languages/austronesian.html)

「楽園」のイメージで西洋人がとらえてきたオセアニアは，植民地時代からグローバリゼーションの現代まで，さまざまな問題を抱えており，オセアニアの文学（芸術）は，そのような問題を社会に問いかけている．[2] ここでは，ニュージーランドの先住民言語文化復興運動や反核運動がその成果を実らせた1980年代後半のマオリ文学とスコットランド系ニュージーランド人作家の作品を中心に紹介し，オセアニアの英語圏ポストコロニアル文学において，先住民言語や文化がどのように作品の構成に関わり，どのような視点から問題が描かれているのかをみる．その前にまず，オセアニアの言語と文化について概説しよう．

2　オセアニアの言語事情

　オセアニアのなかで，北はハワイ，東はラパヌイ（イースター島），南はニュージーランドを頂点とする大三角形を形成するポリネシアでは，広大な距離の隔たりにも関わらず，それぞれの言語は，語彙や文法に共通する点が多く，親類関係にあり（意味が互いに理解できるほどは近くない），なかにはクック諸島のマオリ語とニュージーランドのマオリ語など，互いに意味がほぼ理解できるほど近いものもある．宗主国言語が異なる仏領ポリネシアなども，先住民言語のタヒチ語はマオリ語などと共通点が多く，神話や伝承も共通する要素が多い．
　メラネシアは言語が多様である．たとえばパプア・ニューギニアでは数百の異なる民族言語が話されている．そのため意思疎通の手段として生まれた共通語がトク・ピシンであるが，民族言語がきわめて多様であるにも関わらず，パプア・ニューギニア，ソロモン諸島，ヴァヌアツでそれぞれ使用されるメラネシア・ピジン（トク・ピシン，ピジン，ビスラマ）は大差がなく，国を超えても十分に意思疎通ができる．パプア・ニューギニアのトク・ピシンは国会で使用できる公用語のひとつであり，もとは話し言葉であったが，今はトク・ピシンで詩を書く作家もいる．会話が中心の戯曲（演劇）やラジ

---

　[2] 「環境芸術と政治——鉱山開発，エコテロリズム，地球温暖化，非核南太平洋——」『ポストコロニアル・フォーメーションズ XI』（大阪大学大学院言語文化研究科，2016年），pp. 15-26参照．大阪大学リポジトリ（OUKA）で参照できる．

オ劇などのジャンルでは，1970年代からすでにトク・ピシンの作品が書かれている．[3] 植民地時代にイギリスがサトウキビ農園の労働力としてインド人の年季契約労働者たちを導入したフィジーでは，出身地やカーストの異なるインド人たちが先住民言語であるフィジー語の影響も受けて形成したフィジー・ヒンディー語がインド系フィジー人の間で話されており，インド系フィジー人作家によるヒンディー語の小説も書かれている．

オーストラリアやニュージーランドの英語の特徴としては，オーストラリアではイギリスのロンドン（コックニー）訛と同様に [ei] が [ai] と発音されることや，ニュージーランドでは [e] が [i] になる（"Do you have a pen?" が "pin" に聞こえる）などがよくあげられる．ニュージーランド英語には先住民言語マオリ語の語彙も入っている．また，日本語の「～よね」，「～でしょ」にあたるような相手の同意を親しげに求める表現としてニュージーランド人が好んで使う文尾に "eh?" をつける表現（付加疑問文をつくるのに使われ，独特のイントネーションで発音される）は，スコットランド英語の "e?" に由来すると言われるが，[4] マオリ語の同様の表現 "ne?" "neha?" "nera?" の影響を受けているようで面白い．トク・ピシンの付加疑問文に用いられる "a?" やキリバス語の "ke?" もそうだが，英語の付加疑問文とちがって時制・人称・動詞の種類に関係なく使えるので日本人には親しみやすい．とくにマオリ語の "ne?" は日本語の「～ね」という表現と音が同じなのでことさらである．

3 「英語」を脱構築する

英語は日本人にとって最も幼いころから学校で学ぶ第一外国語である．母

---

[3] パプア・ニューギニアは，ナイジェリア出身の作家・文学者であるウリ・ベイヤーが大学で創作を教えていたこともあって，オセアニア諸国のなかでも早くにポストコロニアル文学が生まれた国である．ここでは紹介できないが，下記の作品は，作家の出身地であるブーゲンヴィル地方での10年に渡る内戦当時の状況を架空の地名を用いて描いている．Regis Stella, *Gutsini Posa: Rough Seas* (Suva: Mana Publications, 1999).

[4] "It's no too dear e? (= It' not too dear, is it?)" などの例．Jim Milner, "Scottish English: morphology and syntax." in B. Kortmann et al. eds., *A Handbook of Varieties of English Vol. 2: Morphology and Syntax* (Berlin: Mouton de Gruyter), 2004, pp. 47-72 の58頁参照．

語は自然に身につけるが，第一外国語は多くの学習者にとって，意識的に学ぶはじめての言語であるため，第一外国語のルールやそれを学ぶときのカテゴリー化の方法は，ひとつの「基準」として学習者の頭にすりこまれ，その後の外国語学習に大きな影響を与える．英語を新たな視点から眺めるためにお薦めしたいのは，英語とも母語とも文法体系の異なる外国語を学習することである．筆者にとって，その体験はマオリ語の学習であった．開音節言語であるマオリ語は，日本語に発音がとても近く（軟口蓋鼻音 [ŋ] ではじまる単語があることを除いては）非常に発音しやすいが，文法構造は日本語とも英語とも異なるため，頭のなかに新しい回路をつくらなくてはならない．また，学習していく事項の優先順位も英語学習と異なり，頭のなかの「基準」から解放されるまでは，なんとも割り切れない思いであったが，ある時点でふと学習が楽になる．そして，一旦，ポリネシア言語の基本構造が頭に入れば，今度は共通概念の多い東南アジア言語（インドネシア語，マレーシア語）やほかのオセアニア諸語への扉が開かれる．オセアニア諸語を学ぶことは，日本人にとって，アジアとオセアニアのつながりを認識すると同時に，英米中心の英語観を脱構築する契機になるだろう．

4　オセアニア文学の越境性——言語と文化の混淆性

　新しい言語を学ぶことは，言語だけでなく，その背景にある文化的な基盤を学ぶことでもある．英文学の作品には，ギリシャ神話や叙事詩，キリスト教の聖書への言及がよく出てくるが，オセアニアの先住民文学を読むときには，オセアニア神話に見られる世界（宇宙）観をはじめとする様々な文化的要素にふれることになる．また，フィジーのようにイギリス統治時代，サトウキビ農園の労働力として連れてこられたインド人たちが人口の大きな割合を占める国においては，インド系の作家が書く英語小説やエッセイのなかで『マハーバーラタ』や『ラーマーヤナ』が頻繁に言及される．現代のオセアニアの先住民・移民文学や舞台芸術には，キリスト教的世界観とオセアニアの先住民文化の宇宙観そして近代西洋文学の影響など，さまざまな要素が混在している．このようなオセアニアの越境的想像力は，ケルト的想像力とマオリの想像力を融合させたスコットランド系ニュージーランド人作家ケリ・ヒューム（Keri Hulme）や，ニュージーランド在住のサモア人舞台芸術家レ

ミ・ポニファシオ（Lemi Ponifasio）の作品世界などに顕著であるが，ここではとりあげる余裕がないので，関心のある方はぜひ参考文献をひもといてほしい．[5]

英語圏のオセアニア文学には，英語のなかに先住民言語からとりこまれた言葉が混淆して使用されたり，英語が少し違った感覚で用いられたりする．ここではその例をとりあげて，言葉の背後にあるものを読むカルチュラル・リテラシーについて考えたい．パトリシア・グレイス（Patricia Grace）の『ポティキ』（*Potiki*）は，英語のなかにマオリ語を説明なしに混交した文体で語られる．土地を買い上げて観光客のための「マオリ村」をつくろうとする開発業者に抵抗するマオリの共同体を描いた小説である．開発による木の伐採が原因の洪水で菜園を失い，地上げ屋にマラエを焼き払われ，仕掛けられた爆発物の炸裂でタミハナ家の末っ子ポティキが亡くなるが，彼らは静かな抵抗を続け先祖の土地を守ろうとする．この小説は，マラエ（マオリの共同体の中心となる伝統的集会所）に集う人々が順繰りにファイコーレロ（スピーチ）を行う様式にも似て，複数の視点人物の「語り」からなるが，最後の章は亡くなってマラエの建物の内壁の彫像になったポティキが語り，マオリ語の詩で終わる．この小説が出版された1986年は，マオリ語が公用語となる一年前である．そこには，1970年代の先住民言語文化の復興運動が，コーハンガ・レオなどのマオリ語トータルイマージョン教育施設の設立やマオリ語の公用語化という形で実っていった1980年代の言語文化意識がよくあらわれている．また，英語で書かれた文章にも少し違った感覚がみられる．

> There was in the meeting-house a wood quiet. It was the quiet of trees . . . , whose new-shown limbs reach out, not to the sky but to the people. . . . It was a watching quiet because the new-limbed trees have been given eyes. . . . It is a waiting quiet, the ever-patient waiting that wood has. (87)

---

[5] 『土着と近代——グローカルの大洋を行く英語圏文学』（音羽書房鶴見書店，2015）の第8章「オセアニアの舞台芸術にみる土着と近代，その超克——レミ・ポニファシオの作品世界と越境的想像力をめぐって」（pp. 245-284）．

上記の引用はマラエの集会所の中心にある建物（wharenui＝「大きな家」の意）のなかの彫像の描写である．ファレヌイの彫像はその共同体の先祖をかたどったものである．彫刻家によって木から彫りだされて新しい生命を与えられ，玉虫色の光沢のパウア貝の貝殻の目をはめられた彫像は，人々が集う空間で，末裔たちを見守り，生けるものたちの話にじっと耳を傾ける．もの言わぬ「木の静寂」，「空に向かってではなく（ファレヌイに集う）人々に向かって」さしのべられた腕，「辛抱強く待つ静寂」というのは，死者と生者がともに集うこのようなマラエの有機的空間の感覚からくるものである．

　次の引用は，その翌年1987年に出版されたマオリ作家ウィティ・イヒマエラ（Witi Ihimaera）の小説『クジラの島の少女』（*The Whale Rider*）の冒頭である．[6]

> In the old days, in the years that have gone before us, the land and sea felt a great emptiness, a yearning. The mountains were like the poutama, the stairway to heaven, and the lush green rainforest was a rippling kakahu of many colours. The sky was iridescent paua, swirling with the kowhaiwhai patterns of wind and clouds. . . . (10)
>
> （下線は筆者）

　引用の文章の背景にあるマオリの創世神話に少しふれよう．マオリの創世神話では，世界のはじまりは，ランギ（天）とパパツーアーヌク（地）が抱擁した状態であったが，両親の身体のはざまで窮屈な思いをしていた息子たちが二人を引き離そうとする．やがて森の神ターネマフタが天を大地から押し上げ，その空間に光がさして，「テ・アオ・マラマ（光の世界）」がはじまる．引き離されたランギとパパツーアーヌクは嘆き悲しみ，ランギの涙（雨）が大地に降り注ぎ，ランギを想うパパツーアーヌクの吐息が霧となって天にのぼる．森の神ターネマフタは，あらわになった母親の身体を緑の草木の衣で覆い，両親をなぐさめるため夜空を星と月で飾った．説明が長くなったが，上の引用で，緑の森をさまざまな色合いの波打つ「衣（kākahu）」にたとえ

---

[6] この小説は映画化され，中学校の英語教科書（*New Crown 3*, *Sunshine 1*）にもとりあげられているので，一部の読者にはなじみがあるかもしれない．この映画を教材とするとき，文化的・社会的背景について，どのような導入が必要かを考えてみてほしい．

るのは，このような神話の背景がある．また，この自然描写には，マラエの
ファレヌイの装飾のイメージが用いられている．山々が「ポウタマ（天にの
ぼる階段）」にたとえられているが，この「ポウタマ」は，ファレヌイの壁面
の装飾パネルの「上り階段」とよばれる幾何学模様を指す．太陽の照りつけ
る晴天の空を「虹色に輝くパウア貝」にたとえるのは，さきほどグレイスの
小説の引用でもみたマラエの彫像の目にはめこまれるパウア貝のイメージで
あり，さらに「渦巻く風と雲」は，ファレヌイの梁にほどこされるコルー
（シダの新芽の唐草模様）などの装飾（kōwhaiwhai）にたとえられる．この
ように，天空をファレヌイのコスモロジカルな空間に重ねてみているのがわ
かる．[7]

5　ポストコロニアル的視点——周縁的視点，視点の変換

　ヴィクトリア朝以前のイギリス小説が，確固とした「主体」の語りによっ
て成り立っていたのに対して，20世紀初頭のモダニズム文学は，その「主
体」の解体がしばしば特徴といわれる．すなわちこの時期に世界を眺める意
識に大きな変容が生じたのだ．さらにポストコロニアル文学においては，そ
の視点の変化に政治的な意味が加わることになった．

　上に紹介した小説『クジラの島の少女』には，クジラの視点で描かれる幕
間部分（映画ではカットされている）において，当時行われていた仏領ポリ
ネシアでの核実験がもたらした海底の破壊と放射能汚染が描かれている．こ
の小説が出版された1987年は，ニュージーランドで非核立法が成立した年
である．人間ではないものの視点から開示される海底の物語は，2011年の
福島での原発事故で海に大量に流出した放射性物質の影響下にある生物たち
の「声」にならない物語や，冷戦期にオーストラリアの砂漠，マーシャル諸
島や仏領ポリネシアの環礁，キリバスのクリスマス島などで行われた核実験
で被ばくした諸島民たちや鳥，魚，木，珊瑚などの生物，あるいは生まれ
育った土地を失い，移住を余儀なくされて，その「声」を公の場で聞かれる

---

　[7]　イヒマエラは，2003年にこの小説が映画化されたのち出版した「国際版」で，マオリ
語をほとんど削除し英語に書き換えている．より広い読者を想定した書き換えだが，失わ
れたものが多いことも確かだろう．

こともなく，未だに補償も認められていない一部の民間の被ばく者たちの物語にも通じる．[8]

スコットランド系三世のニュージーランド人作家ジャネット・フレイム (Janet Frame) は，ニュージーランドの精神病院を舞台に患者の内面を描いた『梟は鳴く』や『水の中の顔』，ニュージーランドから来た癲癇患者で知的障害をもつ男性や自殺する女性教師などの登場人物の視点からロンドンを描いた『アルファベットの外縁』など，鋭い周縁性の感覚をその作品の特徴とする．イギリス滞在時に創作した初期の作品群のひとつである中編小説『スノーマン，スノーマン』(Snowman, Snowman) の語り手は「雪片」であり，語り手を「人間」と想定して小説の冒頭（「海を征服することはできない，空にはねかえされてしまうから」）を読みはじめると，一瞬「？」と思うことになる．イギリス人家庭の庭先の隅っこに立つ雪だるまが，通りがかりの子供になぐられ，頭の蓋がなくなって，太陽の光にさらされゆっくりと体が溶けて崩れていくその状態を，雪だるまの感覚で描いている．地に据えられ自らの意志で動けない雪だるまの「受難」が，淡々とした文体で，しかし，生々しい肉体感覚を伴って描かれる．また，フレイムの短編小説「ハリエニシダは人ではない」("Gorse is Not People") には，十歳のときから精神病院で育ち成人した少女が，丘に生える棘のある雑草（繁殖力が強く「農夫の疫病神」と呼ばれ嫌われる外来種）を護送の車の窓からみつめ，あの雑草たちのなかにいたいと思うくだりがある．一度も人間扱いされたことがなく，おそらく一生精神病院の外に出られない少女が囲われた精神病院の小さな窓から見る世界を描いている．

6 おわりに

以上，オセアニアの英語圏文学のなかで先住民言語や文化がどのように作

---

[8] 冷戦期の太平洋での核実験をテーマとしたオセアニア文学は，クワジェリン島育ちでハワイ在住のアメリカ人作家ロバート・バークレー (Robert Barclay) がイバイ島のマーシャル人の家族を描いた『メラール：太平洋の物語』(Me[al]: A Novel of the Pacific)，タヒチ人作家シャンタル・スピッツ (Chantal Spitz) の『夢を砕かれた島』(Island of Shattered Dreams)，マラリンガ砂漠の被ばくしたアボリジニの人々の体験を描く戯曲『ナパジ・ナパジ』(Scott Rankin, Namatjira & Ngapartji Ngapartji, 2012) などである．

品の構成に関わっているか，その文体と視点の特色について，ニュージーランドのマオリ作家とスコット系作家の小説を中心にみた．太平洋そのもののように広大で多様なこの領域のほんの一端しかここでは紹介できないが，読者の皆さんがさらに冒険の航海に出るための足がかりになれば幸いである．

引用文献

Frame, Janet. *Gorse is Not People: New and Uncollected Stories.* Auckland: Penguin, 2012. Print.

Frame, Janet. *Snowman Snowman: Fables and Fantasies.* 1963. New York: George Braziller, 1993. Print.

Grace, Patricia. *Potiki.* 1986. Honolulu: U of Hawai'i P, 1995. Print.

Ihimaera, Witi. *The Whale Rider.* 1987. Auckland: Reed, 2006. Print.

【より深い理解のために】

◎木村茂雄編『ポストコロニアル文学の現在』晃洋書房，2004年．
　英語圏のポストコロニアル文学を一般読者（および大学生や院生）向けに紹介する入門書である．第IV部第2章「オセアニア」を参照されたい．

◎木村茂雄・山田雄三編『英語文学の越境——ポストコロニアル/カルチュラル・スタディーズの視点から』英宝社，2010年．
　英語圏のポストコロニアル文学に関する論集である．ニュージーランドの先住民言語教育と文学について解説した章（pp. 154-175）を参照されたい．

◎三神和子編『オーストラリア・ニュージーランド文学論集』彩流社，2017年．
　ジャネット・フレイムやウィティ・イヒマエラほか，おもな作家の作品についての紹介がある．

グローバル時代の文学的想像力
─21世紀(諸)英語文学のダイナミズム─

霜鳥　慶邦

大阪大学大学院言語文化研究科

1　英語⇄文学⇄日本

　グローバリゼーションが複雑化し続ける今日，英語文学はどのような状況にあり，どこへ向かっていくのか．本章では，この大きなテーマのほんの一端についてではあるが，紙幅の許す範囲で考えてみたい．議論をしぼるために，まずは世界的に権威のある文学賞の1つであるイギリスのブッカー賞[1]に焦点を当て，日本との関係に引きつけて考えるところから始めよう．

　このトピックでまず登場すべき作家といえば，カズオ・イシグロ (Kazuo Ishiguro) だ．1954年に長崎に生まれ，5歳で渡英し，イギリスで教育を受け，作家としてデビューしたイシグロは，戦後日本をテーマにした2作品で注目を集め，イギリスの執事を主人公とする第3作目『日の名残り』(*The Remains of the Day*, 1989) でブッカー賞を受賞し，世界的作家としての地位を確立した．その後も新たな文学領域を開拓し，進化し続けている．

　ブッカー賞受賞後，1990年に来日した際のインタヴューで，イシグロは自分を，どの国にも属さない「ホームレス」あるいは「混合物的人間」と呼び，さらに21世紀には，これが普通の状態になると述べた（イシグロ 306）．実際に21世紀は，グローバル化が進み，誰もが移動している状態が当たり前になり，日常空間がますます多国籍化・無国籍化していく時代となっている．そのような状況を，多くの英語文学作品の翻訳を手がける藤井

---

[1] ブッカー賞は，1968年に，イギリス連邦およびアイルランド国籍の作家によって英語で書かれた長編小説を選考対象として設立された．2013年に，選考対象を，国籍を問わず英語で書かれたすべての長編小説へと拡大した．

光は,「ターミナル化する世界」と呼ぶ (14).² つまり「グローバル化した移動世界の縮図」としての国際線ターミナルの風景が日常化しつつあるのが,今の時代なのだ (17).

このような時代であれば,イシグロのように日本出身の作家の場合でなくとも,日本の歴史が英語文学によって物語化されることは決して珍しいことではない.その注目すべき例が,2014年のブッカー賞受賞作,リチャード・フラナガン (Richard Flanagan) の『奥の細道』(*The Narrow Road to the Deep North*, 2013) だ.『奥の細道』は言うまでもなく松尾芭蕉の紀行文のタイトルだが,この小説が描くのは,日本の美しい風景ではない.この小説は,第二次世界大戦時に,日本軍が連合国軍捕虜(フラナガンの父もその1人)やアジア人労働者を酷使し,タイとビルマ(ミャンマー)を結ぶ泰緬鉄道を建設した歴史を題材とする.つまりタイからビルマへと伸びる「死の線路」が,この小説の「奥の細道」だ.小説は,暴力と飢えと病に満ちたおぞましい光景を徹底したリアリズムによって描き,さらに天皇,靖国神社,慰安婦といった,日本人にはなかなか触れづらい問題をも追究する.

ただしこの小説を「反日」というレッテルで済ませるのは間違いだ.オーストラリア人捕虜と日本軍人の戦後の生き様をも追い,苦しみと葛藤に満ちた心理と記憶を真摯に深く掘り下げるこの小説は,戦争の不条理と人間の尊厳といった普遍的テーマを見事に描ききった傑作である.また,松尾芭蕉や小林一茶,さらにはゴジラやモスラといった様々な日本文化がたくみに取り入れられている点もおもしろい.

これは日本人にこそ読まれるべき小説なのだが,英語圏の国々では多くの読者を獲得している一方で,残念ながら日本ではまったくと言ってよいほど注目されていない(その非対称性は,例えば,日本と英語圏諸国の Amazon のレヴュー数の圧倒的な差を見れば一目瞭然である).言語の相違ゆえの溝といびつさを解決してくれる翻訳の重要性をあらためて認識させられる.

翻訳といえば,最近のニュースとして,2016年のブッカー国際賞の候補作に,大江健三郎の『水死』(2009年:英訳版 *Death by Water*, 2015) がノミネートされたという出来事がある(惜しくも受賞にはいたらなかった).

---

² 紙幅の都合で省略せざるを得ないが,より厳密には,藤井は,現代英語文学の特徴を「ターミナル+荒れ地」という重層的イメージでとらえている.

ブッカー国際賞は，英語で執筆または英語に翻訳された作品を選考基準とし，存命の作家に隔年で贈られる文学賞として，2005年に設立された．2016年に内容が変更し，英語に翻訳された作品の中から毎年選ばれ，賞金5万ポンドが作者と翻訳者に等分に授与されることになった．

　受賞対象を翻訳作品にしぼった点と，作者と翻訳者に同等の価値が置かれた点は注目に値する．グローバル化はしばしば英語の支配拡大と同一視されるが，その一方で重視されるのが，「多言語と多様性から成る世界」であり，翻訳の重要性だ（Bassnett 3）．翻訳理論研究者たちによれば，21世紀は「翻訳の黄金時代」であり（Bassnett 1），「翻訳者と通訳者がますます注目される時代」である（Baker xiii）．翻訳の重要性について，ケニアの作家グギ・ワ・ジオンゴ（Ngũgĩ wa Thiong'o）はこう述べる──「翻訳は諸言語の言語である．世界に存在する言語の数に比例して，翻訳の共通言語を通しての対話が重要になる」（"In Dialogue"）．グギの言う「共通言語」を「普遍言語」と混同してはならない．グギは，すべての言語が「その使用人口にかかわらず平等であること」を大前提としたうえで，異なる言語の間で，（否定や超越ではなく，）出会いと「対話」が実現されることの重要性を強調する（"In Dialogue"）．上に紹介した『奥の細道』も，翻訳の登場によって初めて本格的な「対話」が実現するはずだ．

　次節では，日本から離陸し，より広い世界の文学状況を眺めてみよう．

2　グローバル時代の文学的想像力

　「ターミナル化する世界」の特徴の1つとして挙げられるのが，非英語圏の国に生まれ，その後アメリカなどの英語圏の大国に移住し，習得語である英語を使って文学作品を創作する作家たちの台頭だ（藤井 22）．

　数多く存在するこの種の作家たちの中から，本稿では，エリフ・シャファーク（Elif Shafak）という作家に注目したい．1971年にトルコ人の両親のもとにストラスブールに生まれ，両親の離婚後，アンカラ，マドリード，アンマン，ケルン，ボストン，イスタンブール，ロンドンといった多くの都市での生活を経て作家へと成長し，現在トルコ語と英語で作品を発表し続けているこのバイリンガル作家は，まさに「ターミナル化する世界」の申し子だ．複数の言語を使い分けて創作する作家は珍しいが，日本でも多和田

葉子やリービ英雄のように，母語と習得語で作品を執筆し高い評価を得ている作家もおり，このようなバイリンガル作家は今後さらに増えていくことが予想される．（さらにはジュンパ・ラヒリ（Jhumpa Lahiri）のように，第3の言語で作品を執筆する作家まで存在する．）

　ちなみに念のためにあえて補足しておくと，バイリンガル作家は，決して「ターミナル化」が進む21世紀特有の現象ではなく，旧植民地ではずっと以前から強制的・不可避的現象であったことを確認しておきたい．上に紹介したケニアのグギ・ワ・ジオンゴもその1人だ．グギは，ケニアにおける帝国主義的言語文化政策を「文化の爆弾」と呼び，それがもたらす効果を「植民地的疎外」と呼ぶ．それは，「周囲の現実から積極的に（もしくは無抵抗で）自己を引き離すこと」，そして「自らの環境からは最も外縁にあるものと積極的に（もしくは無抵抗に）同一化すること」を特徴とする（Ngũgĩ, *Decolonising* 3, 28）．自由な移動が可能であるがゆえに他者の言語との出会いを体験できる者たちがいる一方で，力を奪われ土地に固定されるがゆえに他者の言語を強制されるケースも存在することを，忘れないでおきたい．

　シャファークに戻ろう．この作家の人生観と文学観を知るための最良の入り口となるのが，TED Talks でのスピーチだ．自身の生い立ちを紹介しつつ，そこから得た教訓について，シャファークはこう述べる――「私たちはみな，特定の国家，家族，階級に生まれることで，何らかの社会的・文化的輪の中で生きています．しかし，もし自分が当たり前と思っている世界の外側に存在する世界とのつながりをまったく持たないとしたら，私たちは輪の内部でひからびてしまうでしょう．自分たちの文化的繭の中にあまりにも長く留まり続けると，想像力はしぼみ，心はやせ細り，人間性はしおれてしまうでしょう」（Shafak）．

　似た者同士で作られた「輪」は，「繭」のように居心地のよい環境だろう．だがそれは結局は，「自らの鏡像」に囲まれただけの，他者なき脆弱な世界にすぎない．私たちは，「繭」の快適さに甘えるのではなく，その外の世界へと目を向けなければならない．

　シャファークはさらに次のように主張する――「皮肉にも，似た者同士のコミュニティは，今日のグローバル化した世界における最も深刻な危険の1つなのです．［……］私たちは類似性に基づいて群れを作り，そして他の群れの人びとに対してステレオタイプを抱きます．このような文化的ゲットー

を乗り越えるための方法の1つが，物語の技巧です．物語は境界線を取り除くことはできませんが，私たちの心の壁に穴を開けることができます．その穴を通して他者の姿を見ることができ，もしかしたらその姿に好意を抱くことさえあるのです」(Shafak).

シャファークは，「輪」を「繭」に言い換えたかと思うと，瞬時に「ゲットー」という強烈な言葉へと変換する．「ゲットー」がもたらす危険性と悲劇については，歴史を振り返れば，そして今日の世界を見渡せば，明らかだ．この「ゲットー」の恐ろしさは，他者を囲い込むだけでなく，気づかぬうちに自分自身をも囲い込んでしまう点にある．私たちを優しく包み込むはずの「繭」は，私たちの共感的想像力を殺してしまう「ゲットー」にもなり得る．

シャファークによれば，「文化的ゲットー」は，知識の不足が理由で作られるのではない．真に重要なのは，その知識が，既知・既成の価値観の外側へと私たちを導いてくれる類いのものかどうか，という点だ．つまり，自分の価値観に合う都合のよい知識を詰め込むだけでは，それは自分を囲む壁をさらに高く分厚くするだけだ．その知識という名の壁は，私たちを「傲慢にし，疎遠にし，ばらばらに」してしまうだろう (Shafak).シャファークが物語の力を重視するのは，それが，私たちの想像力を，高い壁の向こう側に存在する世界へと導いてくれるからだ．

シャファークは「輪」のイメージを変幻自在に操りつつ，「コンパス」のメタファーを持ち出す——「コンパスの片脚は，一箇所に固定されていて動きません．ですがもう一方の脚はつねに動きながら大きな輪を描きます．私の作品もそうです．トルコにしっかりとしたルーツを持ち，イスタンブールに根を下ろしつつ，同時に，世界を巡り，様々な文化とつながっていくのです．その意味で，私の作品は地方的であると同時に普遍的であり，ここから生まれると同時にあらゆる場所に属するのです」(Shafak).

簡潔にまとめれば，シャファークはここで2種類の「ルーツ」について語っている．つまり「根」(roots) と「道筋」(routes) だ．「根」(roots) は選択・変更不可能な生来的決定要素だが，「道筋」(routes) は自らの意志で選択可能である．両者は一見正反対の関係にあるが，地にしっかりと「根」(roots) を下ろしつつ，外の世界へと向かって大きな円を描きながら，自らの「道筋」(routes) を構築していくことができるとシャファークは言う．こ

うして描かれた「輪」は,「繭」でも「ゲットー」でもなく,「ダルウィーシュ」(イスラム教神秘主義の修道僧)のダンスのように,絶えず回転・移動・変化しながら,美しい軌道を描き続けることだろう (Shafak).

3 「グローバレクティクス」としての英語文学

　グローバル時代を生きるためのヒントを,シャファークは様々な「輪」のメタファーを用いて説明した.「輪」のイメージといえば,「世界諸英語」(World Englishes) 論の代表的存在であるブラジ・カチュル (Braj B. Kachru) が提示した有名なモデルが思い出される. カチュルは,世界の諸英語を三重の同心円で説明する. 具体的には,①「内円」= 英語を母語とする国(アメリカ,イギリス,カナダ,オーストラリアなど),②「外円」= 英語を第2言語として用いる国(インド,スリランカ,ナイジェリア,ケニアなど),③「拡大円」= 英語を外国語として用いる国(日本,韓国,ブラジル,フランスなど),という構造だ (Kachru 12-16). カチュルのモデルが,1つの中心に固定されたスタティックなモデルであるのに対して,シャファークが描く「輪」は,地球の表面に無数の水紋が次々に生成・増殖・拡大するダイナミックなイメージであり,カチュル的モデルの壁を越えていく.

　実際に近年,カチュルの三重の同心円モデルに関連した新たな文学的ダイナミズムの生成が注目されている.「世界諸英語文学」(World Englishes Literature) と呼ばれる現象だ. いわゆるポストコロニアル地域である「外円」の国々は,英語の脱英米化と土着化による新たな種類の英語 ("New Englishes" とも呼ばれる) を武器に,欧米的規範に対抗する多くのポストコロニアル文学を生み出してきた. だがエマ・ドーソン・ヴァルギース (Emma Dawson Varughese) によれば,近年,これらの国々では,「ポストコロニアル」という枠には収まらない新たな英語文学が生まれている. この新たな作家たちは,旧宗主国に対する従属的位置関係にとらわれることなく,また,自身の用いる英語と「内円」のオーセンティックな英語との関係を気にすることなく,自身の属する文化的アイデンティティをその土地の英語を用いて描く (20). ヴァルギースはこのような文学を「世界諸英語文学」と呼ぶ. それは,「ポスト・ポストコロニアル文学」と言い換えてもよい (20). ヴァルギースは複数の国でのフィールドワークを通して,国別のアンソロジーを

すでにいくつか出版している（カメルーン，ナイジェリア，ウガンダ，ケニア，マレーシア，シンガポール）．

「世界諸英語文学」のプロジェクトは，ヴァルギース本人も認めるとおり，まだまだ未完の試みである．だが少なくとも，非西洋の英語文学＝ポストコロニアル文学というふうにパッケージ化・商品化・ゲットー化されたステレオタイプを乗り越え，英語文学の新たな道筋を開拓しようとする点は，注目に値する．

以上見てきたように，21世紀は，地球という大きな球体の表面に，無数の中心から成る多様な円が様々な道筋で拡大・増殖している時代だ．このイメージは，グギが提示する「グローバレクティクス」（globalectics）という概念へとつながる．「グローバル」（the global）と「ダイアレクティカル」（the dialectical）を組み合わせたこの造語について，グギはこう説明する——「グローバレクティクスという語は，グローブ（地球）の形に由来する．地球の表面には，唯一の中心といったものは存在しない．あらゆる点が平等に中心である．地球の中心部から見れば，地表のどの地点も等距離にある」．「国家」や「地域」といった「人工的境界」を越えた「グローバルな空間」における「ダイアローグ」や「マルチローグ」による相互影響関係，それが「グローバレクティクス」である（Ngũgĩ, *Globalectics* 8）．

この造語は，決して新奇な概念をひねり出そうとしているわけではない．「グローバル」が「グローブ」（地球）に由来することも，その球体の表面上の任意の点がすべて平等な位置関係にあることも，理屈としてはわかりきったことだ．だが私たちは，「グローバル」という言葉を当たり前のように連呼しながら，実のところ，いまだに中心と周縁から成る平面的（ではあるがヒエラルキー的）な帝国主義的世界地図の中で優劣を競い続けていないだろうか．「グローバレクティクス」という語は，「グローバル」という語のきわめて基本的であるが（ゆえに）忘却されがちな理念を思い出させるために，あらためて言語化し直したものといえるだろう．

「グローバリゼーション」という，ある意味クリシェ化・ゲットー化した言葉を，「グローバレクティクス」という言葉であらためてとらえ直してみることは，多くの気づきと反省の契機となるはずだ．そして諸文化間・諸言語間の対話に基づく，より立体的で球体的な知性と想像力を養うことができるはずだ．実際に現代の英語文学は，多国籍化・脱国籍化・異種混淆化・相

互翻訳を実践しながら，そちらの方向へと私たちを導いている．

引用文献

Baker, Mona. *In Other Words*. 2nd ed. Abingdon: Routledge, 2011. Print.
Bassnett, Susan. *Translation*. Abingdon: Routledge, 2014. Print.
Flanagan, Richard. *The Narrow Road to the Deep North*. 2013. London: Chatto & Windus, 2014. Print.
藤井光『ターミナルから荒れ地へ――「アメリカ」なき時代のアメリカ文学』中央公論新社，2016年.
"In Dialogue with the World: Translation and Linguistic Rights Committee Meets in Johannesburg." *Pen International*. 10 March 2016. Web. 16 March 2016. Print.
イシグロ，カズオ「カズオ・イシグロ――英国文学の若き旗手」（青木保によるインタヴュー）『中央公論』105(3)，1990年，300-09.
Kachru, Braj B. "Standards, Codification and Sociolinguistic Realism: the English Language in the Outer Circle." *English in the World: Teaching and Learning the Language and Literatures*. Ed. Randolph Quirk and H. G. Widdowson. Cambridge: Cambridge UP, 1985. 11-30. Print.
Ngũgĩ wa Thiong'o. *Decolonising the Mind: The Politics of Language in African Literature*. 1986. Nairobi: East African Educational Publishers, 2004. Print. グギ・ワ・ジオンゴ『精神の非植民地化――アフリカ文学における言語の政治学』宮本正興・楠瀬佳子訳，第三書館，2010年.
――. *Globalectics: Theory and the Politics of Knowing*. New York: Columbia UP, 2014. Print.
Shafak, Elif. "The Politics of Fiction." *TED Talks*. July 2010. Web. 2 Dec. 2013.
Varughese, Emma Dawson. *Beyond the Postcolonial: World Englishes Literature*. London: Palgrave Macmillan, 2012. Print.

【より深い理解のために】

◎グギ・ワ・ジオンゴ『精神の非植民地化――アフリカ文学における言語の政治学』宮本正興・楠瀬佳子訳，第三書館，2010年.
　この本は，ケニア出身の作家が自らの体験を回想しながら論じる言語・文学・文化論である．本書の内容を，今日の日本の英語教育政策にひきつけて読むことで，多くのことを学べるだろう．

◎宮下志朗・小野正嗣編『世界文学への招待』放送大学，2016年．
　この本は，現代の世界の文学について，多彩な切り口から論じた入門書である．英語に限定されない多様な言語による文学の今日的状況を知ることができる．

◎加藤洋介『異端の英語教育史』開文社出版，2016年．
　この本は，英文学専門の著者が，英語教育の歴史を思想・文学・政治との関係から多角的に検証し，今日の英語教育を批判的に見つめ直し，新たな時代の英語教育の展開について考察する，領域横断的英語教育(史)論である．

あとがき

　「序論」でも紹介されているとおり，本書は大阪大学大学院言語文化研究科が長年にわたり開講してきた「教員のための英語リフレッシュ講座」を基盤としている．その企画責任者として，また言語文化研究科長として，まずはこの講座や研究科の歴史を少し紹介させていただくことにしたい．
　この講座は，小・中・高等学校などで英語教育に携わる教員をおもな対象に，英語教育および英語全般に関する知識や英語運用能力をリフレッシュするための講義や演習を提供し，現場の教育実践に資することを目的としている．その内容や趣旨の詳細は「序論」に譲るが，ただしこの講座も，最初から現在のような充実した体制が整っていたわけではない．
　この講座は平成 14 年に開始されたが，平成 14 年から平成 18 年までは，3 日間の開講日に研究科の教員が 5 講義を提供していたにとどまる．平成 19 年にはそれを，他大学・教育関係機関の教員の協力も得て 4 日間 8 講義に拡大し，平成 20 年には 11 講義，平成 21 年は 12 講義を提供した．平成 22 年には開講日をさらに 1 日増やし，5 日間に 17 講義を開講するにいたる．その後はこのパターンを継承し，今年度（平成 28 年度）も 8 月上旬の 5 日間に 19 の講義を提供した．この間にネイティブスピーカーによる少人数の「コミュニケーション」演習や，文化・文学にかかわる講義も充実させてきた．平成 27 年と平成 28 年には，英語教育界の新しい課題について議論するシンポジウムも企画した．平成 27 年のテーマは「グローバル人材育成を目指した大学英語教育」，平成 28 年のテーマは「小学校英語教育の新展開を巡って」である．本講座はこのように，この 15 年ほどで何倍にも充実してきたといえる．これはあとで触れるように，言語文化研究科の発展とも関係しているが，何といっても，他大学・教育機関の英語教育の専門家や識者の協力によるところが大きい．本書の執筆者は 30 名近くに上るが，その三分の一はこれらの協力者の方々である．「英語リフレッシュ講座」をこれまで支えてくださった学外の皆さまには，この場を借りて改めて深謝したい．
　この講座の発足は，「序論」でも触れられているとおり，成田一大阪大学

名誉教授の功績とすることができる．そして，成田名誉教授が言語文化研究科を退職された後は，研究科に講座の企画ワーキンググループを設け，毎年の講座の企画と実施運営にあたってきた．

この言語文化研究科は，平成元年，大阪大学の外国語教育を担ってきた言語文化部を母体に，この分野における日本で初めての独立研究科として発足した．当時は言語文化専攻の1専攻，3基幹講座のみの小さな研究科であったが，平成17年4月には，言語文化部を解消して言語文化研究科に一体化させ，7講座からなる本格的な研究科へと成長した．言語文化教育論講座を設置したのもこのときである．現在の「英語リフレッシュ講座」も，この講座の教員たちの尽力に負うところが大きい．さらに平成19年10月，大阪大学と大阪外国語大学との統合の際に，言語社会専攻を新設するとともに，言語文化専攻に言語認知科学講座を立ち上げた．この講座で進められている教育研究の成果も，いまや「英語リフレッシュ講座」にとって欠かすことができない．ついで平成24年4月には，大阪外国語大学との統合時に設置された世界言語研究センターと本研究化が組織統合し，言語社会専攻を再編拡充するとともに，3つ目の専攻となる日本語・日本文化専攻を新設した．

本研究科はこのように，この10数年でその教育研究組織を大きく充実させ，現在の専任教員数は140名を超える．大阪大学の文系研究科のなかでは最大規模である．また，旧大阪外国語大学の遺産を受け継いだ世界の諸言語の研究や，文化や言語に関する総合的な研究の推進という点において，日本の言語文化研究をリードする研究科と自負している．「英語リフレッシュ講座」はこの研究科の活動の氷山の一角ではあるが，以上のように振り返るとき，この講座の充実と研究科の発展が，あたかも一体的に進んできたような感慨に打たれる．

私個人が専門としているのは英語文学，とくにポストコロニアル文学と呼ばれる文学と，それに関連する文化理論である．ポストコロニアル文学とは基本的に，ヨーロッパの旧植民地出身の作家たちが書き著してきた文学を指し，英語圏の場合それは，アフリカ，インド，カリブなど，旧大英帝国の植民地出身の作家が生み出してきた文学となる．私も平成22年の夏，「ポストコロニアル文学の世界」という演題で「英語リフレッシュ講座」の末席を汚したことがある．その冒頭で紹介したのが，ナイジェリアの作家チヌア・アチェベの1987年の小説『サバンナの蟻塚』の登場人物の発言である．

あとがき

「ぼくの理解では，いま一番すぐれた英語を書いているのはアフリカ人やインド人だし，日本人や中国人も，そんなに遅れずに追いつくんじゃないのかな」

これはアフリカやインドと，日本や中国との歴史的・社会的な状況のちがいを無視した発言といわなければならないだろうが，植民地独立前後から力強く立ち上がり，国際的な評価も大きく高めてきたポストコロニアル文学の自負や誇りをあらわした言葉であるにはちがいない．また，このアチェベをはじめ，ポストコロニアル作家たちの多くが，アフリカ諸語やインド諸語を母語とし，その創作活動は第 2 言語としての英語で進めていることもたしかだ．

日本人もこれら旧植民地の作家たちに倣えというわけではない．しかし，第 2 言語として英語を使う人びとの数がその「ネイティブスピーカー」をはるかに上回る現代世界において，英語はけっして他の誰かのものではなく，私たちみんなの言葉になりつつあることも間違いない．英語を読むにせよ，書くにせよ，話すにせよ，ある意味でそれを自分の言葉，自分の活動と積極的に受け止めること，また教育者として，英語に対するこのような姿勢そのものを育んでいくこと，それも根本的に重要なことのように思われるのだ．

本書の刊行にあたっては，その企画から出版にいたるまで，開拓社出版部の川田賢氏に数々のご助言をいただいた．編者・執筆者一同を代表して，厚く御礼申し上げたい．

平成 28 年 10 月
「教員のための英語リフレッシュ講座」企画ワーキンググループ座長
大阪大学大学院言語文化研究科長　木村茂雄

＊「教員のための英語リフレッシュ講座」に長年ご協力いただき，本書第 5 部の「教室で役立つ英語史の知識」を執筆された本研究科の尾崎久男先生が，平成 28 年 11 月 18 日，本書の刊行をみることなく他界されました．この場をお借りして，尾崎先生のご功績を偲ぶとともに，先生のご冥福を心よりお祈り申し上げます．

索　引

1. 日本語は五十音順に並べ，英語（で始まるもの）はアルファベット順で，最後に一括してある．
2. 数字はページ数を示し，n は脚注を表す．

［あ行］

アイデンティティ　xvii, xviii, 45, 45n, 50, 266-268, 270, 271, 274
アクセント（accent）　110
アクティブラーニング　xiv, xvii, 80, 81
悪化　240
異化　240
イシグロ，カズオ（Ishiguro, Kazuo）　296, 297
　『日の名残り』（*The Remains of the Day*）　296
意志性　243
移動　205, 208, 209
移動様態　244, 246
イヒマエラ，ウィティ（Ihimaera, Witi）　292, 293, 295
　『クジラの島の少女』（*The Whale Rider*）　292
異分析　240
イメージ・スキーマ　xvi, 211, 216
医療系　53, 58, 59, 60, 63, 64
イントネーション　xiv, 110, 111, 116-118, 120, 122
ヴィゴツキー（Vygotsky, Lev S.）　160
英々辞典　191, 199, 201
英語 DREAM プログラム　172
英語で授業　161

英借文　201
エコロジー　xvi, 278-280, 282-286
鉛筆置き音読　127
鉛筆置きパラレル・リーディング　127, 129, 130
大江健三郎　297
　『水死』　297
岡倉由三郎　158, 163
音位転換　240
音韻能力　170
音声認識　83-85, 89, 91, 105
音訳　260, 260n

［か行］

外国語教育の開始年齢　160
開本 Listen and repeat　126
会話分析　39-42, 45n, 50, 52
書き換え　218-220, 223
核音調（nuclear tone）　112, 113
学際性　x
学習英文法　xv, 174, 188
学習環境　94, 95, 97
学習指導要領　103, 179
学習者コーパス　15, 21
過小使用　22, 23
仮定法過去　199, 200
環境批評（ecocriticism）　279, 281, 283,

309

286
漢文訓読法　xi, xii
起点言語　262, 262n
教育的介入　30, 35, 36
教材（の）開発　58-60, 63, 64
共生社会　141, 149, 150
協同　99
協同学習　xvii, 98, 100
グギ・ワ・ジオンゴ（Ngũgĩ wa Thiong'o）　298, 299
句動詞　xv, 181, 183
グリムの法則　239
グレイス，パトリシア（Grace, Patricia）　291, 293
　『ポティキ』（Potiki）　291
グローカル化　167
グローバル　xiii, 296-298, 301, 302
グローバル化・グローバリゼーション　x-xii, xvi-xviii, 141, 143, 149, 150, 167, 278, 285, 296, 302
グローバレクティクス　301, 302
研究開発校　103
原形　234, 235
言語獲得期　170
言語獲得装置　168
言語差　168
言語の原理　169
語彙量　17, 18
合成音声　83, 84, 89
構成概念　71, 72, 74
構造　203, 204, 204n, 205-207, 209
肯定感　95-97
構文　220
コーパス　xv, xvii, 190, 191, 193, 195, 197
国際英語　xvii, 2-11
国際交流　266, 267, 275
語形成　179

心　225-228, 230-232
個人　98
個人学習　98, 100
ことば学　xvi, 225, 226, 232
小林一茶　297
語法　20
コミュニケーション　xiv, xvi, xvii, 93-97, 99, 101, 141, 143, 146, 225, 226, 232
コミュニケーション能力　93, 94, 96, 101
痕跡　205, 206, 208, 209

[さ行]

作業記憶　169
佐々木吉三郎　157, 158
自己評価・相互評価　89
事態把握　219, 220, 222, 223
実用性　69-71
視点　220, 222, 223, 249-253
シャドーイング　127, 129, 130
社内英語化　167
シャファーク，エリフ（Shafak, Elif）　298-301
樹形図　205, 205n, 206
情意　26-33, 35
照応形　xv, 203, 205-209
生涯学習　55
小学校英語早期化・教科化　155
小学校外国語活動　33
小学校外国語教育をめぐる賛否両論　157
使用条件　242-244
真正性　69, 70
信頼性　69, 70
推論　225, 226, 230, 231
ストレス・強勢（stress）　111

ストレスアクセント　110
制御プログラム　169
世界諸英語文学　xvii, 301, 302
先行詞　203, 205-209
先住民言語　288, 289, 291, 294, 295
相互行為能力　39, 40, 41, 45
相互作用　94, 95
総称文　xvi, 211-213
即時フィードバック　83
そして何もなくなった　127

[た行]

ダイクシス　242, 242n, 244-246, 247n
ダイバーシティ　266, 271, 275, 276
多言語社会　141, 149
多言語例文データベース　87
タスク　69-75
妥当性　69, 70
多文化共生　275
多文化共生教育　4, 11
多和田葉子　298
地球博　33, 34
中間構文　xvi, 253, 254
直接話法　xv, 184, 185
直訳　263, 264
定形　234-236
適塾　xi
デザイン　39-43, 45, 47, 48, 50, 51
伝達動詞　184
伝統　268, 270-272, 274, 275, 277
伝統文化　266-268, 271, 274, 275
同化　240
動機づけ　26-36, 94, 95, 99
東京高等師範学校附属中学校教授細目　162
同族目的語　237, 238
トーン・音調 (tone)　111

トク・ピシン　288, 289, 292
特殊化　240
土着化　3

[な行]

内容言語統合型　33, 34, 36
ニーズ分析　54, 64
日英通訳演習　127
日本医学英語教育学会　59
日本医学英語検定試験　59
日本英語 (Japanese English)　6, 8
ニュージーランド　287-289, 290, 293-295
人間中心主義　279, 281, 283, 284
認知言語学　xv, xviii, 211, 212, 216, 267
脳内処理　166

[は行]

パーマー, ハロルド (Palmer, Harold E.)　162
媒介語　39, 42, 43, 47, 48, 50
波及効果　69, 70, 75
派生接辞　xv, 175, 181, 183
「抜本的改革病」　153
場面投入型　222, 223
パラレル・リーディング　127, 129, 130
半自動化　170
ピッチ　110, 111, 113, 115-117, 119
ピッチアクセント　110
ビデオ撮影　82, 83, 88, 90, 91
ヒューム, ケリ (Hulme, Keri)　290
標的言語　262, 262n
フォニックス　105
副詞の最上級　194, 195
ブッカー国際賞　297, 298
ブッカー賞　296, 296n, 297

不定冠詞　236, 237
フラナガン，リチャード (Flanagan, Richard)　297
　『奥の細道』(*The Narrow Road to the Deep North*)　297, 298
フレイム，ジャネット (Frame, Janet)　294, 295
プレゼンテーション　32, 34, 35
プロジェクト型学習　32, 35
プロソディ　xiv, 111, 121, 122
プロトタイプ　214
放射能汚染　293
ボーダーレス化　141, 149, 150
ポストコロニアル　287, 288, 288n, 289n, 293, 295, 301, 302
ホメロス　281
　『オデュッセイア』　281
翻訳　xvii, 258, 258n, 259-265

[ま行]

マインドフルネス　270
マオリ　288-292, 295
松尾芭蕉　297
　『奥の細道』　297, 298
ミニドラマ　82, 86, 87, 90
名詞の反復を避ける代名詞 that　196
メタ語用論的意識　226, 227, 231, 232
メタ表象　226
文字指導　103, 104, 106-108
モチベーション　54, 55, 59, 64, 81, 83

[や行，ら行，わ行]

訳読(法)　xi, xii
ラヒリ，ジュンパ (Lahiri, Jhumpa)　299
リービ英雄　299

リズム (rhythm)　111, 120
リピーティング (閉本 Listen and repeat)　126, 129, 130
臨界期　170
レオポルド，アルド (Leopold, Aldo)　279, 280-282, 284, 286
　「土地の倫理」("The Land Ethic")　280-282
　「山の身になって考える」("Thinking like a Mountain")　280, 281
　『砂漠地方の暦』(*A Sand County Almanac*)　280
歴史的現在　194, 252
ワーズワス，ウィリアム (Wordsworth, William)　279, 283-286
　「ティンターン修道院の詩」("Tintern Abbey")　284, 285
　「眠りが私の心を閉ざした」("A slumber did my spirit seal")　283, 284
　「ハシバミ採り」("Nutting")　283

[英語]

British National Corpus (BNC)　15, 20
Can-Do リスト　107, 108
CELFIL (Content and ELF Integrated Learning)　10
CLIL (Content and Language Integrated Learning)　278, 279
COBUILD　191
Corpus of Contemporary American English (COCA)　15, 20
D モード　253, 254
EAP (English for Academic Purposes)　53, 57, 58, 60, 62, 64
EFL (English as a Foreign Language)

140-142
EGP (English for General Purposes) 53, 54, 56, 59
EIL (English as an International Language) 3-6, 9
ELF (English as a Lingua Franca) 3-5, 10
ENL (English as a Native Language) 140
ESL (English as a Second Language) 140, 142
ESP (English for Specific Purposes) xiv, 53-60, 63-65
Hard Fun　90

International Corpus Network of Asian Learners of English (ICNALE)　16, 22
IPTEIL (Integrated Practice in Teaching EIL)　9
it's (high, about) time (that) 〜　199
I モード　253, 254
Listen and repeat　125, 128, 129, 131
OSGD (Observed Small Group Discussion)　11
Read aloud, listen and repeat　126, 129
Read and look up　127, 129-135
WE (World Englishes)　3-5, 7
who か whom か　198

英語教育徹底リフレッシュ
　──グローバル化と 21 世紀型の教育──

編　者	今尾康裕・岡田悠佑・小口一郎・早瀬尚子
発行者	武村哲司
印刷所	日之出印刷株式会社

2017 年 4 月 27 日　第 1 版第 1 刷発行 ©

発行所　　株式会社　開 拓 社

〒113-0023　東京都文京区向丘 1-5-2
電話　（03）5842-8900（代表）
振替　00160-8-39587
http://www.kaitakusha.co.jp

ISBN978-4-7589-2244-9　C3082

JCOPY <（社）出版者著作権管理機構 委託出版物>

本書の無断複写は，著作権法上での例外を除き禁じられています．複写される場合は，そのつど事前に，（社）出版者著作権管理機構（電話 03-3513-6969, FAX 03-3513-6979, e-mail: info@jcopy.or.jp）の許諾を得てください．